Ute Strohbusch

Kaviar und Hustensaft

D1664184

Verlag Wilde Frau

Die Deutsche Bibliothek – CIP-Einheitsaufnahme

Strohbusch, Ute:
Kaviar und Hustensaft
ISBN 3-00-009437-7

Verlag Wilde Frau
Brauhausgasse 1
07927 Hirschberg
www.verlag-wildefrau.de

ISBN 3-00-009437-7

Umschlag-Gestaltung: Ute Strohbusch und Susann Naumann
Umschlag-Illustration: Elfi Frosch

Lektorat und Korrektur: Susann Naumann
Satz: Druckservice Naumann GmbH, Schleiz
Druck und Verarbeitung: EBNER & SPIEGEL GmbH, Ulm

Printed in Germany 2002

Dem Leben.

Der Liebe.

Und dem Lachen.

- Für Heike -
Zur vergnüglichen
Erinnerung an deine
Kollegin Silver Raven Moon -
Alle(s) Liebe für dich von
Ute ♡

Ähnlichkeiten mit weiten Teilen der Bevölkerung sind natürlich rein zufällig, völlig unbeabsichtigt und an den Haaren herbeigezogen.

Aus diesem Grund bitte ich von Drohbriefen, Paketen mit Pferde-äpfeln, Briefbomben und anderem unappetitlichen Zeug Abstand zu nehmen!

bg, Februar 2007

„Ich glaub, ich krieg 'ne Krise!" rief Franz aus dem Badezimmer, während ich mit dem angebrannten Toast kämpfte.

Er bekam seine Krise jeden Morgen um halb sieben, wenn er sich mit unseren zwei schlaftrunkenen Töchtern das Waschbecken teilen musste. „Wärste halt eher aufgestanden!" stichelte ich ärgerlich, denn von meinem Krisenherd in der Küche sprach wieder mal keiner!

Verzweifelt versuchte ich die Steinkohlenränder an den Toastscheiben abzukratzen. Als ich mich umdrehte, sah ich gerade noch, wie unser Kater Moppel mit der Knoblauchsalami vom Tisch sprang.

„Jetzt riechen dich wenigstens die Mäuse schon von weitem!" rief ich hämisch und jagte unsere Neuerwerbung in Sachen Haustiere hinaus.

Was die Wünsche der Kinder betraf, hatte ich eben ein sehr weiches Mutterherz. Seufzend dachte ich an die Anschaffungen des letzten halben Jahres. Da waren ein fetter Hamster, zwei Wellensittiche, die sich unentwegt zankten, eine Schildkröte, die ich den ganzen Tag suchte und jetzt auch noch ein schwarzer Kater!

„Von wegen weiches Mutterherz!" tönte es hinter meinem Steißbein hervor. „Pure Willensschwäche ist das, antiautoritäre Erziehung, Konsumdenken und Egoismus!"

Wer sich da am frühsten Morgen schon wieder in meine Gedanken einmischte, war Beelzebub, die teuflische Hälfte meiner Seele. Er meldete sich immer dann zu Wort, wenn es mir am wenigsten in den Kram passte. „Ruhe da unten!" rief ich genervt und fingerte hektisch die Messer aus dem Besteckfach.

Es war aber auch jeden Morgen dasselbe. Franz und ich waren wie immer viel zu spät aufgestanden und versuchten nun verzweifelt die Zeit einzuholen. Dabei kam es fast immer zum Krach. Ich bekam das Frühstück nie pünktlich auf die Reihe und Franz stritt sich täglich mit den Kindern um die Hoheitsrechte im Bad.

„Aber morgen stehe ich mal pünktlich auf", sagte ich laut zu mir und stellte die Milch auf den Herd.

„Wer's glaubt, wird selig!" lästerte Beelzebub schon wieder.

„Pfui Teufel!" fluchte es nun ausgesprochen unengelhaft über meinem Haupte. Das war Angie, meine bessere Hälfte. Ich schielte nach oben. Dort schwebte sie und flocht gerade ihr langes, güldenes Haar.

„Bitte keinen Streit um diese Zeit", bat ich flehentlich. „Ich habe wirklich ohne euch schon Hektik genug!"

Ich ging nach draußen um die Zeitung zu holen. „Zweiundzwanzigtausend aufgespießte Schmetterlinge bei Razzia in Kölner Mansardenwohnung beschlagnahmt" lautete die Schlagzeile. Ich schüttelte ungläubig den Kopf. Doch ehe ich den unappetitlichen Artikel fertig lesen konnte, trällerte es von oben aus drei fröhlichen Kehlen: „Ist das Frühstück fertig? Hungrige Mäuler im Ansturm!"

Im selben Moment roch ich auch schon die Bescherung. „Die Milch..." konnte ich gerade noch schreien, da zischte und dampfte es mir auch schon aus der Küche entgegen.

„So ein Mist!" fluchte ich lauthals und zog den heißen Topf von der Herdplatte. „Aua, verdammt!" entfuhr es mir schmerzvoll und mein Gesicht bildete eine Knautschzone.

„Ja! Fluche! Schimpfe! Sag unflätige Worte! Ich liebe das!" flüsterte mir Beelzebub wollüstig ins Ohr.

„Pfui Deiwel!" wiederholte Angie und hob geziert eine Augenbraue.

„Dicke Putte!" tönte es zurück. Beelzi verzog sich schmollend an seinen Stammplatz.

Ich fragte mich, wie ich das jeden Morgen aushielt ohne einen Nervenzusammenbruch zu kriegen. Na ja, Frauen haben's eben drauf.

Ich kratzte die angebrannte Milch vom Herd und goss den Kindern ein, was noch übrig war.

Mit lautem Indianergeheul drehte mein Stamm seine Ehrenrunde um den Frühstückstisch, bevor sich Häuptling Franzemann mit der Zeitung niederließ.

„Bild dir eine Meinung!" forderte ich stichelnd auf und tippte auf die rot gedruckte Schmetterlingsschlagzeile.

Berta besah sich stirnrunzelnd den Toast oder besser das, was davon noch übrig war. „Das ess ich aber nich!" Klatsch, landete die Scheibe auf dem Teller ihrer Schwester. Die warf den Toast kurzerhand in den Brotkorb zurück. „Ich auch nicht", meinte sie energisch und schaute mich prüfend an.

„Erna!" sagte ich vorwurfsvoll. „Sei deiner kleinen Schwester doch bitte ein Vorbild und iss jetzt! Du kommst sonst zu spät zum Schulbus!" Maulend nahm sich Erna die Toastscheibe und strich trotzig fingerdick Nutella darauf.

„Und du, Berta?" wandte ich mich mit zuckersüßer Stimme an Dickköpfchen. „Was soll dir denn die Mami aufs Brot machen?" Ich hoffte, ich könnte sie überlisten.

„Beeerdaaa wiiill aber kein swarzes Brooot, Berda will Brööötchen!"

Ich schaute Hilfe suchend zu Franz. Der las weiter völlig unbeeindruckt seine Zeitung und hielt sich wie immer aus allem raus.

„Setz dich durch!" forderte Angie mit Nachdruck und sah mich abwartend an.

Ich stand auf und schaute in den Brotkasten, in der Hoffnung, dort noch etwas zu finden, mit dem sich Berta zufrieden gab. Aber gähnende Leere. Dabei hatte ich erst am Tag zuvor Brötchen gekauft und mit Berta meine liebe Not gehabt.

Gerade, als ich der pummeligen, rotwangigen Bäckersfrau ihre letzten Kraftkornbrötchen abgeluchst hatte, zerrte Berta plötzlich heftig an meinem Mantel.

„Berda muss 'A-A'", quiekte es schrill in Kniehöhe.

„Gleich, mein Schatz", versuchte ich sie zu beruhigen. „Mama muss nur noch bezahlen!"

Berta schrie noch eine Oktave höher: „Ich muss aber jeeetzt!"

Fluchtartig verließ ich mit der zappelnden und schreienden Berta den Laden, nachdem Frau Bäckerin Rotwange meine Frage nach einer Toilette kopfschüttelnd verneint hatte.

Draußen blickte ich mich Hilfe suchend nach einem Gebüsch oder etwas Ähnlichem um. Nichts. Weit und breit nichts, was für unsere Zwecke auch nur annähernd geeignet gewesen wäre!

Laut 'Notfall' rufend, rannte ich mit der strampelnden Zeitbombe unterm Arm zwischen kopfschüttelnden Passanten hindurch quer durch die Fußgängerzone.

Am erstbesten Café machten wir Halt und stürmten auf die Toilette.

„Berda muss doch kein 'A-A'", gestand sie jetzt trotzig und setzte meinen Ausziehversuchen beträchtlichen Widerstand entgegen. Ich atmete erst einmal tief durch und zählte bis zehn, so wie ich es bei dem ältlichen Fräulein Kinderlos im „Erziehungskurs für unerfahrene Mütter" gelernt hatte.

„Also gut, mein Goldschatz", sagte ich betont sanftmütig, obwohl ich innerlich kochte. „Wenn wir nun schon mal hier sind, sollten wir gemeinsam überlegen, was wir hier Tolles und Spaßiges tun können!"

Berta schaute mich mit großen Kulleraugen an.

Fräulein Kinderlos hätte ihre helle Freude an mir gehabt!

„Es funktioniert!" frohlockte auch Angie und legte für einen Augenblick ihren Perlmuttkamm beiseite.

„Abwarten!" grinste Beelzebub und verschränkte siegessicher die Arme über der behaarten Brust.

Ich ignorierte beide und dachte nur noch daran, was ich in acht Abenden bei dem jungfräulichen Fräulein gelernt hatte.

„Pass auf", sagte ich zu Berta. „Wir werfen jetzt ein sauberes Taschentuch in die Toilette und machen es dann ganz nass!"

„Womit denn, Mama?" Bertas Augen bekamen die Form von Wagenrädern.

„Na mit Pipi!" frohlockte ich.

Bertas Gesicht verformte sich blitzschnell. „Ich wiiill aaaber auch kein Piiipiii maaachen!"

Beelzebub schlug sich vor Lachen auf die Schenkel und Angie nahm enttäuscht ihre Arbeit wieder auf.

Ich verfluchte die alte kinderlose Jungfer Kinderlos und beschloss die üblichen Tricks anzuwenden.

„Ich habe eine Idee." Berta hielt kurz in ihrem Schreikrampf inne.

„Wir machen jetzt ein Pipi und gehen dann ein *Eis* essen, wo wir nun schon mal hier sind."

Ich hoffte. Doch Berta wollte sich nicht beruhigen.

„Okay, okay." Ich gab mich geschlagen: „Dann gehen wir eben ausnahmsweise *nur* Eis essen!"

Beelzebub krümmte sich vor Lachen und bekam einen Hustenanfall, Fräulein Kinderlos schüttelte tadelnd ihr bebrilltes Haupt und Angie seufzte tief und vergoss ein paar Tränen.

Berta zog mich siegessicher zur Eistheke.

„Ciao, Bella!" begrüßte mich ein schmalbrüstiges Bürschlein. Sein unverschämtes Grinsen war mindestens doppelt so breit wie seine Schultern.

„Berda will Spagetti-Eis!" bettelte es neben mir.

Eigentlich hatte ich gehofft, sie mit zwei Kugeln in der Waffeltüte abspeisen zu können. Die hätte sie dann brav auf dem Weg zum Parkplatz gelutscht und ich hätte auf dem Rückweg meine vergessenen Brötchen abholen können. Spagetti-Eis bedeutete jedoch mindestens eine halbe Stunde hier rumhängen und Eisgigolos Blicke zu ertragen. Dann wäre es bereits zu spät für die Schrippen, weil die Geschäfte gleich schließen würden.

„Bittööö!" äffte Beelzebub die Berta nach, die sich schon wieder ans Durchsetzen machte.

„Na, dann kann ich mir ja auch einen Cappuccino gönnen", sagte ich zu Adriano Celentano und bestellte außerdem das Eis für Berta. Ich schaute mich nach einem Zigarettenautomaten um, denn so ein Dämpfchen zum Kaffee war nach all der Aufregung wohl der Gipfel der Genüsse! Doch keinen Automaten gab es nicht! Oh Schreck! Beelzi bettelte auch schon seit geraumer Zeit mit lechzender Zunge nach einem Glimmstengel.

Ich wühlte in meiner Handtasche. Ebenfalls nichts.

„Darf ich Ihnen helfen, Senorita?" säuselte es hinter der Theke hervor. „Gibt's denn hier keinen Zigarettenautomaten?" erwiderte ich betont nüchtern.

„Nein, leider. Aber darf ich Ihnen eine von mir anbieten?" Eisluiggi hielt mir galant eine von der Sorte unter die Nase, für die man meilenweit gehen muss. Was soll's, dachte ich und bedankte mich höflich. Eisluiggi schaute mich an, als ob er einen Sieg errungen hätte und gab mir mit viel versprechendem Blick Feuer.

„Wie heißen Sie eigentlich?" fragte ich ihn der Neugier halber und warf ihm einen meiner erotischsten Blicke zu.

Diese Wende verwirrte den armen Jungen und er stotterte: „Luiggi, Senora, Luiggi ist mein Name."

Angie klatschte stürmisch Beifall: „Ja, tolle Menschenkenntnis und jetzt in die Zange nehmen, den Macho!"

Beelzebub stampfte wütend mit dem Fuß auf. „Das steht dir nicht zu!" schimpfte er. „Baggern ist immer noch Männersache!"

Ich lehnte mich etwas über die Theke und flüsterte leise: „Aber den Cappuccino hätte ich gern mit einem Zipfelchen von Zitrone!" Das saß. Eisluiggi tauchte mit hochrotem Kopf unter seine Anrichte.

Ich schnappte Berta, den Cappuccino und das Eis und steuerte auf den letzten Tisch zu, der etwas versteckt um die Ecke stand. Hier würde ich Ruhe haben, dachte ich und genoss den Blick durchs Fenster auf den Hinterhof, wo sich mehrere schmutzige Kinder in undefinierbarer Sprache um den Sperrmüll stritten.

Berta stand noch unschlüssig neben dem Stuhl, während ich genüsslich meinen Cappuccino schlürfte und vorsichtig an der viel zu starken Zigarette zog.

„Komm, setz dich, Bertalein", forderte ich meine Jüngste auf. „Das Eis fängt schon an zu laufen."

„Wohin läuft es denn, Mama?" fragte Berta und schaute etwas deprimiert drein.

Ich hatte aber keine Lust mehr auf solche oder ähnliche Diskussionen. „Setz dich bitte!" ermahnte ich sie.

Berta kullerten leise ein paar Tränen über die dicken Wangen. „Berda kann sich aber nicht setzen!" kam es kleinlaut zurück. „Berda hat die Hose voll!"

Franz schaute endlich hinter seiner Zeitung hervor. Ärgerlich stellte ich fest, dass er nicht nur unheimlich gut roch, sondern auch besonders glatt rasiert und besonders chic gekämmt war. So ging er jeden Morgen in die Firma. Ich durfte mir ihn dann am Wochenende unrasiert und im Jogginganzug betrachten. Ich seufzte.

Franz warf einen Blick auf den verkohlten Toast: „Meiner Mutter wäre das nicht passiert!" Dann kippte er den Kaffee hinter und gab mir einen flüchtigen Kuss: „Ich muss los."

Mir wehte ein fernöstlicher Duft von Moschus um die bebenden Nasenflügel. Dieses teure Rasierwasser hatte ich ihm zum Geburtstag gekauft. Eigentlich hatte ich dabei mehr an meine Wenigkeit gedacht, als daran, dass er damit auf der Arbeit seinen Charme versprühte. „Für mich machst du dich nie so hübsch!" rief ich meinem Gemahl trotzig nach.

Franz steckte noch einmal seinen Kopf zur Tür herein: „Schau Clementine, in der Firma muss ich ständig an meinem Image arbeiten. Zu Hause darf ich dann sein, wie ich bin!" Sprach's und verschwand.

Beelzebub zeigte mir den Mittelfinger.

„Unverschämter Kerl!" tadelte ihn Angie mit spitzem Mund. „So einen frechen Teufel müsste man glatt rauswerfen!"

„Ach, lass ihn nur", sagte ich resigniert zu Angie. „Auf einen Chauvi mehr oder weniger kommt es doch wirklich nicht an."

Erna und Berta stritten sich um die Scheibe Toast, welche am wenigsten verbrannt war. Dabei hatte Berta ihre kleinen Wurstfinger tief in das Weißbrot verkrallt und dicke Zornestränen liefen ihr über die erhitzten Wangen. Ratsch! Die Brotscheibe hielt dem erbitterten Geschwisterkampf nicht stand. Ich trennte die beiden Streithähne und erklärte das Frühstück kurzerhand für beendet.

Erna zog sich an, nahm ihren Ranzen und trabte zum Schulbus. Ich winkte ihr wie jeden Tag am Fenster nach. Dann räumte ich den Tisch ab und packte Bertas Kindergartentasche. Heute gab es eben nur mal einen Apfel und eine Milchschnitte. Da kein Krümelchen Brot mehr im Haus war, fiel mir nichts Besseres ein. Berta freute sich. Bertas Zahnarzt auch.

Kurz vor halb acht trabten wir los. Bertas Kindergarten lag nur einen Katzensprung von unserem Haus entfernt. Trotzdem brauchten wir meistens ziemlich lange, denn bis wir alle Briefkästen gezählt, in jedes Vogelhäuschen geschaut und alle Adventslieder gesungen hatten, verging schon eine gute Weile.

Dieses Jahr war der Winter ziemlich zeitig über uns hereingebrochen. Im Frankenwald lag schon seit Anfang November Schnee und das Thermometer stieg kaum noch über Null Grad.

Im Kindergarten nahm uns Fräulein Lebeschön in Empfang – ein junges Ding, so Anfang zwanzig, mit kahl rasiertem Kopf und jeder Menge Ohrringe in beiden Ohren, beiden Augenbrauen und einem Nasenflügel. Sie kam Kaugummi kauend auf uns zu: „Kommst grrrad rrrecht zur Brrrotzeit!" Berta suchte hinter meinem Rücken Schutz.

Fräulein Lebeschön war die Schwangerschaftsvertretung von Frau Krause, einer netten Vollblutkindergärtnerin, die Berta und ich von Anfang an ins Herz geschlossen hatten.

Ich schob Berta in Richtung Lebedame. Seit die Schwangerschaftsvertretung in unseren bis dahin so sauberen und freundlichen Kindergarten eingezogen war, sträubte sich Berta jeden Morgen mit aller Macht.

Ob sie wohl tätowiert ist, dachte ich und Beelzebub rutschte bei diesem Gedanken nervös hin und her. „Die ist ein richtiger Teufelsbraten!" hechelte er und bekam gierige Augen.

Angie hielt sich die Ohren zu.

Mit vielen guten Worten schaffte ich es schließlich wieder mal, Berta in die Obhut der Kaugummilady zu entlassen.

Draußen atmete ich erst einmal tief durch und sog die feuchte, kalte Luft in meine Lungen. Geschafft! Jetzt gehörte der Vormittag mir!

Ich schaute auf die Uhr und stellte fest, dass ich bis zum verabredeten Treffen mit Flora, meiner besten Freundin, noch eine Stunde Zeit hatte.

Langsam schlenderte ich zurück zum Haus und genoss den frühen Wintermorgen. Eigentlich war ja noch Herbst, aber die Natur kümmerte sich Gott sei Dank herzlich wenig um Wetterprognosen und „Großmutters Küchenkalender".

Frau Moosdorfer hing gerade ihre Wäsche im Garten auf. Sie strich die Schlüpfer glatt und spähte dabei heimlich nach allen Seiten. Wahrscheinlich hoffte sie, dass möglichst viele Nachbarn ihre blütenweißen Liebestöter bewunderten.

Ich grüßte höflich. Frau Moosdorfer nickte nur kurz und verzog dabei keine Miene. Was konnte ich auch erwarten! Wo ich doch ganz unhausfraulich niemals Wäsche in den Garten hing, sondern sie brutal in den Wäschetrockner stopfte!

„Keine Toleranz mehr gegenüber den jungen Frauen von heute..." murmelte ich vor mich hin.

„Und was ist mit Fräulein Lebeschön?" zog mich Angie auf. „Bist du denn tolerant?"

„Ja, du hast wie immer Recht", erwiderte ich versöhnlich. Vielleicht bestand Frau Moosdorfers einziges Glück in ihrer aprilfrischen Wäsche. Das nächste Mal, wenn ich sie sehe, werde ich sie einfach mal ansprechen. Dieser Gedanke tat gut. Was bin ich doch für ein gestandenes Weibsbild!

Ich schloss die Haustür auf und ließ Moppel wieder in die gute Stube. Der arme Kerl hatte den Salamidiebstahl mit zwei Stunden Schneearrest büßen müssen. Moppel sprang an mir hoch wie ein Hund. Gott, das anhängliche Tier hatte ja richtige Eisbeine.

„Pfui is' das!" rief ich und riss mich von ihm los. Dabei fegte ich mit dem Ellenbogen einen Bilderrahmen vom Nussbaumsekretär. Klirrend landete Franzemanns Abbild auf dem Boden.

Ich holte Schaufel und Besen und fegte alles wieder sauber auf. Dem Foto war nichts passiert außer einem Eselsohr. Ich strich es glatt und pustete ein paar mikrofeine Glassplitter vom Antlitz meines Herrn und Meisters.

„Ab und zu ein Sturz auf die Fresse schadet dem Herrn der Schöpfung nicht!" spöttelte Beelzebub und rieb sich die Hände.

„Ich muss doch sehr bitten!" empörte sich Angie und fügte lispelnd hinzu: „Gell, du liebst ihn halt doch."

„Ach was", kam es von unten, „die Weiber wollen doch immer nur das Eine!" Beelzebub winkte verächtlich ab.

„Natürlich", seufzte Angie, „Frauen wollen lieben, umsorgen und sich aufopfern."

Beelzebub lachte schrill auf: „Was? Umsorgen?... Ver-sorgt wollen die sein und weiter nichts. Basta!"

Ratlos hörte ich meinem inneren Geplapper zu. Eigentlich konnte ich mich weder für die eine noch für die andere Meinung richtig erwärmen. Ich legte das Foto in eine Schublade.

Franz Jäger. Mein Franz. Was war er doch für ein stattlicher Bursche gewesen, damals vor acht Jahren, als wir uns förmlich über den Haufen rannten. An diesem Tag zog ich mit meinem Lover in meine neue Wohnung ein. Dachgeschoss, Zehnfamilienhaus, Nordhang. Endlich eine eigene Wohnung, dachte ich.

Frisch geschieden, wie ich war, wollte ich die neue Freiheit genießen und hatte prompt wieder einen Mann auf dem Hals. Wir hatten uns ein paar Wochen vor meiner Scheidung kennen gelernt und ich hatte mich Hals über Kopf in die neue Erfahrung gestürzt.

Frei sein, hatte ich gedacht. Heute mit dem, morgen mit einem anderen und übermorgen mit seinem besten Freund. Das Leben würde ich auskosten wie ein gutes Glas Wein! Doch leider war mir schon der erste Schluck in Form von Heiko im Halse stecken geblieben. Die Geister, die ich rief!

Heiko war so süß und unbeholfen gewesen. Wie ein Tölpel hatte er sich beim „ersten Mal" angestellt. Nach zwei Tagen machte er mir bereits den ersten Heiratsantrag und, nachdem ich ihn ausgelacht hatte, auch den ersten Selbstmordversuch in Form von zwei Flaschen Wein und drei Baldriparan.

Das schweißt natürlich zusammen!

Heiko hiefte mit einem Kumpel meinen Schreibtisch durchs Treppenhaus. Auf dem ersten Treppenabsatz steckten sie fest. Ich stöhnte und verdrehte die Augen. Dieser Kerl konnte aber auch gar nichts! Sicher war er ganz gerissen und womöglich hatte er Psychologie studiert, weil er sich meinen Mutterinstinkt so zu Nutzen machte.

Als die beiden verkeilten Möbelträger gerade ausdiskutierten, wer von ihnen den Schreibtisch unters Treppengeländer geklemmt hatte, öffnete sich die gegenüberliegende Wohnungstür und... ein Blitz schlug in mein Gehirn ein! Oder vielleicht ins Herz? Na, egal. Irgendwo traf er mich jedenfalls wie ein Faustschlag und zwar in Person eines großen, muskulösen, gut aussehenden Mannes, Ende Dreißig, mit grauen Schläfen und stahlblauen Augen.

Mir blieb die Spucke weg, das Herz stehen, die Fingernägel rollten sich auf und ich fiel fast in Ohnmacht.

„Geh mal ‚nen Schritt zur Seite", forderte er Heiko mit tiefer Stimme auf und zwinkerte mir zu.

Ich wurde feuerrot. Als sie ihn sah im Ruderboot, da ward sie unterm Puder rot. Gleiches geschah mir.

Der gut aussehende Typ packte den Schreibtisch mit seinen muskulösen Armen und hastdunichgesehen stand das alte Erbstück samt neuer Bekanntschaft im Wohnzimmer.

„Übrigens, ich heiße Franz", lächelte Silberschläfe mich an.

„Danke, ich... ich auch", stotterte ich verlegen und bot ihm einen Platz an. Franz sah sich suchend um. „Aber, wo soll ich mich denn setzen?" fragte er und zeigte schmunzelnd auf das Zimmer, dessen einziges Möbelstück der besagte Schreibtisch war.

„Oh Gott, wie peinlich!" entfuhr es mir. So blöd hatte ich mich in den achtundzwanzig Jährchen meines Lebens noch nie angestellt.

„Wie war Ihr Name doch nochmal?" fragte er grinsend.

Mein Gott, dachte ich, der muss doch denken, ich nehme ihn auf den Arm. Stelle ich mich mit „Franz" vor. Wieder lief ich hochrot an.

„Ich heiße wirklich Franz. Clementine Franz."

„Ach so!" Sein Grinsen verwandelte sich in ein herzhaftes Lachen. „Ich dachte schon, ich hätte sie nervös gemacht!"

Unverschämtheit! Ich ärgerte mich schwarz über mein unsicheres Benehmen. Bringt der Kerl mich doch um meine Selbstsicherheit! Na, dem werd ich's zeigen!

„Ich heiße übrigens wie mein Geschiedener", sagte ich im fürnehmsten Ton. „Aber ich möchte bald meinen Mädchennamen wieder annehmen."

„Und der wäre?"

„Neugierig sind Sie wohl gar nicht!" Ich tat entrüstet, lenkte aber kurz darauf wohlwollend ein. „Ich bin eine geborene Kammer!" Stolz hob ich mein Haupt.

Blauauge grinste schon wieder: „Und? Sollte mir das etwas sagen?"

Ich wurde wieder rot und außerdem fiel mir keine passende Antwort ein. Und ich wusste nicht, was davon schlimmer war.

Vier Wochen später zog Franz grinsend bei mir ein und Heiko heulend aus.

Ich betrat das kleine Café im Kurpark und ein wunderbarer Duft von Anisplätzchen und Lebkuchen wehte mir entgegen.

Die Adventszeit ist doch die schönste Zeit des Jahres! Mir wurde ganz warm ums Herz.

Flora saß an unserem Tisch neben dem Wintergarten und war in eine Zeitschrift vertieft. Sie sah wie immer umwerfend aus. Ihre langen dunklen Haare hatte sie zu einem Knoten drapiert und der brombeerfarbene Lippenstift passte genau zum Nagellack und zur Schnalle ihrer Handschuhe. Flora trug ein schlichtes schwarzes Kostüm mit drei großen silbernen Knöpfen und jede Menge ausgefallenen Schmuck.

„Grüß' dich, Florchen!" Ich ließ mich auf den gegenüberliegenden Stuhl fallen.

„Siehst ja ganz abgehetzt aus, meine Liebe", Flora legte die Zeitschrift beiseite und schaute auf die Uhr.

„Ich weiß, ich weiß", kam ich ihr zuvor, „ich bin wieder mal eine halbe Stunde zu spät dran."

Flora wackelte vorwurfsvoll mit ihrem Dutt. „Ich habe es dir schon tausendmal gesagt: Du opferst dich für deinen Franz und die Kinder viel zu sehr auf! Kaum, dass du mal ein Stündchen für unseren Kaffeeplausch abzweigen kannst!"

Flora steckte vorsichtig mit zwei Fingern eine Zigarette in das silberfarbene Mundstück.

Ich seufzte und versuchte das Thema zu wechseln: „Wo nur Frau Hummel bleibt! Ich brauche dringend einen Kaffee nach dem Stress heute Morgen."

„Und überhaupt! Wie siehst du heute wieder aus! Clementine, Clementine!" Flora schüttelte traurig den Kopf. „Ich weiß nicht, warum meine Tipps ausgerechnet bei dir nicht fruchten! Guck dich doch mal an: Schlabberpullover, Tigerleggins und Turnschuhe! Und dann diese grässliche Dauerwelle! Siehst aus wie ein Pudel! Clementine, du bist vom Farbtyp her eine *Winterfrau*, genau wie ich. Du musst die Finger von diesen schrecklichen Brauntönen lassen, wirkst ja wie 'ne alte Oma!"

Ich senkte die Augen und schämte mich. Flora konnte das nämlich beurteilen. Sie hatte einen Kosmetiksalon und machte außerdem Farb- und Stilberatungen. Und Flora war wahnsinnig emanzipiert! Und sie war meine beste Freundin.

Außerdem war Flora seit vier Jahren geschieden, hatte keine Kinder, aber dafür jede Menge Kohle. Und Erfahrung mit Männern! Der machte so schnell keiner was vor! Ich dagegen hatte es bisher nur auf lächerliche zwei Ehen gebracht, Heiko nicht mitgerechnet und den kleinen Friedrich, den ich im Kindergarten auf die Fontanelle geküsst hatte.

Aber ich machte mir nichts vor – Flora und mich trennten Welten!

Frau Hummel unterbrach uns lächelnd: „Guten Morgen die Damen! Zwei Cappuccino, wie immer?"

Frau Hummel war die Besitzerin dieses gemütlichen Cafés. Sie trug immer frisch gestärkte Häubchen und Blüschen mit Spitzen und Rüschen. Ihr schlohweißes Haar hatte sie mit Hornkämmchen und Haarnädelchen hoch gesteckt. Als ich sie das erste Mal sah, entschloss ich mich spontan, im Alter niemals meine Haare färben zu lassen. Frau Hummel trug immer eine Nickelbrille über ihren rosaroten Pausbacken und lächelte so zauberhaft vor sich hin.

„Nun, haben die Damen gewählt?" Frau Hummel strich sich die Schürze glatt.

Ich nickte. „Zwei Cappuccino, Frau Hummel. Und meinen kastriert, bitte."

Frau Hummel zog die Stirn in Falten und plusterte ihren überdimensionalen Vorbau auf: „Aber Frau Kammer-Jäger! Seit Sie mit Ihrer Freundin zum Kaffee trinken kommen, und das müssen mindestens schon zwei Jahre sein, nich, seitdem trinken Sie doch immer Koffeinfreien, nich?"

„Entschuldigung", sagte ich artig. „Deshalb kommen wir ja auch immer wieder zu Ihnen, weil Sie wie eine Mutter zu uns sind!"

Frau Hummels Busen bebte versöhnlich. „Ich kenne *alle* meine Stammgäste mit Namen, nich?" betonte sie. „Und ich weiß nich nur, was sie essen und trinken, nich?"

Der Busen drohte einen Knopf der Bluse zu sprengen.

„Ich weiß sogar viele kleine und große Geheimnisse von meinen Stammgästen, nich."

Da gab's bei mir nicht viel zu wissen.

Frau Hummel wischte sich verstohlen eine Träne der Rührung aus dem Knopfloch.

„Ich kenne die Namen ihrer Kinder, der Ehemänner oder Ehefrauen..." der Busen beugte sich noch weiter über den Tisch „... und oft auch die Namen der Geliebten, nich?" Frau Hummel kicherte leise in die vorgehaltene Hand.

„STASI-Hummel!" meckerte Beelzebub dazwischen. „Die war bestimmt früher bei ‚Horch und Guck'!"

Flora schaute auf ihre Uhr und räusperte sich dezent.

Frau Hummel verstand. „Also zwei Cappuccino, wie jeden Mittwoch, einer normal und einer kasi..., äh, kasti..., äh, also einer sterilisiert!"

Mit stolz erhobenem Kopf und sichtlich zufrieden trabte Frau Hummel samt wogendem Busen von dannen.

Flora nahm das leidige Thema wieder auf. „Clementine, geh halt mal zum Friseur und lass dir einen extravaganten Schnitt verpassen! Deine Alice-Schwarzer-Frisur ist zur Zeit megaout! Oder färbe dir wenigstens dieses komische Rostrot um!"

„Kupferrot", verbesserte ich Flora. „Mir gefallen meine Haare."

„Ja, ja, ich weiß. Aber nimm's mir nicht übel, du siehst aus wie ein Bobtail, der zur Feuerwehr will!"

Flora stand auf und trippelte Fräulein Hummel an die Kuchentheke nach. Ich schmollte.

Natürlich hatte Flora Recht. Ich sah zurzeit nicht gerade umwerfend aus, eher niederschmetternd. Seit ich meinen Beruf an den Nagel gehängt hatte und sich meine Aktivitäten aufs Hausfrauen- und Mutter-Dasein beschränkten, hatte sich mein Äußeres den Gegebenheiten angepasst.

„Es ist eben bequem und praktisch", versuchte mich Angie zu trösten.

„Quatsch, bequem!" Beelzebub fuchtelte mit dem Armen. „Sie hat gefälligst hübsch auszusehen, wenn ihr Herr und Gebieter nach einem anstrengenden Tag nach Hause kommt!"

Damit war Angie nun aber ganz und gar nicht einverstanden.

„Wenn Clementine sich rausputzt, dann bestimmt nicht für einen Mann! Wo leben wir denn!"

„Beim Satan! Na in einer Welt, wo die Weiber ihren Männern gehorchen sollen!" Beelzebub stemmte die Hände in die Seiten.

„Ich fass es nicht!" Angie rang nach Luft und drohte in Ohnmacht zu fallen. „Dieser schwa..., schwa...., ähm, dieser geschlechtsteilgesteuerte Macho!" Angie war außer sich.

„Frauen von heute sind selbstbewusst und unabhängig! Und sie ziehen an, was *sie* wollen!"

Doch Beelzebub gab keine Ruhe: „Ja, ja, das sieht man an Clementine. Bobtail im Kartoffelsack! Feuermelder im Schafwollstrick! Sie sollte lieber versuchen, ihren Gatten bei der Stange zu halten!"

Angie schaute irritiert: „Wo soll sie ihn festhalten?"

Also wirklich! Jetzt wurde es mir aber zu bunt: „Macht lieber ein paar gescheite Vorschläge, mit denen ich was anfangen kann!"

Angie dachte nach: „Also wegen mir kannst du so bleiben wie du bist. Nur vielleicht die Haare..."

„Nein, dass du *auch* noch gegen mich bist", flüsterte ich enttäuscht und ließ eine Locke nachdenklich durch die Finger gleiten. Sie fühlte sich an wie Stroh.

„Warum lässt du dir die Haare nicht wieder ganz kurz schneiden?" Angie schlug mutig die Beine übereinander.

„Auf gar keinen Fall!" schrie Beelzebub dazwischen. „Franz wünscht ausdrücklich langes Haar! Diese schulterlangen Zuseln sind sowieso schon hart an der Grenze des Erlaubten!"

Angie winkte verächtlich ab. „Wie bei dieser Haarwäschereklame, wa? Orgasmics oder wie das Zeugs heißt. Lange glänzende Walle-Walle-Locken bis zum Po, natürlich ohne euer sauer verdientes Geld dafür zum Friseur zu tragen, und selbstverständlich blond! Und dann in Lack-Dessous am Kochherd stehn, wenn der Gnädige nach Hause kommt. Und schön blöd sein! Und den Mund halten! Wie diese wandelnde Barbiepuppe auf dem Laufsteg, diese Traute Kiffer!"

Ich staunte nicht schlecht über Angie. Sogar Beelzebub blieb die Spucke weg. Er trollte sich.

Flora kam mit einem riesigen Stück heißen Apfelstrudel und Schlagsahne zurück. Mir tropfte der Zahn, aber ich blieb eisern.

„Hol dir halt ein Stück", forderte Flora mich auf, als sie meine gierigen Blicke sah.

„Du weißt doch, meine Figur!" Neidisch betrachtete ich Floras zierliche Taille. Franz würde sagen: „Da kann man mit einer Hand rumfassen und die andere Hand ist frei fürs Bier."

Frau Hummel kam mit den Cappuccinos.

„Ham' Sie schon gehört?" Frau Hummel warf uns einen viel versprechenden Blick zu. „Die Wackernagels, die fast täglich hier waren", dabei machte sie eine Kopfbewegung in Richtung Nachbartisch, „die Wackernagels lassen sich scheiden, nich?"

„So so...", Flora rührte desinteressiert in ihrer Tasse.

„Er soll ja eine Geliebte haben, der Wackernagel, nich? Und zwanzig Jahre jünger als seine Frau soll die auch noch sein, nich? Aber bei mir darf der mit seiner Neuen nicht auftauchen! Das bin ich doch schließlich der Frau Wackernagel schuldig, nich! Nee, nee! Hierher bestimmt nich!"

Frau Hummel schüttelte energisch das weiße Haupt und schlurfte an einen anderen Tisch, wo sie dieselben Neuigkeiten verbreitete.

Flora nahm meine Hand. „Halt dich fest", sie tat sehr geheimnisvoll, „ich habe eine Überraschung für dich!"

Triumphierend kramte Flora in ihrer Handtasche.

Was das wohl wieder sein wird! Ich machte mir keine große Hoffnung. Wahrscheinlich ein Buch namens „Gesund und glücklich durch Rohkost" oder ein Aufnahmeantrag für den neuesten Kurs im Fitness-Studio „Molly-Turnen" oder „Kampf der Orangenhaut".

Flora zog ruckartig ihre Hand aus der Tasche und schwenkte eine dünne Mappe über dem Kopf.

„Ta-ta-ta-taaa!" trällerte sie fröhlich und reichte mir das geheimnisvolle Etwas.

„Danke, Florchen", ich legte die weiße Papphülle mit den roten Herzchen vor mich auf den Tisch.

„Nun schau schon rein!" Flora konnte ein Grinsen nicht verbergen.

Also tat ich ihr den Gefallen und schlug die Mappe auf.

„Rinaldo Ringelstein!"

Entzückt blätterte ich die sorgfältig ausgeschnittenen und abgehefteten Zeitungsartikel durch. Rinaldo samt Vater auf der Alm beim Alphorn blasen. Rinaldo samt Mutter beim Ziegen hüten. Rinaldo im Smoking bei der Verleihung des „Bumbi", Rinaldo in Shorts und mit zwei nackten Schönheiten auf seiner Luxusjacht. Rinaldo mit seinem besten Freund, dem Tennisspieler Moris Mekker.

Ich war begeistert!

„Die habe ich im letzten halben Jahr für dich gesammelt." Flora schmunzelte spöttisch.

Liebevoll strich ich meinem Traummann übers strahlende Antlitz.

„Rinaldo", hauchte ich verträumt und mein Herz klopfte wie wild. Was für ein Mann! Silberschläfen, stahlblaue Augen und ein verdammt erotischer Blick.

Rinaldo Ringelstein war der Star der Fernsehserie „Forsthaus Adlerau", die seit vierzehneinhalb Jahren jeden Freitagabend lief. Ich verpasste sie unter gar keinen Umständen, sozusagen *niemals*! Rinaldo spielte den Förster Drombusch, der verzweifelt gegen jede Menge mysteriöser Sterbefälle seiner unzähligen Ehefrauen ankämpfte. Und mit welcher Hingabe Rinaldo seine jeweils aktuelle Gemahlin liebte! Wunderbar! Was für ein göttlicher Mann! Ja, mit Rinaldo, da sähe mein Leben anders aus!

Ich würde dreimal im Jahr mit den Kindern Urlaub auf den Malediven machen und nicht mehr wie bisher jedes Jahr vier Wochen nach Quickborn zu meiner Schwiegermutter fahren müssen.

„Achachacherle, das Franzemännchen is ja noch stattlicher geworden! Und Ernalein und Bertalein sind meinem Jungchen wie aus dem Gesicht geschnitten. Und so klug! Na und du, Clementine, siehst ja sehr blass aus! Haste endlich was abgenommen?"

Nee, nee, mit Rinaldo wäre das anders!

Ich seufzte.

Flora spöttelte: „Was willst du nur mit deinen Hirngespinsten! Der ist doch für dich unerreichbar! Der hat bestimmt Weiber wie Sand am Meer! So wie der schon in die Kamera sabbert. Da läuft ja der Schmalz die Mattscheibe runter! Mensch Mädel, wach auf und hol dir was Reales! Wenn in deiner Ehe die Luft raus ist, nützt dir dein Traummann auf der Mattscheibe auch nichts!"

„Was Reales!" Angie schüttelte den Kopf. „Bleib lieber bei Franz, dann weißt du, was du hast, und arbeiten brauchst du dann auch nicht wieder. Und träume ruhig weiter von deinem Rinaldo, auf die Art wirst du wenigstens nicht wieder enttäuscht!"

Ich will aber nicht träumen, ich will Rinaldo und zwar in Echt! Wegen des Schmusens und so.

„Ach was, Rinaldo, wenn ich den schon sehe, den Softi!" Beelzebub mischte wieder mit. „Geh endlich mal fremd, damit das ewige Gejammer aufhört!"

Ich atmete tief durch.

Flora tippte unsanft auf Rinaldo: „Was nützt dir deine Taube auf dem Dach! Hol dir lieber einen richtigen Greifvogel fürs Bett."

Flora machte ein geheimnisvolles Gesicht: „Ich wüsste auch schon, woher!"

„Ach, Fremdgehen bringt doch auch nichts. Ich will richtig geliebt werden. Richtig mit Herz! Und Rosen! Und Knutschen!"
Flora drehte die Augen nach oben und stöhnte.
„Na, so spiel halt weiter die unglückliche Hausfrau. Und wenn dein Franz auf Arbeit ist, dann schließt du dich heimlich auf dem Klo ein und guckst Bildchen von Dildo Ringelpietz an."
Flora stand auf und zog ihren Mantel an. „Ich muss jetzt jedenfalls los. Ich habe nachher noch Kundschaft."
Sie zwinkerte mir aufmunternd zu: „Vielleicht fehlt dir ja auch bloß ein Job. Warum hast du damals nur alles an den Nagel gehängt wegen deines Franz? Mache dich selbstständig und verdiene deine eigenen Pinunsen. Dann kommst du auch auf andere Gedanken!"
Wir berührten uns flüchtig mit den Wangen um unser Make-up nicht zu gefährden.
„Tschüss, Florchen und... Danke! Ich ruf dich an."
Flora stakste aus dem Café.

Franz kam nach Hause und roch ziemlich stark nach Bier. Wie ich das hasste!
Rinaldo trank sicher nicht, und wenn, dann höchstens ein Gläschen Champagner auf dem Bärenfell vorm Kamin.
Franz knallte mir seine Brotbüchse auf den Küchentisch. Ich machte Probeschütteln.
„Hast ja deine Brote gar nicht gegessen!" Ich warf die Leberwurststullen in den Müll.
„*Bio*! Biomüll! Wie oft soll ich dir das noch sagen!" Franz nahm sich ein Bier aus dem Kühlschrank. „Und zum letzten Mal: keine Butter aufs Brot! Ich will Margarine und schön dünn!" Franz rülpste.
Gott, wie kleinlich! Rinaldo wäre da anders! Der würde nicht meckern, wenn er ausnahmsweise mal Butter auf dem Brot hätte. Der würde großzügig darüber hinwegsehen und seine Stulle mit Liebe verspeisen! Jawohl, mit Liebe! Weil ich sie geschmiert habe! Und

21

überhaupt hätte Rinaldo längst eine Haushälterin eingestellt und mir dafür eine Rolle in seinem neuesten Film „Vom Winde gebläht" verschafft.

Erna hielt mir ihr Mathematikheft unter die Nase. „Geht nich, die blöde Aufgabe! Und außerdem hatten wir das noch gar nich!"

„Aber Ernalein, wenn's der Herr Weißbrodt als Hausaufgabe aufgegeben hat, müsst ihr es ja im Unterricht durchgesprochen haben."

„Hatter nich!" Erna bockte.

„Ich kümmere mich nach dem Essen darum. Und Berta, räum schon mal dein Zimmer auf, das Abendbrot ist in fünf Minuten fertig!"

Im Wohnzimmer jaulte eine Sirene: „Berdaaa wiiill abeeer niiich aufräumeeen! Eeernaaa soll's macheeen!"

„Ich bin doch nich dei Neescher!" Erna zeigte wenig Verständnis für die Wünsche ihrer kleinen Schwester. „Räum doch deinen Scheiß selber weg!"

Franz schaute kurz hinter seiner „Killt"-Zeitung hervor und übernahm die Erziehung: „Du gehst jetzt deiner Schwester helfen, aber flott!"

Berta kam triumphierend um die Ecke gehüpft und trat Erna ans Schienbein. „Aua!" Erna verzog das Gesicht zur Faust. „Die blöde Zieche hat mich getreten!"

„Du Furzkanacke!" Berta trat Erna nun hinten in die Wade.

Innerhalb von wenigen Sekunden waren beide ineinander verknäult. „Immer feste Dresche obendrauf und du triffst die Richtige!" Beelzebubs Ratschläge bezüglich Kinderzüchtigung waren mir immer zuwider gewesen, aber diesmal stimmte ich ihm ausnahmsweise zu. Ich packte beide Kampfhennen an den Ohren und stellte sie erstmal im Gästcklo kalt.

Nach fünf Minuten hörte das Schreien und das Hämmern gegen die Tür auf. Nach zehn Minuten hörte ich nur noch ein leises Tuscheln und Kichern und nach weiteren drei Minuten trabten zwei sich innig liebende Schwestern Hand in Hand in Bertas Kinderzimmer.

Fräulein Kinderlos vom Erziehungskurs würde mich steinigen, vierteilen, rädern und auf die Streckbank befördern, wenn sie meine Erziehungsmethoden gesehen hätte. Wahrscheinlich hätte sie mit den Kindern zwei Stunden über die Notwendigkeit von Ordnung und Sauberkeit im Kinderzimmer diskutiert, wegen der charakterlichen Ausbildung und so.

Und zu guter Letzt würde sie sicherlich selber aufräumen, weil der Widerstand gar zu groß und die zarte Kinderseele gefährdet wäre. Da waren meine Methoden jedenfalls origineller! Und sie halfen! ... Meistens.

Am nächsten Morgen betrat ich um acht Uhr den Friseurladen. Ich hatte mir extra einen anderen Salon ausgesucht, in der Kreisstadt, wo mich keiner kannte.

Mit meiner neuen Frisur sollte auch ein neuer Lebensabschnitt beginnen! Clementine auf dem Weg nach oben! Das hatte ich mir letzte Nacht fest vorgenommen.

Und da konnte ich wirklich die Ratschläge von Frau Schurbaum, meiner Stammfriseuse, nicht gebrauchen.

„Wolle Se werklich a Radikalschnitt, Frau Kammerjächer?"

„Kammer - Jäger", betonte ich dann zum vielleicht hundertsten Male.

„Wie wär's denn mit ahner neuen Dauerwell? Die Fraa Bürchermaster Scharnagel, gell, die saacht imma, Fraa Schurbaam, ihrige Dauerwell hält wie Ochs!"

Nee, also danach stand mir absolut nicht der Sinn!

Ich hatte mir den neuen Salon aus dem Telefonbuch rausgesucht. Da standen so aussagekräftige Namen wie „Struwwelpeter" oder „Zum haarigen Glück" oder „Hier kämmt der Chef".

Ich hatte mich für „Didis Hairstylinginstitut" entschieden. Das klang so nach wissenschaftlich fundierten Haarschneidekenntnissen mit internationalem Flair und einem Deutsch sprechenden Meistro. Der würde mein Problem sicher verstehen.

Im Laden schlug mir grelles Neonlicht entgegen und dumpfe Technorhythmen hämmerten mir die letzte Schläfrigkeit aus meinem Gehirn. Ein junges Mädchen mit lila Stoppeln bot mir einen Platz in der Mitte des Salons an. Hah, dachte ich, hier weiß man gleich, wem Ehre gebührt!

Ich fühlte mich sofort unwohl.

Da saß ich nun an einem Glastisch vor einem fast blinden Spiegel, der als Rahmen einen Autoreifen hatte, und wurde von wicklergeschmückten Frauen und Männern neugierig beäugt.

„Entschuldigung", fragte ich zaghaft, „gibt es denn keinen anderen Platz? Weiter hinten?"

Das lila Girl zuckte mit den Schultern und zog sich die Strapse hoch.

„Dud mer leed, wenn sä von unnern Chef perseenlisch bädiend wärn wolln, missen sä in dor Midde Blatz nähm. Keener grischt nä Exdrawurschd, och Sie net! Da is unner Meesder ganz eischn. Gugge nur, da gommder schon."

Der Meistro sprang tänzelnd zwischen den Frisiertischen hindurch geradewegs auf mich zu. „Einen wunderschönen guten Morgen, Gnäääädigste! Mein Name ist Dietrich Döderlein. Freunde dürfen auch Didi zu mir sagen! Wer hat denn diese grääässliche Frisur verbrochen?"

Die wicklergeschmückten Köpfe klatschten laut Beifall. Der Meistro nickte wohlwollend nach allen Seiten. „Wie gut, dass Gnäääädigste Ihr Haupt sozusagen in meine Hände legt."

Didi fuhrwerkte mit beiden Händen demonstrativ in meiner Haarpracht herum. „Totes Sauerkraut!" rief er verächtlich und alle wicklergeschmückten Köpfe nickten zustimmend.

„Haben Gnäääädigste an etwas Bestimmtes gedacht oder wollen Gnäääädigste auf meinen Sachverstand bauen?"

„Ja, ich weiß eigentlich noch nicht so richtig...", stammelte ich verlegen und alle wicklergeschmückten Köpfe nickten sich verständnisvoll zu.

„Nun, denn. Lassen Sie sich doch einfach überraschen. Bei mir waren bisher aaalle Kunden zufrieden!"

Die wicklergeschmückten Männer nickten besonders eifrig.

„Chantal wird Ihnen erst einmal die Haare waschen und dann komme ich wieder! Bis gleicheich!" Der Meistro verließ tänzelnd unter tosendem Applaus den Salon und verschwand hinter einem kanariengelben Vorhang.

Chantal drückte meinen Kopf nach hinten in ein Waschbecken und drehte den Wasserhahn auf. „Isses zu heeße?" fragte sie mich, als mir bereits der kochend heiße Strahl ins rechte Ohr spritzte.

„Vielleicht ein wenig!" Ich biss mir auf die Lippen.

Nachdem ich gewaschen und trocken gelegt war, kam der Meistro tänzelnd unter stürmischem Beifall zurück. Dieses Mal klatschte ich mit, schließlich zählte ich ja nun auch zu seinem engeren Freundeskreis.

Didi holte Kamm und Schere aus der Tasche und lief ein paar Mal um mich herum. Er hielt eine Strähne von meiner linken Kopfhälfte in die Höhe und sah sich dann nach allen Seiten fragend um. Die wicklergeschmückten Frauen und Männer schüttelten verneinend ihre Köpfe.

Didi hielt nun zur Abwechslung eine Strähne von meiner rechten Kopfhälfte in die Höhe und sah sich dann wieder nach allen Seiten fragend um. Die wicklergeschmückten Köpfe verneinten wieder. Etwas ratlos strich sich der Meister seinen dünnen Ziegenbart und schüttelte nun seinerseits immer wieder mit dem Kopf.

Ich schüttelte auch mit, der Freundschaft wegen.

Dann blitzte es in des Meistros Augen und freudestrahlend hob er *alle* Sauerkrautsträhnen auf meinem Haupte in die Höhe. Tosender Beifall erklang und einige der wicklergeschmückten Köpfe nickten sich begeistert zu.

Dann geschah alles sehr schnell. Die Schere des Meistros flog über meinen Kopf und hinterließ breite Furchen der Verwüstung. Immer wieder wurde des Meistros Arbeit durch neue Beifallswellen unterbrochen, nach denen sich der Meistro tief nach allen Seiten verneigte. Diese kurzen Pausen nutzte ich jedesmal, um an meinem heißen Kaffee zu nippen, den mir das Chantalche wortlos auf meinen Glastisch gestellt hatte.

Nach einigen Minuten war der ganze Zauber vorbei und der Meistro verschwand unter Bravorufen hinter seinem kanariengelben Vorhang.

Chantal durfte mir nun noch die Strähnchen zurechtzupfen und jede Menge quitschriges Gel in die Haare schmieren.

„Wolln sä och Haarfästscher druff hahm oder nur Gäl?"

Ich entschloss mich für alles beides – wennschon, dennschon!

Dann erhob ich mich unter erneutem Applaus von meinem Sitz und schüttelte mir die Haare vom Mohairpullover. Jedenfalls, so gut es ging.

Chantal zupfte auch an mir herum. „Umhängä nähm mer nich mähr, dor Meistrou sacht, dis wär aldmodsch!"

Ich zückte meine Geldbörse. „Was bin ich schuldig?"

„Hunnert Eiros!" Ich seufzte und bezahlte. Wo es doch meine erste Investition in meine Zukunft war! Ich steckte Chantal einen Zehner unter ihr Strumpfband und zog mich an.

„Beährn se uns ball wiedor!" Chantal lächelte jetzt sogar.

Unter Beifall verließ ich den Salon.

Draußen schaute ich mich nach Schaufenstern um und fand sogar eins mit Spiegeln. Ich drehte und wendete mich prüfend nach allen Seiten.

Das sah aber verdammt nach dem Messerschnitt aus, den mir meine Oma immer als kleines Mädchen verpasst hatte.

Franz fiel vor Schreck die Zigarette aus dem Mund, als er mich sah.

„Dreh dich mal rum!"

Gehorsam drehte ich mich und strahlte: „Schön, gell?"

„Ich glaub, ich spinn!" war sein Kommentar. Zur Belohnung bekam ich keinen Begrüßungskuss.

Beelzebub wetterte: „Siehste, ich hab dir's ja gleich gesagt!"

Na und! Mir gefällt's! Beleidigt verzog ich mich an den heimischen Herd. Zur Strafe koche ich jetzt was, das dir nicht schmeckt!

Berta kam in die Küche geschlichen und umarmte mein Knie. „Niss weinen, Mama, mir defällste! Im Kindergarten, der Patrick, der hat die Haare auch so wie du. Und der is mein Verliebter!"

„Na dann! Wenn der Patrick Gugelhupfer die gleiche Frisur hat wie die Mami, dann ist ja alles in Ordnung!" Ich ging in die Hocke und drückte Berta ganz fest an mich. Kindertrost tut gut. Dicke, klebrige Kinderküsse, die nach Gummibärchen und Hustensaft schmecken. Der Gipfel der Genüsse! Das kam noch vorm Knutschen mit Rinaldo Ringelstein! Und weit, weit vor den „Darf ich mal kurz in dich-Küssen" von Franz!

Etwas später pfiff ich zum Abendessen. Franz hob erwartungsvoll den Topfdeckel. „Was issen das?"

„Pellkartoffeln!"

„Und was gib's sonst noch?" Franz rollte hungrig mit den Augen.

„Quark und Leberwurst."

„Ach, ich glaub, ich hab gar keinen Hunger! Und ich muss noch mal weg, Zigaretten holen!" Franz knallte die Tür zu.

Es soll ja Männer geben, die nach dem Zigaretten holen nicht mehr wiederkommen. Leider gehörte Franz nicht zu denen!

Als die Kinder im Bett waren, machte ich mir's mit der Zeitung auf dem Sofa bequem. Ich hatte mir eine Flasche Whisky aus dem Keller geholt und beschlossen, mich so richtig rundherum wohl zu fühlen.

Ich blätterte die Stellenanzeigen durch:

„Hübsche, sehr schlanke Sekretärin gesucht mit PC-Kenntnissen, Hochschulabschluss, perfekt in Englisch, Französisch, Italienisch und Russischem Roulett, ohne Anhang, nicht schwanger, maximal fünfundzwanzig Jahre, mit mehrjähriger Erfahrung an der Börse... auf Dreihundertfünfundzwanzig-Euro-Basis. Bereitschaft für Überstunden wäre von Vorteil."

Isses möglich! Ich kippte das Glas auf Ex hinter.

„Bessern Sie Ihre Haushaltskasse auf! Putzen Sie in Dessous bei netten Herren und Damen! Kein GV, KK und SM...."

Ich lehnte mich entspannt mit meinem dritten Glas Whisky in die Polster zurück und träumte.

„Kein GV" könnte vielleicht „kein Geschlechtsverkehr" heißen. Ich prostete mir zu. Oder „kein Gummiverhüterli" oder „kein Grabschen an Vaginalteilen, hick..."

Aber „KK"! Ich überlegte hin und her. Das interessierte mich nämlich persönlich! Ich schenkte mir nach.

„Clementine, hick, das kriechsdu nu abber ma raus!"

Ich schaute auf die Anzeige. Mein Gott, das waren ja vier K!

„KKKK..., hick, könnte vielleich heißen, Keine Körper von Knackigen Knaben, hick, oder Kein Keschlechtsakt im Kuhstall, hick, Kondome nach Kebrauch ans Klo Kleben, hick, hick, hick..."

„Und SM heiß viellei keine SabberMäulchen, hick, üps..."

Ich rülpste wie ein Brauereipferd.

„Dassis aba lussdiss, hick, aba SM, hick, isses miiir aba slässt, hick, SM hab ich noch niiimals nichehört!"

Ich kotzte in die Zeitung.

„Hick, ssade, nu kömmer wiederniss abeiten!"

„Nun aber raus aus den Federn!" erklang Frau Grieshammers Sopran. Ich zog die Decke über den Kopf. Mach' dich ab aus meinem Traum. Aua, Kopfschmerzen! Grelles Licht! Hilfe!

Ich träumte mich zurück zu Rinaldo in die „Hochzeitssuite", wo wir gerade unsere Flitterwochen feierten. Rinaldo hielt mir eine Flasche Whisky an den Mund.

Nein, schrie ich verzweifelt, alles, nur das nicht!

Ich musste mich übergeben.

Meine Decke wurde angehoben und Frau Grieshammers Kopf erschien. „Ist es denn so schlimm, Kammerjägerin? Oder sollte ich besser sagen: Jägermeisterin?"

Das reichte! Der Gedanke an letzteres brachte meinen Magen zum Karussell fahren. Ich sprang mit einem Satz aus dem Bett und hinein ins Bad. Dort brüllte ich ins Klo: „Nie wuuuäääieder Whuuuäääisky, uuuäää! Nie wuuuäääieder Kooootzäään! Ich wuuuäääill stuuuäääärbäään!"

Frau Grieshammer hielt mir freundlicherweise die Stirn und schüttelte immer wieder den Kopf: „Kindchen, Kindchen, wie kann man sich nur so besaufen! Und noch als Frau!"

Ich drehte den Wasserhahn auf. „Wie spät isses denn?" fragte ich gequält. „Halb elf, Kindchen, halb elf."

„Waaas? Und die Kinder? Und überhaupt wieso denn bloß?" In meinem Kopf drehten sich alle Zahnräder durcheinander.

„Keine Sorge, Kindchen", beruhigte mich Frau Grieshammer, „Berta ist im Kindergarten, Erna in der Schule und der Teppich ist auch schon wieder sauber!"

„Wieso Teppich?" Ich verstand nur Bahnhof. Aber ehrlich gesagt, es tangierte mich nur äußerst peripher! Mein Kopf fühlte sich an wie nach einem Erdbeben. Außerdem gluckerte es schon wieder verdächtig in meinem Magen.

„Ich koche Ihnen jetzt erst einmal einen schönen heißen Kamillentee", sagte Frau Grieshammer und verschwand in Richtung Küche. Ich setzte mich auf die Bettkante und überlegte, ob weiterschlafen nicht besser wäre. Aber wo nun schon mal die Grieshammer da war! Ich musste mich zusammenreißen!

Also quälte ich mich in meine Klamotten und torkelte in die Küche, wo Frau Grieshammer trällernd zwischen Küchenschrank und Herd hin- und hersprang. „Bitte, nicht so laut!" Ich ließ mich auf einen Stuhl fallen und legte den Kopf auf den Tisch.

„Frau Grieshammer, das werde ich Ihnen bis an mein Lebensende nich vergessen, niemals nich!" Ich heulte.

Frau Grieshammer strich mir mitleidig über meinen Brummschädel. „Is' schon gut, Kindchen. Das kriegen wir schon wieder hin. Jetzt trinken Sie mal Ihren Tee und dann zieh'n Sie sich an und gehen 'ne Stunde spazieren. Wollen wir doch mal sehen, ob es dann nich besser wird!"

Ach, du Gute, du! Was hatte ich doch für ein Glück mit meiner Nachbarin! Kommt einfach rüber, macht die Kinder fertig und wischt auch noch mein Erbrochenes vom Teppich! Und kocht Tee! Und spendet Trost! Und holt, wenn ich Glück habe, die Kinder auch wieder ab! Ach, du Gute, du! Du gute Trude, du!

Trude Grieshammer hielt mir ein frisch gestärktes Taschentuch vor die Nase und befahl mir zu schnäuzen. Ich gehorchte.

„Und jetzt hören wir aber mal auf zu heulen!" sagte sie liebevoll, aber bestimmt. Ich hörte auf.

„So, und jetzt nichts wie raus mit Ihnen, Kammerjägerin! Ich hole dann die Berta vom Kindergarten und koche was bei mir zu Hause. Dann legen Sie sich mal noch 'ne Stunde aufs Ohr, bis Ihr Göttergatte kommt. Muss ja nich sein, dass er Sie so sieht. Hat ihm wahrscheinlich schon gestern Abend gereicht!" Frau Grieshammer steckte mich in eine Jacke und schubste mich zur Tür hinaus.

〰 〰 〰

Ich lief zum Kastanienpark. Unterwegs sahen mich die Leute so seltsam an. Ich zog meinen Schal bis über die Nase.

„Das haste jetzt davon!" schimpfte Angie. Sie sah sehr blass aus um die Nase.

Beelzebub rekelte sich wohlig herum und schmatzte: „Mir hat's teuflisch gut gefallen, die Sause! Hick, so 'nen Vollrausch hatten wir aber schon lange nicht mehr! Konnte mich kaum noch an den letzten erinnern!" Beelzebub kratzte sich nachdenklich am Kopf. „Weißt du noch, Clementinchen, damals beim Studium, da warst du noch trinkfest. Da gab's jeden Abend ein gutes Tröpfchen!"

Ich nickte. Ja ja, das waren noch Zeiten, als ich mit Günter und Heribert jeden Abend um die Ecken zog und wir uns durch die einschlägigen Kneipen tranken.

Ich legte einen Schritt zu, denn ich fror gar garstig. Und die Nase lief auch schon wieder.

„Nasentropsen, Hosenseechen sind die ersten Todeszeechen!" spöttelte Beelzi.

Ich ließ mich erschöpft auf eine Bank fallen. Da saß ich nun, ich armer Tor, und bibberte wie nie zuvor.

„Entschuldigung, ist hier vielleicht noch frei?" Ein junger Mann im Jogginganzug lächelte mich fragend an.

Ich stotterte verlegen: „Ich, äh, ich wollte sowieso gerade gehen..."

„Aber bleiben Sie doch, bitte! Wegen mir müssen sie nicht aufstehen." Er drehte sich um und wollte weitergehen.

„War nicht so gemeint", ich schämte mich für mein Auftreten, „is' heute nicht mein Tag!"

Der junge Mann kam lachend zurück und setzte sich neben mich. „Schon gut, ich wollte Sie auch nicht stören. Meine Schuld."

Er zog ein Zigarettenpäckchen aus der Tasche und hielt es mir unter die Nase. „Möchten Sie vielleicht?"

Ich sprang auf und rannte ins Gebüsch, mein Würfelhusten meldete sich schon wieder.

„Ist es Ihnen nicht gut? Kann ich Ihnen helfen?" seine Stimme klang jetzt richtig besorgt.

„Nein, nein, es geht schon wieder!" Mit einem Taschentuch vorm Mund kehrte ich zurück auf meinen Platz.

„Schwanger?" der junge Mann schaute fragend von der Seite.

Soll gefälligst weggucken! Gott, wie peinlich! Clementine auf dem Weg nach oben! Da spricht mich einmal in acht Jahren ein gut aussehender Mann an und ich sehe ausgerechnet an diesem Tag aus wie meine eigene Nachgeburt! Pfui, Schande über dich, Clementine!

„Ja, das hast du nun davon!" Angie rülpste.

„Ich bin nicht schwanger, mir ist nur übel", versuchte ich meine missliche Lage zu erklären. Dabei vermied ich tunlichst, dass der nette Mann mein Gesicht von vorne zu sehen bekam.

„Was Falsches gegessen?"

Mann, war der aber hartnäckig!

„Nee, zu viel gesoffen!" erwiderte ich schroff.

„Ach so." Er lachte wieder, aber diesmal hörte es sich an, wie das frische Plätschern eines Bächleins. Ich schielte mit einem Auge hinüber.

Sah gar nicht übel aus, der Typ. Vielleicht Mitte zwanzig, sehr groß und blond, mit einem Grübchen im Kinn.

Jetzt schämte ich mich erst recht.

„Ich muss jetzt los", sagte ich und stand auf.

„Schade. Na ja, vielleicht sieht man sich mal wieder. Ich laufe hier fast täglich um die Zeit." Er reichte mir seine Hand und ich streifte sie kurz im Vorübergehen.

Ich marschierte los und spürte noch eine ganze Weile seinen Blick im Nacken.

Wenn ich das Flora erzähle! Die wird verrückt:

Da triffst du endlich mal was zum Flirten und bist ausgerechnet dann unpässlich, unleidlich und unerotisch! Du dicke, dumme Clementine! Du bist eine *Winterfrau* und keine Schnapsdrossel! Guck dich an, du Versagerin! Nich mal aufreißen kannste so einen Typ! Lässt sich doch die blöde Kuh den Bettwärmer durch die Lappen gehen! Und ich schnipsele kleine Bildchen von Rinaldo Rinaldini aus den Herz-Schmerz-Blättern! Wo ich doch wirklich Kundschaft genug habe! Und verplempere meine Zeit mit Kaffeeklatsch bei der ollen Hummel. Und dann kann die dicke Pute nich mal dankbar sein und einen Kerl abschleppen...

„Hallo, Sie haben was vergessen!" Der junge Mann von eben kam schnaufend angerannt und wedelte mir mit meinem Schal vor der Nase herum. „Der hing im Gebüsch!"

„Danke", ich wickelte mir meinen Schal um den Kopf und schaute ihm fest in die Augen. Schau mir in die Augen, Kleiner! Gleich fress ich dich! Wo Flora es doch so schwer mit mir hat!

„Morgen um zehn auf der Bank!" sagte ich bogartmäßig. „Und pünktlich, wenn ich bitten darf!"

Verdutzt blickte mich der Jüngling an. Aber dann lächelte er verschmitzt und zwinkerte mir zu: „Morgen um zehn. Und nüchtern, wenn ich bitten darf!"

Am nächsten Morgen hatte ich Berta etwas früher in den Kindergarten geschafft, um noch genügend Zeit zu haben mich auf das Rendezvous vorzubereiten.

Als ich beim Bäcker vorbeilief, drangen süße, wohl bekannte Gerüche in mein Riechorgan ein und reizten das Appetitzentrum bis aufs Äußerste. Nein, Clementine, heute nich! Nich für alle Schillerlocken der Welt! Pfui is' das! Ich biss die Zähne aufeinander und schlürfte die Spucke zurück, die sich ihren Weg nach draußen suchte.

Sonst aß ich hier jeden Morgen einen Windbeutel und eine Schillerlocke und trank meinen heiß geliebten Cappuccino – natürlich mit viel Schlagsahne:

„Grüß Gott, die Frau Kammer-Jäger. Das Gleiche wie immer?" träumte ich.

Frau Luzi stand hinter der Kuchentheke und hielt mir ihre duftenden Backbleche unter die Nase. Dabei hatte sie so ein merkwürdiges Glimmern in den Augen und zwischen ihren roten Locken schienen kleine schwarze Hörner zu sprießen.

„Nee, nee, heute isses anders als sonst, Frau Luzi. Heute muss ich schnell noch ein paar Gramm abnehmen. Ich treffe mich mit einem gut aussehenden, schlanken Mann und jünger als ich ist der auch noch! Nee, Frau Luzi, heute können Sie mich nicht verführen!"

Ich beschleunigte meinen Schritt um schneller aus der Gefahrenzone zu kommen.

Geschafft! Ich schloss die Haustür hinter mir und platzte fast vor Stolz.

Winterfrau... mal sehen, was mein Kleiderschrank zu diesem Thema hergab! Also, die Tigerleggins und der braune Schlabberpullover, in dem ich mich so wohl fühlte, kamen schon mal nicht in Frage. Wenn Flora doch jetzt hier wäre!

Ich seufzte.

Ich probierte die schwarzen Jeans an, die ich voriges Jahr zu Weihnachten von Franz bekommen hatte... Der verdammte Reißverschluss wollte einfach nicht zugehen! Schwitzend gab ich auf.

Ich zwängte mich in das rote Minikleid mit den schwarzen Rosen. In dem hatte ich immer ganz schön Aufsehen erregt, damals vor Bertas Geburt, als ich mit Franz tanzen ging. Um Gottes Willen! Und diese speckigen Knie!

Frustriert schmiss ich das Kleid ganz unten in den Schrank. Also dann eben doch wieder die Tigerleggins und der Schlabberpullover! Aber wenigstens etwas aufpeppen wollte ich mein Outfit. Ich kramte in der alten Hutschachtel von Oma Else und zog einen zarten schwarzen Spitzenschal heraus. Genau, der würde passen!

Dann zog ich mich ins Bad zurück und schminkte mich nach allen Regeln der Kunst. Nach einer Stunde war ich fertig.

So, und nun noch den schwarzen Mantel und eine Silberbrosche aufs Revers. Perfekt!

Beelzebub pfiff anerkennend durch die Zähne. „Zum Teufel, Clementinchen, gibst ja noch 'ne ganz brauchbare Braut ab!"

„Ich finde, so natürlich, *ohne* den Schminkkram wäre es besser gewesen!" Angie raubte mit die ganze Freude. „Und außerdem, was triffst du dich eigentlich mit einem wildfremden Kerl, wo du doch verheiratet bist und zwei herzallerliebste Kinder hast!"

„Hör' nicht auf die Himmelstussi!" Beelzebub drohte mit der Faust nach oben.

Ich schaute auf die Uhr. Ach, du Schreck! Schon dreiviertel zehn! Ich sprühte mir noch eine halbe Flasche „Kamel No. 5" in den Ausschnitt und trabte los.

Fünf Minuten vor zehn ließ ich mich völlig außer Atem auf die Parkbank fallen. Geschafft! Mit einem Blick in den Taschenspiegel stellte ich sicher, dass sich die Schminke noch da befand, wo sie hingehörte. Ich glänzte wie eine Speckschwarte. Verdammt, die Puderdose lag noch im Bad! Mit einem Taschentuch versuchte ich die Schweißperlen abzutupfen. Als ich fertig war, sah das Tuch braun aus und meine Stirn weiß. So ein Mist! Ich rubbelte den Rest des Make-ups aus meinem Gesicht.

Wenigstens war der Lippenstift noch dran!

Ich schaute wieder auf die Uhr. Zehn Minuten nach zehn. Wo *bleibt* der denn bloß! Ich renne mir hier den Arsch ab und der gnädige Herr lässt mich warten! Diesen Film kannte ich doch irgendwoher!

Fünfzehn Minuten nach zehn. Ein Gedanke schoss mir durch den Kopf und machte sich dann auf den Weg zum Magen, wo er unangenehme Gefühle erzeugte: Der kommt gar nicht! Clementine, du blöde Henne, rennst in den Park und der kommt gar nich!

Ich schlug mir mit der Hand an die Stirn. Keine Sekunde hatte ich bisher daran gedacht, dass er die Verabredung vielleicht gar nicht ernst genommen hatte.

Flora würde sich vor Lachen an ihrem fetten Stück Käsekuchen verschlucken!

Ich selten dämliche Kuh! Glaube ich doch tatsächlich, so ein junger, gut aussehender Typ mit einem herzzerreißend plätschernden Lachen will sich mit einer schlecht gelaunten, molligen, versoffenen Mittdreißigerin im Schlabberoutfit treffen! Pfui is' die!

Enttäuscht stand ich auf und schlenderte in Richtung Flüsterbrücke. Na, so ein Reinfall! So ein Reinfall mit dem Einfall!

Ich wischte mir mit dem braun verfärbten Taschentuch den Lippenstift ab und bückte mich nach ein paar glänzenden Kastanien. Ja, ihr habt's gut! Ihr seid keine *Winter*kastanien. Ihr seid *Herbst*kastanien und dürft euer braunes Kleid mit Stolz tragen!

Ich steckte die glatten, kalten Kastanien in meine Manteltasche.

Angie hatte ja recht. Heute Nachmittag würde ich mit den Kindern ganz mütterlich Kastanienmännchen basteln und Hagebuttentee trinken und wenn Franz von der Arbeit käme, würde ich ihm die Pantoffeln und die Zeitung bringen und fragen, was ich beim Kochen Neckisches anziehen soll! So gehörte sich das schließlich für eine treu sorgende Ehefrau und Mutter!

„Hallo, habe ich Sie noch erwischt!" Ein plätschriges Lachen erklang hinter mir.

Ich fuhr erschrocken herum. Oh Gott, mein Make-up, mein Lippenstift und meine Selbstbeherrschung! Mein Herz sprang wie wild irgendwo hinter meinem „Kamel No. 5"-Ausschnitt auf und nieder. „Clementine, ruhig bleiben! Jetzt nur nichts wieder vermasseln!" flüsterte Beelzi und hielt seine Daumen umklammernden Fäuste in die Höhe.

„Ach, Sie sind's", bemerkte ich scheinheilig, „bin auch eben erst gekommen!"

Er nahm meine schon blau gefrorenen Hände und deutete galant einen Handkuss an. „Tut mir Leid, die Verspätung meine ich", sagte er und lachte aus vollem Halse. „Aber mir ist unterwegs ein Reifen geplatzt, den musste ich erst noch reparieren."

„Sie reparieren Ihren Autoreifen selbst?" fragte ich verwundert.

„Aber nein, kein Autoreifen! Ich bin mit dem Fahrrad da!"

„Ach so", sagte ich enttäuscht. Wahrscheinlich ein Student ohne Kohle, der in einer Wohngemeinschaft mit zwei niedlichen, jungen Studentinnen und einem schwulen Friseurlehrling sein Studentenleben auslotterte.

„Übrigens, ich heiße Sandro. Sandro Sack." Es plätscherte wieder.

„Angenehm, ich bin die Frau Kammer-Jäger." Ich streckte ihm das blau gefrorene Pfötchen hin.

„So so. Frau Kammerjäger. Haben Sie vielleicht auch einen Vornamen?"

Gott, was *warer* gleich so brüderlich! Und eine Flasche billigen Schaumwein hatte er wahrscheinlich auch schon unter seiner Studentenkutte, wegen des Bruderschaftskusses.

„Clementine", sagte ich gelangweilt, „Clementine heiße ich vorne. Kann aber nichts dafür!"

„Ich finde deinen Namen außerordentlich süß! Und er passt so gut zu dir!" Sandro Sack zog eine Flasche Bier und zwei Pappbecher aus seiner Jackentasche.

„Ich dachte, damit besiegeln wir unsere Bekanntschaft. Ab jetzt sind wir per Du, okay?"

Nee, was isser einfallslos!

Wir schlenderten zurück zu unserer Parkbank und machten es uns gemütlich. Wir schlürften Bier aus Pappbechern und prosteten kichernd den vorbeilaufenden Spaziergängern zu.

„Ich freue mich ehrlich, dass ich dich getroffen habe!" Sandro legte seinen Arm um meine Schulter.

Nee, und auch noch so plump vertraulich!

Ich kuschelte mich bierbeschwipst an seine Studentenkutte.

Beelzebub rieb sich die Hände. „Und schön unterwürfig sein und gefügig!"

„Was bist du denn eigentlich für einer?" Ich schnupperte an seinem Adamsapfel, der umwerfend gut nach Kokosnuss roch. Hm, er benutzt bestimmt das teure Aftershave „Bandito de Coco" von Karl Dallfeld!

Sandro sah mir in die Augen. Braune Augen hatte er, schade. Und blonde Haare! Noch schader. Natürlich kein Vergleich mit Rinaldo Ringelstein!

„Och, viel gibt's zu mir nicht zu sagen", winkte Sandro ab. „Ich komme aus Passau und arbeite hier, vorübergehend." Aha, also kein Student! Womöglich so ein einfacher Beamter wie Franz.

„Was arbeiten Sie, äh, entschuldige, arbeitest du denn?" Alles muss man dem Kerl aus der Nase ziehen. Kanner nich einfach sagen: Gestatten, mein Name ist Sandro, ich bin zwar kein Student, wie Sie vermuten, aber dafür Beamter im Öffentlichen Dienst. Ich sitze nämlich am Postschalter Nr. 23 in der Passauer Hauptpost und verkaufe Briefmarken. Da weiß frau wenigstens, wo sie dran ist! Da kann sie nämlich gleich auf dem Absatz kehrtmachen und sich verpissen. Und muss nich erst stundenlang Handküsschen entgegennehmen und Studentenkuttenkuscheln üben. Nee, so einen hammer nämlich selbst zu Hause.

„Ich bin im Bankgeschäft tätig." Sandro war ziemlich sparsam mit seinen Auskünften.

Na dann eben nicht! Aber wenigstens mal ein *Bänker*.

„Und sonst so?" Ich gab nicht nach.

Sandros Bächlein plätscherte wieder. „Du bist aber neugierig."

„Na hör mal! Ich muss doch schließlich wissen, an wessen Schulter ich mich so mir nichts, dir nichts anlehne, noch dazu mit einem Becher Bier in der Hand!"

Sandro schaute mir tief in die Augen. Gott, wie unangenehm!

„Also, ich heiße Sandro Sack, bin neunundzwanzig Jahre alt, ledig, einsachtundachtzig groß, wiege achtzig Kilo, das meiste davon sind

Muskeln und ich mag niedliche, leicht beschwipste Frauen mit reichlich Holz vor der Hütte."
Pause.
Klatsch!
„Was erlauben Sie sich!" Ich tat entrüstet, dabei fühlte ich mich unheimlich geschmeichelt. Aber das muss er nich gleich merken! Sandro hielt sich erschrocken die Backe.
„Und Frauen mit Temperament gefallen mir noch besser!" Er packte mich und küsste mich lange und leidenschaftlich auf den Mund.
Ich war so verdutzt, dass ich mich auf gar keinen Fall wehren wollte, äh, wehren konnte! So eine Frechheit! Gott sei Dank war der Lippenstift schon vorher abgewesen...

Diesmal saß ich zuerst im Café. Wo nur Flora blieb? Ich musste ihr ganz schnell von meinem Abenteuer erzählen!
In den letzten Tagen hatte ich es vermieden, mich in der Nähe des Kastanienparks blicken zu lassen. Womöglich traf ich Sandro! Nee, nee, für eine Affäre war ich einfach noch nicht bereit.
Frau Hummel kam wogend auf mich zu und brachte mir meinen Cappuccino. „Der is kastriert, nich. Ich habe es mir extra gemerkt, nich!" Frau Hummel strahlte.
„Und heute bringen Sie mir ein großes Stück Käsekuchen!" Wo es nun offenbar doch Männer gab, die auf was Knuddeliges standen.
Frau Hummel war begeistert: „Sehen Sie, Frau Kammer-Jäger, so is' recht, nich? Können ja nich alle rumlaufen wie Ihre dürre Freundin, nich? Ich sache immer, Essen und Trinken hält Leib und Seele zusammen, nich?"
Ich nickte.
Flora betrat das Café. Heute ganz in Lila. Wie fürnehm!
Ich saß wieder da in meinem alten Schlabberpullover und den Tigerleggins.
„Stell dir vor, was passiert ist!" Ich sah Flora triumphierend an.

„Rinaldo hat dir eine Autogrammkarte geschickt", Flora wirkte nicht sonderlich neugierig.

„Ach Quatsch! Ich habe jemanden kennen gelernt!" Ich wartete gespannt auf Floras Reaktion.

„So?" Flora blickte mich erwartungsvoll an.

„Volltreffer!" Beelzebub jubelte. „Gib ihr Saures! Die alte eingebildete Zimtzicke soll ruhig mal staunen, was du drauf hast!"

Ich erzählte Flora in allen Einzelheiten von meinem Erlebnis mit Sandro. Zwischendurch schüttelte sie öfter verständnislos den Kopf.

„Du hast ja alles falsch gemacht, was es falsch zu machen gibt!" Flora rührte aufgeregt in ihrem Kaffee.

„Nein, Clementine, warum bist du denn abgehauen, als der Typ endlich zur Sache kam?"

„Endlich...?" Ich war ganz verunsichert. „Was heißt hier endlich! Der kann mich doch nich am hellerlichten Tag ohne zu fragen knutschen! Und dann beim ersten Treffen!"

„Bravo!" rief Angie dazwischen, „wo kämen wir denn da hin, wenn wir jeden hergelaufenen Mann gleich küssen würden! Und dazu noch ohne Lippenstift!"

„Beim zweiten Treffen, Clementine, beim zweiten!"

Flora wühlte in ihrer Handtasche. „Ich habe dir was mitgebracht!" Sie knallte mir wortlos einen Stapel Briefe auf den Tisch.

Ich machte große Augen. „Was sind denn das für Briefe?"

„Die sind alle an dich geschrieben."

„An mich?" Flora überraschte mich immer wieder. Staunend besah ich mir das Stößchen Briefe und zuckte mit den Schultern.

Flora atmete tief durch: „Also. Nach unserem Treffen letzte Woche habe ich mir überlegt, dass es so mit dir nicht weitergehen kann."

„Warum nicht, soll ich mich umbringen?"

„Bleib bitte ernst, Clementine, ich kann schon nicht mehr schlafen, so viel Sorgen machst du mir!"

Das überraschte mich nun aber wirklich! Wusste gar nicht, dass ich Flora so viel Sorgen bereitete. Die Arme...

„Also", Flora holte wieder tief Luft, „ich habe am Samstag für Dich inseriert, unter 'Verschiedenes'. Hat mich einen Haufen Geld gekostet!" Ach Gott, die Gute! Unter Verschiedenes! Und noch so teuer! Wie konnte ich das jemals wieder gut machen!

„Wieso Verschiedenes?" Ich verstand nur Bahnhof.

Flora legte mir einen kleine Zeitungsausschnitt auf meinen krümeligen Käsekuchenteller. „... Junge, verheiratete, attraktive Frau, kurvenreich, einfallsreich, gar nicht reich, sucht großen, großzügigen, großherzigen Mann im besten Alter für erotische Treffs..."

Ich hielt den Atem an und sämtliche Zahnräder verkeilten sich ineinander. Flora schaute mich fragend an. „Nun was sagst du zu meiner sensationellen Idee?"

„Aber, aber... aber das bin ich doch gar nich und das will ich doch gar nich und das kann ich doch gar nich und..."

„... doch, du kannst und du willst! Ich will nämlich mal wieder eine Nacht durchschlafen, ohne mir den Kopf über dein Glück zu zerbrechen!"

Ach so. Na, wenn das so ist, und Sie der Oberförster sind, hängen wir die Blaubeeren wieder ran! *Den* kleinen Gefallen musste ich Flora nun aber wirklich tun! Wo sie so rührend um mich besorgt war und so viel Geld und Zeit investierte!

„Das sind alles Antwortbriefe, Clementine, lies sie dir zu Hause mal in Ruhe durch und dann triffst du eine Vorauswahl. Nächsten Mittwoch sage ich dir dann, mit wem du dich triffst."

Ich nickte beschämt.

„Jetzt muss ich aber los, ich habe noch Kundschaft."

Flora stakste aus dem Café.

Franz hatte Spätschicht und die Kinder lagen im Bett. Ich hängte das Telefon aus und stellte die Klingel ab. So, endlich Ruhe.

Zitternd öffnete ich den ersten Brief.

Ein Foto fiel mir in den Schoß und ich schaute es entsetzt an. Darauf war ein nackter, feister Glatzkopf zu sehen, der seinen Schniedel in die Kamera hielt. Auweia! Voller Ekel warf ich den Brief und das Foto in den Kamin und sah zu, wie der Schniedel Feuer fing und nur ein Häufchen Asche übrig blieb.

... Hier sieht man noch die Trümmer rauchen, der Rest ist nicht mehr zu gebrauchen!

Das konnte ja heiter werden, da stand mir ja noch einiges bevor! Ich öffnete den zweiten Brief.

Der war ohne Foto. Gott sei Dank! Aber der Brief war fünf Seiten lang, voller Rechtschreibfehler und Fettflecken und handelte von einem traurigen Dasein eines verheirateten Mannes, der bei seiner Frau kein Verständnis für seine Sado-Maso-Wünsche fand.

Ich schluchzte! KK und SM und GV – hier hätte ich bestimmt erfahren, was es bedeutete. Der Brief ging ebenfalls den Weg des Feuers. Brief Nummer drei wurde geöffnet.

Wieder ohne Foto. Hier beschrieb ein gewisser Gottlieb recht ausführlich, wie er sich eine Nacht mit mir ausmalte. In seiner Phantasie glichen meine Proportionen wohl eher einem Luftkissenboot. Nach einigen unappetitlichen Versprechungen endete der Brief abrupt mit einem milchigen Klecks.

Ab ins Feuer! Und das mit zwei Fingern! Schweinigel!

Brief Nummer vier enthielt wieder ein Foto und zwar das eines gut aussehenden Enddreißigers mit silbernen Schläfen und blauen Augen. Ich war entzückt, fast wie Rinaldo! Also eine Ähnlichkeit war durchaus festzustellen, wenn man sich Mühe gab. Er schrieb:

„Hallo, Du dralles Mäuschen!

Ich bin der schöne Theo und fahre Porsche. Außerdem habe ich ein Haus in Kalifornien, eins in Frankfurt und eins am Nordpol. Ich besitze drei Firmen, vier Sekretärinnen und fünf gesunde Finger und die an jeder Hand! Meine Frau jettet das ganze Jahr mit ihren Lovern in der Karibik herum und meine Sekretärinnen hängen mir auch zum Halse raus.

Wann können wir uns treffen? Ich habe aber immer nur zehn Minuten Zeit oder können Sie Steno?

Ihr Theo Tausendschön"

Ab ins Feuer! Schade, war wirklich ein schöner Mann!

Brief fünf und sechs flogen gleich ins Feuer, als ich die Fotos sah.

Brief sieben überraschte mich dann doch angenehm. Und der Typ auf dem Foto war auch ganz passabel. Er war circa fünfundvierzig Jahre alt und hatte kurze blonde Stoppelhaare und eine Brille. Aber er lächelte sehr nett! Er schrieb:

„Hallo, liebe Dame!
Ich schreibe so einen Brief das erste Mal und bitte daher meine Tolpatschigkeit zu entschuldigen. Ich bin auch verheiratet und liebe meine Frau sehr! Aber sie hatte vor einem Jahr einen tragischen Unfall, der sie an den Rollstuhl fesselt, und Sex ist seither unmöglich. Sie hat mich schon öfters aufgefordert, mal zu einer Prostituierten zu gehen, aber ich will mir Liebe nicht kaufen! Ich habe ein Jahr lang versucht ohne Sex zu leben, aber nun schaffe ich das nicht mehr. Ich würde mich freuen von Ihnen zu hören, aber rufen Sie mich bitte im Büro an, ich möchte meiner Frau nicht unnötig wehtun, sie hat es schwer genug!
Mit freundlichen Grüßen
Ihr Arno Ackermann"
Na, der hatte doch was. Wie der sich rührend um seine Frau bemühte! Fast wie der Förster Drombusch! Tut mir richtig Leid, der Arno. Den *muss* man ja glatt trösten! Kommt in die engere Auswahl.
Brief acht und neun flogen wieder ins Feuer.
Brief Nummer zehn war der letzte.
Ich öffnete ihn gespannt, wieder kein Foto. Dann las ich:
„Liebe Unbekannte!
Genau wie du suche ich Nähe und Zärtlichkeit. Ich heiße Robert, bin 41 Jahre und geschieden. Da ich ständig beruflich unterwegs bin, ist der Aufbau einer Partnerschaft für mich sehr schwierig. Ich suche kein Abenteuer für eine Nacht, sondern eine liebevolle, warmherzige Frau, mit der sich sozusagen ein Verhältnis aufbauen lässt. Wer eignet sich dafür nicht besser als eine verheiratete Frau, die mir ab und zu die einsamen Abende versüßt! Ich warte auf Antwort!
Dein Robert Recknagel!"
Wenn einer, dann der, dachte ich mir. Der stellt wenigstens keine Ansprüche an sein Lustobjekt. Oder der arme Kerl mit der verunfallten Frau. Der käme zur Not auch noch in Frage. Da werde ich Floras Rat brauchen, mal sehen, welcher ihr besser gefällt. Ach, wenn ich Flora nicht hätte! Zufrieden legte ich die beiden auserkorenen Briefe unter mein Kopfkissen und schlief ein.

„Maaamaaa, ich will zu Mc Donats!"

Ich blinzelte mit einem Auge auf den Wecker: Viertel vor vier!

„Bertalein, geh bitte wieder ins Bett, es ist mitten in der Nacht!"

„Aber du hast es versprochen! Flühstück bei Mc Donats, hast du mir versprochen." Berta fing an zu heulen.

„Psst, weck den Papa nich auf!" Ich hielt Berta den Mund zu.

„Aba ich will zu Mc Dooonats!" Berta stampfte mit den knubbeligen, nackten Füßen auf und schluchzte.

„Komm, gib mir einen Kuss und geh wieder 'heia' machen. Wir gehen ja zu Mc Donats, aber später!"

„Na gut, dann komme ich nachher wieder", sagte Berta versöhnlich. Ich atmete auf.

An der Schlafzimmertür drehte sie sich nochmal um: „In zehn Minuten!" Dann verließ sie hüpfend mit einem Teddy im Schlepptau die elterlichen Gemächer.

Franz drehte sich knurrend um.

So, nun war *ich* wach und hatte Hunger! Aber nicht auf Mc Donats, sondern auf Schillerlocken mit Cappuccino. Ein großes, finsteres, knurrendes Loch tat sich da in meinem Bauch auf.

Ich sah wieder auf die Uhr: halb fünf!

„Beelzi, Angie, schlaft ihr noch?" Keine Antwort.

„He ihr beiden, wollen wir ein bisschen 'Ich sehe was, was du nicht siehst' spielen?"

Beelzebub gähnte: „Das kannst du mich um zehn noch mal fragen! Lass mich pennen!"

„Und du Angie?" – „Ich brauche meinen Schönheitsschlaf! Geh doch in die Küche, da steht noch Torte im Kühlschrank!"

Nachdem ich alle dreihundert Schafe meiner Herde gezählt hatte, versuchte ich es mit Meditieren. Ich stellte mir einen wunderschönen Sonnenuntergang vor, der meine Augenlider immer schwerer werden ließ. Vergeblich, das Einzige, was immer schwerer wurde, war mein Magenknurren zu überhören!

Dann summte ich leise ein „Ooommm" vor mich hin, worüber sich Franz wiederum beschwerte: „Halt doch endlich mal die Klappe und schlaf!" Maulend drehte er sich auf die andere Seite.

Idiot! Früher hätte er sich an mich gekuschelt und gefragt: „Kannst wohl nicht schlafen, Häschen?"

Aber mit jedem Ehejahr werden die Tiere größer: ... Häschen...
Hase... Karnickel... fetter Nager... Rammelsau!
Wütend stand ich auf und ging ins Bad. Ich öffnete das Fenster und
eine klare, kalte Dezemberluft strömte mir entgegen.
Da kam mir ein Gedanke. Wo ich doch sowieso ein neues Leben
beginnen wollte, könnte ich ja mal was Verrücktes tun! Also zog ich
mich an und joggte um die Häuser. Nach ungefähr zweihundert
Metern hing mir die Zunge bis zu den Knien, mein Blutdruck blub-
berte bedrohlich, mein Herz klopfte wie wild und Bäche salzigen
Schweißes rannen mir übers Gesicht. Also verlangsamte ich mein
Tempo und spazierte gemütlich weiter in Richtung Kastanienpark.
Das war aber wirklich mal eine ganz neue Erfahrung!
Ich stiefelte in der frischen Morgenluft im Dunkeln durch die Stra-
ßen und es gefiel mir auch noch! Könnte man eigentlich öfters tun,
dachte ich und atmete noch tiefer ein. In ein paar Häusern gingen die
ersten Lichter an und die Straßenbeleuchtung schaltete sich ein.
„Hast du eigentlich keine Angst im Dunkeln?" Angie gähnte und
reckte sich.
Angst? Nö. Ich doch nich!
Am Eingang vom Kastanienpark kauerte eine Gestalt.
„Kehr lieber wieder um, hier ist es nicht geheuer!" Angie wurde ganz
nervös.
Die Gestalt hatte mich entdeckt und schaute in meine Richtung. Ich
blieb stehen. Die Gestalt setzte sich in Bewegung und lief gerade-
wegs auf mich zu.
„Angie, Hilfe!" Ich machte kehrt und beschleunigte meinen Schritt.
Die Gestalt beschleunigte wohl auch ihren Schritt, denn ich hörte
ihre Schritte näher kommen.
Ich las schon am nächsten Tag in der Killt-Zeitung die Schlagzeile:
„Pummelige, untrainierte Joggerin am Rande des Kastanienparks tot
aufgefunden. Bisher wurde noch keine Vermisstenmeldung aufge-
geben. Die Handschrift des Täters deutet stark auf Jack the Ripper.
Vom Täter keine Spur."
Ich rannte keuchend und der Angstschweiß floss in Bächen meine
Schläfen hinunter. Schließlich war er ganz dicht hinter mir!
Beelzebub war aufgewacht und überblickte sofort den Ernst der
Lage. „Zum Angriff blaseeen! Marsch, marsch! Stoppen! Umdre-

hen! Und jetzt mitten in die ... eieieiei!" Beelzebub hielt sich die Augen zu.

Die Gestalt krümmte sich am Boden und jammerte. Unschlüssig stand ich da und wusste nicht so recht, was ich tun sollte.

„Aber Clementine! Ich bin's doch! Sandro!" Sandro hielt mir die Hand hin und ich zog ihn hoch. „Das tut mir Leid!" stammelte ich. „Ich dachte, du wärst Jack the Ripper!"

Sandro stand noch immer gebeugt und hielt sich seine Männlichkeit. „Du bist mir ja vielleicht eine!" Sandro lachte plätschernd. „Mensch, Rambo ist ja ein Waisenknabe gegen dich!"

„Was musst du auch im Dunkeln hinter mir herrennen!" sagte ich vorwurfsvoll. „Anständige Leute liegen um diese Zeit noch im Bett!"

„Und du, hä?" Sandro grinste. „Was hast du denn hier zu suchen? Zeitungen austragen tust du ja wohl nicht, wie ich sehe!"

„Ich treibe Sport!" erwiderte ich barsch. „Und überhaupt geht dich das gar nichts an!"

„Aha! Du treibst Sport. Sah mir eher nach einem Rentnerspaziergang aus!" Sandro schüttelte sich vor Lachen.

Ich war beleidigt. Auslachen lasse ich mich niemals nicht! Und schon gar nicht von einem, der Sack heißt!

Sandro merkte sofort, dass er ins Fettnäpfchen getreten war und nahm mich in den Arm. „He Kleines, wollen wir morgen zusammen laufen?"

„Och..., ich weiß noch nich. Ich glaube, morgen früh habe ich keine Zeit." Die Vorstellung, mit einem sieben Jahre jüngeren, durchtrainierten Plätscherheini laufen zu müssen, verursachte ein flaues Gefühl im Magen.

Ich würde mich bis auf die Knochen blamieren: „Nee, nee, da such' dir mal 'ne Maus aus dem Fitness-Studio!"

„Auch gut, dann komme ich eben morgen früh zu dir zum Frühstücken!" Sandro schaute mich erwartungsvoll an.

„Da wird sich mein Mann aber freuen! Wäre es dir um fünf Uhr recht?" Ich grinste hämisch über Sandros verdutztes Gesicht.

Er schlug sich mit der flachen Hand an die Stirn.

„Ich Idiot! Wie konnte ich annehmen, dass so ein Vollblutweib wie du noch solo ist!"

„Und zwei Kinder habe ich auch!" Ich setzte noch eins oben drauf. Ge, da schaust? Hättest du mir wohl nich zugetraut! Ja ja, mein fescher Verehrer, jetzt hat sich's sicher ausgebaggert!

Sandro zog die Umklammerung fester. „Macht nichts! 'Ne Scheidung ist heut' kein Problem mehr und Kinder wollte ich immer schon haben!"

Gerade öffnete ich den Mund zu heftigem Protest, da wurde er auch schon mit einem saftigen Kuss wieder verschlossen. Ich zappelte noch ein bisschen demonstrativ herum, doch dann lag ich völlig willenlos in seinen Armen. Seufz, seufz!

„Wann können wir uns denn wiedersehen?" fragte Sandro zärtlich. „Ich würde auch gerne einmal deine Kinder kennen lernen!"

Mal überlegen.

„Am Sonntag Nachmittag vielleicht. Da schläft Franz meistens. Wir könnten uns im Kastanienpark auf dem Spielplatz treffen."

Sandro war einverstanden.

Clementine, was tust du da eigentlich! Bist ja verrückt!

Beelzebub meldete sich zu Wort: „Schau, schau, jetzt geht ihr der Allerwerteste auf Grundeis!"

Na und! Ich habe eben keine Erfahrung mit so was! Aber den ganzen Sonntag wieder in die Glotze gucken, dazu hatte ich erst recht keine Lust!

„Könntest ja auch mal was für deine Kinder stricken!" schlug Angie vor. „Na freilich!" stichelte Beelzebub. „Am besten Eierwärmer für Franz!"

Nee, dann doch lieber mit den Kindern ins Abenteuerland zu Peter Pan oder in unserem Fall zu Sandro Sack!

Als ich am Sonntagmorgen zum Fenster herausschaute, glaubte ich meinen Augen nicht zu trauen! Draußen tanzten dicke Schneeflocken auf und ab und die Sträucher im Garten hatten weiße Pudelmützen auf.

„Erna, Berta!" rief ich begeistert, „Großväterchen Frost war da!"
Im Nu hüpften zwei Betthäschen aus ihren warmen verknautschten
Kojen und reckten ihre verstrubbelten Köpfe am Fenster.
„Oh! Ah! Mama! Alles zuckerweiß! Wie schööön!" Erna drückte
ihre Nase am Fenster breit.
„Und die großen Federn aus der Frau Holle ihrem Bett!"
Berta staunte.
„Quatschkopp! Das sind Schneeflocken aus kaltem Wasser, du Hir-
ni!" Berta trat Erna vors Schienbein.
„Bin kein Quatschkopf! Du bist blöd und spinnst! Gell Mama, das
sind Federn! Die tut die Goldmarie aus der Frau Holle ihrem Schlaf-
sack schütteln!" Berta sah mich bettelnd an.
„Natürlich sind das Federn von der Frau Holle!" Ich strich Berta über
ihren Strubbelkopf. „Aber wenn sie in die Nähe der Erde kommen,
verwandeln sie sich blitzschnell, ohne dass man es sehen kann, in
Schneeflocken! Das sind nämlich Spezialbettfederwasserschnee-
flocken der Frau Holle!"
„Siehste!" Berta trat Erna wieder vors Schienbein, diesmal zur
Abwechslung vor das andere.
„Auwaaa!" Erna gab Berta eine Kopfnuss.
„Gleich steck ich euch alle beide mit dem Kopf nach unten in den
kalten Schnee!"
„Au ja!" ertönte es freudig aus zwei schwesterlich vereinten Kehlen.
„Und dann bauen wir einen Schneemann!" Sie hüpften Hand in
Hand ins Bad.
Franz steckte sein verkrumpeltes Gesicht mit dem Drei-Tage-Bart
zur Küchentür herein und gähnte.
„Guten Morgen!" sagte ich fröhlich, bekam aber keine Antwort.
Warte nur, wenn du gleich in den Spiegel schaust und dein Knaut-
schlackgesicht erblickst!
Franz sah morgens immer aus wie Wellblechpappe mit Stacheln.
Sonntags ließ er das meistens so, wegen der heimischen Gemütlich-
keit. Nur wochentags wurde eine Stunde geduscht, geföhnt, gestylt
und gepudert, wegen des innerbetrieblichen Klimas.
„Scheiße! Alles voll Schnee! Da muss ich ja mein Auto abkehren!
Glaub ja nicht, dass ich jetzt noch Schnee schippe vor dem Früh-
stück!"

Ach, wo werd ich denn! Natürlich schippe ich selbst! Wo sogar ein „Guten Morgen" zu zeitaufwendig und anstrengend ist! Ich habe schon *immer* mit Begeisterung geschippt! Ich bin sozusagen die geborene Schipperin! Wozu sollte eine Frau von heute einen männlichen Schipper brauchen! Dann schon eher einen scharfen Stripper! Nee, nee, kein Problem!

Mit der linken Hand wird geschippt und mit der rechten bei der Gelegenheit gleich der Müllbeutel entsorgt! Dann schubse ich Erna mit dem linken Fuß in den Schulbus und mit dem rechten flechte ich Berta einen Zopf.

Nee, wirklich kein Problem. Zumal sich mit dem Kopf noch an der Einkommenssteuer arbeiten ließe! Also reg dich ab und sorge stylingmäßig für ein ausgeglichenes Arbeitsklima!

Angie schüttelte den Kopf: „Ärgere dich doch nicht schon am frühsten Morgen! Du hast den Typ ja schließlich unbedingt haben wollen! Nun musst du dich eben fügen!"

Klar, diese Ehe war überhaupt eine einzige Fügung! Fragt sich nur für wen! Ich schielte nach unten.

Beelzebub tat ganz überrascht. „Was guckst du *mich* denn so an! Ich habe damit nicht das Geringste zu tun! Ich wasche meine Hände in Unschuld! Und überhaupt, meinst du vielleicht, mit deinem Sandro wär's besser? Ist doch alles nur eine Frage der Gewöhnung!"

Mit Sandro vielleicht nicht, aber mit Rinaldo! Der würde mir morgens das Frühstück ans Bett bringen, so wie er das als Förster Drombusch mit seiner dritten Ehefrau immer getan hat. Dann würde er sich aus dem Zimmer schleichen, die Kinder fertig machen und in die erzieherische Obhut ihrer jeweiligen Kindermädchen entlassen. Anschließend würde er das Telefon aushängen, damit ihn keine der unzähligen Agenturen zwecks neuer Rollenangebote stören könnte, und mit einer Baccararose zwischen den blendend weiß geputzten Zähnen in mein Bett kriechen. Wir würden unter der Bettdecke die letzten Toastkrümel suchen, uns gegenseitig sauteuren Kaviar in die gierigen Erdbeermünder stopfen und uns zum Schluss selbst vernaschen.

Franz schlürfte geräuschvoll seinen heißen Kaffee und ließ seinen Blick gierig über mein Nachthemd wandern. „Mensch, du hast aber auch die geilsten Möpse, die ich je gesehen habe!"

Pfui is' das! Keinen Schnee schippen wollen, aber mit meinen Möpsen liebäugeln! Nee, nee, nu aber ab ins Bad!

„Lass das sein!" ermahnte ich ihn.

Franz trottete eingeschnappt aus der Küche.

Was ist er doch damals für ein schüchterner Liebhaber gewesen, als wir uns gerade kennen gelernt hatten! Machoklappe und nichts dahinter! Hatte mich alle weiblichen Verführungskünste gekostet, der erste Abend!

Nachdem er mich damals auf seinem Sofa platziert hatte, gestand er mir ohne Umschweife seine Gefühle: Dass er jahrelang in allen Einzelheiten von einer Frau wie mir geträumt hat! Dass er völlig verrückt nach mir sei und fast ohnmächtig würde vor Liebe! Und dass er, als er mich sah, geglaubt hatte, der Blitz schlüge in sein Hirn ein! Fein, dachte ich und fingerte an seinem obersten Hemdknopf herum. Verstört schob er meine Finger beiseite und erklärte mir, dass er erst einmal *sehr* ausführlich über seine Gefühle mit mir reden wolle.

Na gut, dachte ich und hörte mir eine weitere halbe Stunde seine Liebesschwüre an. Dann riss mir der Geduldsfaden und ich machte mich mit verführerischem Blick wieder an seinem Hemd zu schaffen.

Liebesschwüre hin, Liebesschwüre her, aba nu wollen wir ma zur Sache kommen, Silberlocke!

Er wurde noch nervöser und hielt meine Hände fest. Ob ich nicht erst einmal den Zwinger sehen wolle, den er eigenhändig für seinen Dobermann gebaut hatte!

Ich wollte nicht, aber ich schaute.

Franz holte eine Flasche Cognac und nahm erstmal einen kräftigen Schluck, wegen der Auflockerung, wie er mir erklärte. Er legte eine Schallplatte auf und wir sangen gerührt „Mein Freund, der Baum, ist tooot...." und tranken Cognac. Dann holte er sein Lieblingsbuch und ich schaute mir dreihundertfünfzig schlüpfrige Karrikaturen von „Mein Freund, Willi Winzig" an. Ich startete einen erneuten Angriff und schmiss mich seufzend auf ihn. Franz rollte sich in letzter Sekunde zur Seite und ich landete unsanft auf dem Teppich.

Wir hätten doch alle Zeit der Welt, erklärte er mir und zeigte mir seine selbst gezimmerte Bar mit den drei wackeligen Barhockern. Dort tranken wir wieder Cognac.

Franz legte eine neue Platte auf und wir sangen zweistimmig „Oh, mein Papa, war eine große Ginstler...".

Anschließend musste ich noch alle zwölf Fotoalben aus seiner Kindheit durchblättern. Franz erklärte mir sehr ausführlich, wer der zahnlose, vierjährige Glatzkopf neben ihm im Sandkasten war, dass die dicke Frau mit dem Persianer seine Tante Olga aus Kentucky sei, die den Friedrich vom Finanzamt nicht wollte und deshalb mit dem tätowierten, rothaarigen Iren John Mc Soundso nach Amerika durchgebrannt war, und dass der Hund neben Oma Agathe an Leukämie gestorben sei, weshalb er eine besonders feierliche Bestattung auf dem Hundefriedhof von Baron Pimperlitz erhielt, mit dem Oma Agathe sonntags immer Monopoli spielte.

Nun musste ich seine Münzsammlung bestaunen und mit ihm und dem Dobermann Gassi gehen.

Zwischendurch schüttete er einen Cognac nach dem anderen hinunter und legte zweihundertachtundsiebzig Liebesschwüre ab.

Ich schaute auf die Uhr: halb vier! Und in drei Stunden musste ich aufstehen und zur Arbeit fahren! Ich fingerte wieder an ihm herum, aber dieses Mal versuchte ich es mit dem Hosenknopf.

Endlich! Sieg! Erfolg! Siegerehrung!

Franz ließ sich willenlos in die Kissen sinken und verdrehte die Augen. Ich schlug vor, das Ganze doch der Bequemlichkeit halber im Bett fortzusetzen. Franz nickte und ich zog ihn am geöffneten Hosenbund zum Hinrichtungsplatz. Hoffentlich kam er jetzt, wo ich ihn endlich soweit hatte, nicht auf die Idee wieder auszubüchsen und mir die gehäkelten Eierwärmer seiner Tante Wilhelmine zu zeigen! Geschafft! Im Schlafzimmer schmiss ich ihn rücklings aufs Bett und hechtete mich obendrauf.

Wir rissen uns die Kleider vom Leib und knutschten wie die Weltmeister. Natürlich im Dunkeln. Wegen der Wahrung der Privatsphäre, wie Franz mir einleuchtend erklärte.

Als Franz aus Versehen an meinen Busen grabschte, trat ihm der Angstschweiß auf die Stirn und er stammelte verwirrt, er wäre vorher noch nie von zwei Kürbissen vergewaltigt worden.

Dann heulte er ins Kopfkissen und entschuldigte sich unentwegt für „seinen Freund Willi Winzig" und die dreiviertelst leer getrunkene Flasche Cognac.

„Kann ja jedem mal passieren...", ich strich ihm tröstend übers nass geschwitzte Haupt und wiegte ihn in den Schlaf.

Sandro saß schon auf unserer Bank und drehte sich eine Zigarette.

„Hallo!" Erna und Berta machten ihren Hohetöchterknicks und rannten dann grölend zum Spielplatz.

Sandro pfiff ungeniert durch die Zähne. „Du wirst jeden Tag schöner", meinte er anerkennend und verbeugte sich mit einer galanten Armbewegung.

„My Lady?" Sandro bot mir seinen Arm an und wir spazierten gemächlich zum Spielplatz.

„Du hast wirklich zwei süße Töchter", flüsterte er mir ins Ohr. „Ich wollte, die wären meine!"

Dafür *musste* ich ihn küssen.

„Die Kinder!" dachte ich erschrocken und drehte mich um. Aber Berta und Erna standen mit dem Rücken zu uns im verschneiten Sandkasten und bewarfen sich quiekend mit Schnee-Sand-Bällen.

„Hmmm!" Sandro schmatzte genüsslich. „Wofür war das denn?"

„Mir war eben danach!"

„Können wir das vielleicht hinter dem Busch dort wiederholen?" Sandro zeigte grinsend auf einen verschneiten Rhododendron.

„Zu kahl", sagte ich kopfschüttelnd.

„Und der da?" Sandro zeigte auf eine kleine Blautanne.

„Zu niedrig!"

Sandro schaute suchend in die Runde. „Aber der dort ist Spitze!" Er zog mich lachend hinter einen riesigen Kastanienbaum mit einem Stamm, so dick wie der Kirchturm von Pieselwangen, wo ich meine Schulferien immer bei Oma Else verbracht hatte.

Sandro lehnte sich an den Baumstamm und zog mich fest an sich.

„Und jetzt küss ich dich, bis du ohnmächtig wirst", sagte er und hörte auf zu lachen. Aus seinem halb geöffneten Mund stiegen kleine weiße Wölkchen, die nach Pfefferminzbonbons rochen, in die kalte

Luft. Ich *liebe* Pfefferminzbonbons, genauso wie ich „Bandito de Coco" liebe, den Kokosduft von Karl Dallfeld, mit dem Sandros Adamsapfel beträufelt war! Sandro küsste mich so heiß und innig, dass der Schnee unter unseren Stiefeln zu schmelzen begann.

Ich versank in einen Traum aus Pfefferminzküssen und orientalischem Kokoszauber. Dort saß ich inmitten eines großen Harems und ölte mein Dekolleté gerade mit Kokosöl ein, als der Sultan in Gestalt von Sandro den Harem betrat. Alle anderen Haremsdamen schrien erschrocken auf und flüchteten hinter irgendwelche goldenen Säulen und Brokatvorhänge. Nur ich natürlich nicht. Ich ölte aufreizend weiter.

Der Sultan schickte mir seinen Eunuchen, das war Franz, und hieß mich in seine Gemächer zu kommen. Als ich sein Schlafzimmer betrat, lag er auf seinem Bett, eingehüllt in einen seidenen Morgenmantel und rauchte Wasserpfeife. Der Eunuche Franz zog sich unter tausenden Bücklingen zurück und wir waren allein.

„Clementicia, komm her!" Der Sultan winkte mich zu sich heran. Dass der überhaupt noch winken konnte, wunderte mich, denn er trug an jedem Finger mindestens einen edelsteinbesetzten Ring so groß wie eine Walnuss.

Als ich mich zögernd näherte, warf sich der Sultan samt Wasserpfeife plötzlich vor mir auf die Knie und zerrte bettelnd an meinem hauchdünnen Negligé und stammelte etwas von „Liebe" und von „allen anderen Haremsdamen köpfen lassen" und so'n Zeugs. Ich aber warf den hoch erhobenen Kopf schnippisch in den Nacken und verließ das Gemach des Sultans. Hinter mir hörte ich einen Schuss und das hämische Gelächter des Eunuchen.

„Hülfü! Üch krüge küne Lüft mühr!" Sandro befreite sich aus meiner Umklammerung und schnappte nach Luft. „Mein lieber Scholli! Fast wäre *ich* ohnmächtig geworden!"

Wir hüpften lachend wie zwei Teenies um den Baum und ließen uns in den Schnee fallen.

„Mama, wer issen der Onkel, der aussieht wie ein Schneemann?" Berta stand plötzlich neben uns.

„Ich bin der Nikolaus!" sagte Sandro mit tiefer Stimme.

„Und was machst du mit meiner Mama, hä?" Berta war nicht sonderlich beeindruckt.

„Die Mama hat mir gerade eure Weihnachtswunschzettel gegeben!"
Sandro und ich kicherten.

„Und was willst *du* damit. Die sind doch für den Weihnachtsmann!"
Berta stemmte entrüstet die Fäustchen in die Seiten. „Ich bin doch
der Weihnachtswunschzetteleinsammler vom Weihnachtsmann.
Weißt du denn das nicht?"

Sandro hockte vor Berta und schaute ihr tief und ernst in die Kulleraugen.

„Nö. Erzähl mal!" Berta klappte der Unterkiefer runter.

„Jetzt kommt wieder so 'ne dämliche Babygeschichte!" schimpfte
Erna, die ihrer Schwester nachgelaufen war. „Du weißt wohl nich,
dass die Geschenke die Mama kauft, hä, du Blödi?"

Berta fing an zu heulen: „Ich bin kein Blödi. Und außerdem kauft
der Weihnachtsmann die Geschenke! Und du kriechst keine, weil du
selber blöd bist!"

Sandro hockte sich auf die Rutsche und nahm die beiden Streithäh-
ne auf den Schoß. „Jetzt erzähle ich euch einmal, wie ich Helfer vom
Weihnachtsmann werden durfte und wo der Weihnachtsmann im
Sommer wohnt."

„Bäh, wie langweilig!" Erna rutschte von Sandros Knie. „Ich will
endlich wieder heim, zu Papa und Fernsehen gucken!"

Das machte nämlich keiner so gut wie Franz, das Fernsehen gucken.
Er konnte stundenlang mit den Kindern Fernsehen gucken und was
hatten die für einen Spaß dabei!

Erst schauten sie Fred Feuerstein, dann Donald Duck und anschließend die „Unglaubliche Geschichte von einem noch unglaubliche-
ren Flugzeug auf einer unglaublichen Insel". Hauptrolle Doofi Dotz
und Berti Blödel. Und wenn sie gar nicht mehr darüber lachen konn-
ten, kitzelten sie sich so lange unter den Armen, bis die Lachmus-
keln einen Krampf bekamen und in der Lachstellung festhakten. Das
war ein Spaß.

Zwischendurch plapperten sie jede Reklame auswendig mit und
Erna rief dauernd in die Küche: „Mama, die Haifischflossen-Barbie
will ich haben!"

„Mama, die Tätowierstudio-Barbie will ich haben!"

„Und die Bestattungsinstitut-Barbie mit den niedlichen rosa Särgen
will ich auch haben!"

„Maaamaaa, kaufst du mir dann wenigstens die Diddel-Patch-Dutzi-Puppe mit dem dicken Bauch, wo unten das Diddel-Patch-Dutzi-Baby rauskommt? Maaamaaa, komm doch maaal!"

Dann trocknete ich mir die Hände ab und ging ins Wohnzimmer. Im Fernsehen rekelte sich gerade ein kugelrunder, nett lächelnder Opa im Sessel herum und hielt eine Packung „Blähbauchpastillen" der Firma „Gierig und Geldgeil" in die Kamera: „Essen Sie manchmal auch zu fett? Trinken Sie öfters ein Gläschen zu viel? Macht nichts! Schlucken Sie anschließend einfach vier 'Blähbauchpastillen' – und der nächste Hamburger schmeckt bestimmt! Zu den *riesigen* Nebenwirkungen lesen Sie die Packungsbeilage oder *erschlagen* Sie Ihren Arzt *und* Ihren Apotheker!"

„Warum schaut ihr denn nicht die schöne Tiersendung auf dem Ersten?" fragte ich meine drei Privatsendergeschädigten.

„Och Tiere, wie langweilig!" maulte Erna. „Da kann ich ja gleich in meinen Hamsterkäfig glotzen!"

„Na, Erna, glotzen sagt man aber nicht!" meldete sich Franz erzieherisch zu Wort. „Und jetzt halte endlich mal deine Klappe, die Yeti-Monster-Power-Party fängt an!"

Das Gebrüll meiner Töchter riss mich aus meinen Gedanken.

„Hört bitte zu, was Onkel Sandro euch erzählt!"

Erna verschränkte trotzig die Arme und stellte sich neben Sandro.

„Also. Vor vielen Jahren, als ich noch ein Junge in eurem Alter war, stand wieder einmal das Weihnachtsfest vor der Tür. Meine Mutter backte jeden Tag Plätzchen und Stollen und Lebkuchen und das ganze Haus duftete nach Zimt, Vanille und Anis..."

„Und Kokos..." warf ich freudestrahlend ein. „Ja, auch nach Kokosmakronen!" Mir lief das Wasser im Munde zusammen.

„Wir haben auch schon mit der Mama Plätzchen gebacken!" bemerkte Berta und ihr Gesicht leuchtete wie die ausgehöhlten Kürbisköpfe vor unserer Haustür, in denen abends Teelichte brannten.

„Also", Sandro fuhr fort, „zwei Tage vor dem Heiligen Abend, ich lag schon in meinem Bett und träumte vom kerzengeschmückten Christbaum, klopfte es plötzlich leise an mein Fenster."

„Ein Geist!" rief Berta und hielt sich die Augen zu.

„Quatsch, Geist! Geister gibt's doch bloß im Märchen!" Erna machte eine abfällige Handbewegung.

Sandro fuhr fort: „Als es da so klopfte, bekam ich Angst und zog mir die Bettdecke über den Kopf. Aber das Klopfen hörte nicht auf und meine Neugierde war schließlich größer als meine Angst. Ich schlich leise auf Zehenspitzen zum Fenster und spähte durch eine Lücke im Vorhang hinaus."

Sandro legte eine Pause ein, um die Spannung zu steigern.

Ach, was isser süß, der Märchenonkel! Schon wieder überkamen mich längst vergessene Küssgelüste!

„Was glaubt ihr, wer da vor meinem Fenster herumflog, hä?"

Drei erwartungsvolle Gesichter.

„Die Hubschrauberflügel-Barbie!" rief Erna begeistert.

„Quatschkopp! Bestimmt eine böse Hexe, die dich in einen Fruchtzwerg verwandeln wollte!"

Berta trat Erna vors Schienbein.

Sandro lachte plätschernd. „Ich schaute also nach draußen in die dunkle Nacht und sah einen kleinen, dicken und ganz nackten Engel auf meinem Fensterbrett sitzen!"

„Engel gibt's gar nich!" Erna war enttäuscht.

„Doch, Engel gibt's, gell Mama? Ich hab nämlich auch zwei! Meine heißen Raphael und Michael und sitzen immer bei mir auf der Bettdecke und zwicken mich in den großen Zeh", freute sich Berta.

Sandro strich den beiden zärtlich über die Mützen.

„Nun, stellt euch vor, wie ich erschrak, als ich da den Engel so sitzen sah! Ich öffnete das Fenster einen Spalt und tippte ihm mit einem Finger vorsichtig in den Bauch. Es fühlte sich ganz warm und weich an, fast wie frische Zuckerwatte!"

„Hmmm! Zuckerwatte!" Erna leckte sich die Finger.

„Also öffnete ich das Fenster ganz weit und ließ den Engel herein. Er flog auf mein Bett und steckte den Kopf unter die Decke, so dass nur noch der nackte Po herausschaute."

„Hatte der Engel denn auch einen Schniedel?" wollte Berta wissen.

„Natürlich, aber einen ganz winzigen!" Sandro zwinkerte mir zu. Ich errötete.

„Dann war's der Raphael!" Berta sprang begeistert in den Schnee. „Der Michael hat nämlich keinen, der is' ein Mädchen!"

„So ein Quatsch!" Erna schlug sich an den Kopf. „Wenn er ein Mädchen ist, kann er ja nicht Michael heißen. Höchstens Michaela."

„Doch, kann er doch! Der Boris im Kindergarten hat ja auch keinen und heißt Boris!" Berta triumphierte.

„Hä, Mama, wie soll'n das gehen?"

„Das erklär ich dir, wenn du größer bist!" Wie sollte ich meinen beiden Töchtern auch erklären, was ein Zwitter ist und dass dem armen Boris später noch ein Schniedel angenäht werden würde.

Langsam wurde es dunkel und kalt. „Ich glaube, wir laufen mal langsam los und erzählen die Geschichte unterwegs fertig. Sonst habt ihr morgen Schnupfen und Halsweh!"

Wir stapften alle vier durch den kniehohen Schnee auf der Wiese.

Sandro erzählte weiter: „Also. Ich zwickte den Engel in den Po und fragte ihn nach seinem Namen."

„Er hieß Raphael, er hieß Raphael, stimmt's?" Berta hüpfte auf und nieder.

„Ja, er hieß Raphael und war ziemlich müde vom langen Herumfliegen. Er erzählte mir, er käme direkt vom Nordpol, wo der Weihnachtsmann wohnt, und sei unterwegs um Hilfe zu holen.

Wisst ihr, der Weihnachtsmann lag nämlich mit hohem Fieber im Bett und konnte seinen Schlitten mit den Geschenken nicht beladen!"

„Ich denke, das machen die Elfen?" Erna wollte schon wieder die Geschichte ruinieren.

„Die Elfen hatten auch alle Fieber!" Sandro nickte gewichtig mit dem Kopf.

„Also, ich überlegte mir, wie ich dem Weihnachtsmann helfen könnte. Denn sonst hätte es in diesem Jahr für die vielen Kinder auf der Welt keine Geschenke gegeben! Also holte ich den alten Teppich von Tante Agathe vom Speicher und schüttelte ihn kräftig aus. Da kam so viel Staub heraus, dass der Engel einen Hustenanfall bekam!"

„Wie der Papa morgens im Bad", rief Erna freudestrahlend.

„Raucht wohl 'n bisschen viel, der werte Gatte!" Sandro grinste mich von der Seite an.

„Dann zog der Engel Zauberpulver aus seiner Tasche und..."

„Ich denke, der war nackt! Wo hat er denn da Taschen!" Erna schaute provokant.

„Hach, immer muss die reinquatschen, die Blöde!" Berta war genervt.

„Natürlich hatte der Engel keine Hosentaschen! Aber eine kleine goldene Umhängetasche! Wie die Zauberfee-Barbie!"

Erna nickte zufrieden.

„Und dann streute der Engel sein Zauberpulver auf den alten Teppich von Tante Agathe. Nun stellt euch vor, wie ich schaute, als sich der Teppich auf einmal vom Boden abhob und durch mein Zimmer flog!"

Wir waren am Ausgang vom Kastanienpark angekommen und immer noch am Anfang der Geschichte. Ich gab Sandro ein Zeichen, dass er sich ein bisschen beeilen sollte.

„Also, dann flogen wir beide, der Engel und ich, zum Nordpol und direkt hinein in das Schlafzimmer vom Weihnachtsmann. Der lag in seinem Bett und war ganz schwach. Aber ich hatte zufällig Hustensaft und Fieberzäpfchen bei mir. Die gab ich dem Weihnachtsmann und dann ging ich nach draußen und lud all die vielen Geschenke auf den Schlitten. Als ich am nächsten Morgen damit fertig war, ging es dem Weihnachtsmann schon viel besser und ich flog beruhigt nach Hause. Am Heiligabend wartete ich dann gespannt auf den Weihnachtsmann. Um sieben musste ich mit meinen Eltern in die Kirche. Und dann kam es wie jedes Jahr! Als wir nach Hause kamen, war der Weihnachtsmann schon da gewesen und die Geschenke lagen unter dem Christbaum. Ich war sehr traurig, denn ich hatte ihn wieder verpasst!"

„Wie bei uns!" warf Erna ein.

„In der heiligen Nacht klopfte es dann ganz laut an mein Fenster und ich rannte erfreut hin um zu sehen, ob das wohl der kleine, dicke Engel wäre. Aber da draußen vor dem Fenster stand der Schlitten des Weihnachtsmannes mit acht Rentieren davorgespannt. Dann sprang das Fenster von alleine auf und der Weihnachtsmann kam schnaufend und ächzend hereingeklettert! Zum Dank für meine Hilfe erhielt ich einen großen, goldenen Orden mit dem Bild vom Weihnachtsmann auf der einen und dem Rentierschlitten auf der anderen Seite."

„Zeigst du uns den mal, Onkel?" Berta klatschte bittend in die Händchen.

Jetzt biste fällig, Sandro Sack! Nu lass dir aba ma was einfallen! Von wegen Rentierschlitten! Zu viele Hollywoodfilme geschaut, wa?

„Natürlich, beim nächsten Mal bringe ich den Orden mit!"

„Da bin ich aber gespannt!" ich feixte Sandro an.

„So, nun ist die Geschichte zu Ende. Seitdem bin ich ehrenamtlicher Helfer beim Weihnachtsmann und darf jedes Jahr die Wunschzettel einsammeln!" Sandro atmete tief durch.

Ach, was könnt ich ihn jetzt knuddeln!

„Und wo wohnt denn nun der Weihnachtsmann im Sommer?" Berta sprach aus, was ich befürchtet hatte.

„Das erzähle ich euch das nächste Mal!"

„So, Kinder, nun lauft schon mal vor! Mama muss dem Weihnachtsmannhelfer noch ein Geheimnis ins Ohr flüstern!"

Brav trotteten zwei Kinder los.

„He, danke für den wunderschönen Nachmittag!" Sandro küsste mich zärtlich auf die Nasenspitze: „Sehen wir uns morgen?"

„Morgen kann ich nich. Basteln im Kindergarten, weißt du? Und übermorgen treffe ich mich mit Flora, meiner besten Freundin. Aber am Donnerstag, da hat Franz Frühschicht, da kann ich vormittags kommen, wenn die Kinder weg sind. So um zehn?"

Sandro machte ein klägliches Gesicht. „Erst am Donnerstag? Das halte ich solange nicht aus!" Er wollte mich wieder küssen.

„Ich muss los! Die Kinder!" Erna und Berta waren schon hinter der nächsten Ecke verschwunden.

„Dann wenigstens um neun! Hier am Eingang vom Kastanienpark!" rief Sandro mir hinterher.

„Okay! Um neun! Ich freu mich!" Dann war auch ich hinter der Ecke verschwunden.

„So. Nun zeig mir doch mal, was die Herren geschrieben haben!" Flora setzte sich auf ihren Stammplatz. Heute ganz in Kirschrot. Folgsam zog ich die zwei Briefe aus meiner Jackentasche und legte sie vor Flora auf den Tisch.

„Ist das etwa alles?" Sie schaute mich ungläubig an.

„Ja, leider! Das ist die ganze Ausbeute! Und der Rest liegt als Asche-haufen im Kamin!"

Flora maulte: „Hättest mich ruhig die Briefe erst einmal lesen lassen können! Vielleicht wäre ja was Nettes für *mich* dabei gewesen!"

Ich grinste. Klar. Am besten der schöne Theo mit seinem Porsche! Der wäre wahrscheinlich genau Floras Typ gewesen! Aber der stand ja nicht auf flachbrüstige Edeltannen, sonst hätte er nie auf diese Anzeige geantwortet.

Ich erzählte Flora von den anderen Briefen, auch den unappetit-lichen.

„Ich denke, du musst dich für den Anfang mit diesen da zufrieden geben!" Flora tippte auf die zwei Briefe. „Und später geben wir eben noch eine Annonce für dich auf."

„Danke, danke, im Moment reichen mir die zwei! Außerdem, wenn ich fremdgehen wollte, könnte ich das mit Sandro tun!" Ich machte ein verschwörerisches Gesicht.

„Dieser Typ vom Park etwa? Der mit dem komischen Lachen?" Flo-ra staunte. „Sag bloß, der hat sich noch mal gemeldet nach deinem stümperhaften Benehmen!"

„Und ob! Und die Kinder hat er auch schon kennen gelernt!"

„Die Kinder? Was will er denn mit deinen Kindern! Dafür haben die doch ihren Vater!" Flora schüttelte den Kopf. „Du sollst dir was fürs Bett suchen und keinen, der gleich wieder auf Familie macht!"

„Aber der Sandro ist sehr nett! Und er erzählt tolle Weihnachts-geschichten!" protestierte ich.

Flora lachte schrill auf. „Weihnachtsgeschichten! Den Typ musst du mir unbedingt mal zeigen! Und im Bett bimmelt er dann mit der Glo-cke und singt 'Stille Nacht, heilige Nacht'!"

Wäre sicher sehr romantisch, dachte ich und stellte mir vor, wie San-dro nach Kokos und Zimt duftend zu mir ins Kuschelbett krabbelt und wie er dann mit Frank Sinatras Stimme „Silent night" singt!

„Pass auf, Clementine, du triffst dich jetzt mit diesem Robert Reck-nagel, der scheint ja ganz passabel zu sein. Und wenn alle Stränge reißen, kannst du immer noch diesen Arno anrufen, du weißt schon, der mit der kranken Frau. Der scheint's zumindestens nötig zu haben!"

Ich war beleidigt. Hatte ich das nötig? Einen, der es nötig hat?

Ich beschloss, mich mit den zwei Herren zu treffen, das war ich Flora schuldig! Aber nur zum Kaffee trinken! Und dann würde mir schon eine passende Ausrede einfallen. Jawohl! Ich will nämlich mit niemandem nich ins Bett! Nee, nee! Noch nich mal mit Sandro, obwohl der so süß ist! Ich hebe mich nur für *Einen* auf, für Rinaldo Ringelstein! Ist das klar?

„Sag mal, wie läuft's eigentlich mit deinem Axel? Trefft ihr euch noch?"

Flora lehnte sich entspannt zurück und zog genüsslich an ihrer Zigarettenspitze. „Ach, weißt du, ich sehe ihn nur zweimal in der Woche. Er muss ja immer früh sehr zeitig raus, die fangen schon um halb fünf mit arbeiten an in dem Schlachthof! Und abends geht er dann noch zum Bodybuilding und Kickboxen!"

Flora klopfte ihre Asche in den Aschenbecher. „Aber der hat vielleicht eine Figur wie Arno Spatzenbäcker! Und wild ist der! Wie ein Wikinger!"

„Und, wird es was Festes? Ich meine, ihr seid ja nun schon drei Monate zusammen!"

Flora lachte. „Was Festes? Mit Axel? Um Gottes Willen! Der ist doch bildungsmäßig total unterbelichtet! Der ist wirklich nur fürs Bett tauglich!"

So ganz konnte ich Flora nicht begreifen. „Aber du wirst nächstes Jahr vierzig! Du musst doch mal an deine Zukunft denken!"

„Quatsch! Zukunft! Die eine Ehe hat mich kuriert, das kann ich dir sagen! Flora mach dies, Flora hol das! Nein danke, mit mir nicht mehr! Mit dem Axel ist das so einfach. Der käme nie auf die Idee bei mir einzuziehen! Der kommt abends, meistens hat er sogar schon bei seiner Mama gegessen und will direkt mit mir ins Bett. Meistens kommen wir noch nich mal so weit!" Flora kicherte.

Ich stellte mir vor, wie ein Wikinger Floras Schlafzimmer betritt, in der einen Hand ein blutiges Schlachterbeil und in der anderen eine Hantel! Flora wirft sich vor ihm auf die Knie und umarmt seine muskulösen Oberschenkel. Dann schleift der Schlachter sie zum Bett und macht ein paar Liegestütze auf ihr, denn so kann er bei der Gelegenheit gleich sein Fitness-Programm erweitern. Dabei stöhnt er immer „Usch-Usch-Usch" und Flora tupft ihm mit einem Handtuch den Schweiß von der Stirn.

„Warum grinst du denn so?" riss mich Flora aus meinem Traum.

„Och nichts", flunkerte ich und schlürfte meinen Cappuccino.

Plötzlich hatte ich eine Superidee! „Was hältst du davon, wenn wir uns mal zu viert treffen! Dann kannst du den Sandro kennen lernen und ich den Axel!" Ich war begeistert.

Flora schien das nicht so zu sehen. „Ach, ich weiß nicht...."

„Warum denn nicht, das wäre doch toll! Mein Bänker Sandro mit deinem Schlachter Axel vertieft in eine hochgeistige Konversation über den Sinn und Unsinn von Ehen, Verhältnissen, Seitensprüngen..."

Ha! Jetzt hatte ich Flora erstmals kalt erwischt! Sie schämte sich für ihren Macker! Und was noch toller war, sie konnte es nicht verbergen! Bist also doch nicht so glatt und abgebrüht, wie du immer tust!

Flora drehte sich ungeschickt eine neue Zigarette in ihre silberne Zigarettenspitze.

„Eins zu Null für uhuns!" rief Beelzebub und streckte Flora die Zunge raus.

„Wenn du mir *den* kleinen Gefallen nich tust, schmeiß' ich die Briefe zu den anderen in den Kamin!"

„Das ist glatte Erpressung!" entrüstete sich Flora.

„Ach, bittööö!" Ich legte mein schönstes „Darf ich die Ally McBeal-Barbie haben"-Bettelgesicht auf.

Flora wand sich wie ein Aal.

„Na komm schon, ich möchte doch deinen Muskelegger gern mal sehen! Sieht bestimmt toll aus der Typ!"

„Ich überlege es mir und rufe dich an. Einverstanden?" Flora packte ihre Zigaretten ein und zog ihre Nerzjacke an.

Gleich wird sie sagen: Aber jetzt muss ich los, ich habe noch Kundschaft....

„Du, ich muss leider los, ich habe noch Kundschaft!" Flora hielt mir ihre berougte Wange hin und ich gab ihr freudestrahlend einen dicken braunroten Lippenstiftkuss.

Flora hatte diese Veränderung in unserem Verabschiedungszeremoniell nicht bemerkt und stakste mit dem grellen Abdruck meines Mundes aus dem Café.

Flora, Flora, wenn das deine Kundschaft sieht! Wo doch der Lippenstift überhaupt nicht zu deinem Wintertyp passt! Das ganze Out-

fit ruiniert von deiner dummen Freundin Clementine! Pfui is' die!
Ich trank grinsend meinen Cappuccino aus und schlenderte zufrieden nach Hause.

Sandro wartete schon am Eingang vom Kastanienpark und hielt etwas hinter dem Rücken versteckt.

„Einen wunderschönen Guten Morgen, Schönheit!" Sandro holte grinsend hinter dem Rücken eine rote Rose hervor.

Na, nich gerade Baccara und nich zwischen den Zähnen, so wie Rinaldo, aber frau freut sich! Die letzte Rose hatte ich von Franz vor zwei Jahren bekommen. Das war zu meinem Geburtstag gewesen und die Rose war aus meinem eigenen Garten. „Nur der Gedanke zählt!" hatte Franz auf meinen sichtlich enttäuschten Blick hin gesagt und mir einen, noch nich mal hübsch eingepackten, elektrischen Dosenöffner in die Hand gedrückt. „Sehr praktisch!" hatte ich mich artig bedankt und den Dosenöffner neben den elektrischen Wasserkocher und den Handstaubsauger gelegt, die ich zu Weihnachten und zu meinem Geburtstag davor erhalten hatte.

„Hallo", sagte ich und gab ihm einen Kuss auf die Wange. Bei dieser Gelegenheit konnte ich gleich mal schnuppern, womit sein entzückender Adamsapfel eingedieselt war. Hmmm, Bandito de Coco! Ich roch an der Rose. „Danke, das ist lieb von dir! Und was stellen wir jetzt an? Für die Parkbank ist es heute wahrscheinlich zu kalt." Ich hauchte in meine Wollhandschuhe.

Sandro trat von einer Fußspitze auf die andere. „Ich hatte gedacht, wir laufen ein bisschen die Straße runter und gehen dann zu mir einen schönen heißen Tee trinken bei der Kälte." Er schaute mich erwartungsvoll an.

„Wohnst du denn in der Nähe?" fragte ich überrascht.

„Zehn Minuten von hier, in der Luitpoldstraße."

„Ach nee, wo denn da?" Die Straße kannte ich natürlich! Dort wohnte auch Flora! Wir marschierten los.

„Über der Boutique ‚Schick Sal', ganz oben, in einer kuscheligen Mansardenwohnung."

Das war meine Stammboutique! Dort kaufte ich immer meine übergroßen Schlabberpullover ein! Was für ein Zufall! Und Flora wohnte schräg gegenüber! „Und seit wann wohnst du dort?" Meine Neugierde wurde immer größer.

„Erst seit sechs Wochen. Ich habe dir ja schon gesagt, dass ich eigentlich aus Passau bin. Aber das nächste halbe Jahr bin ich wahrscheinlich noch hier."

„Aha", sagte ich etwas einfallslos.

Sicher wohnte Sandro möbliert, wegen des halben Jahres, bei einer Rentnerin unterm Dach, in einem blitzsauberen Stübchen mit Schrank, Bett und Tisch und einem alten Ohrensessel.

„Darfst du denn Damenbesuch mitbringen? Ich meine, ohne vorher zu fragen, äh, oder hast du etwa schon gefragt?"

„Wen fragen?" Jetzt schaute Sandro fragend.

„Na deine Vermieterin, wo du zur Untermiete wohnst!" War der aber schwer von Begriff! Gut, dass der kein Schlachter war, wie Floras Macker.

Sandro grinste verschmitzt. „Ach so, die Vermieterin, das geht schon in Ordnung! Die hat nichts gegen Damenbesuch. Die schläft meistens."

Aha, also hatte ich recht und der Kerl hatte schon öfters ‚Damen' mit nach Hause gebracht!

Sandro machte vor einem Bäcker Halt und verschwand mit viel sagendem Blick in dem Laden. Kurz darauf kam er mit einer dicken Tüte wieder heraus und hielt sie mir unter die Nase. „Riech mal!"

Ich schnupperte. Es roch furchtbar gut nach Kokos und Weihnachten und Übergewicht.

Sandro machte die Tüte auf. „Eins darfst du schon!"

Ich bekam Kinderkulleraugen: „Oh, Kokosmakronen und Zimtsterne und auch noch Vanillekipferl..."

„... und Schillerlocken, mein Lieblingsgebäck!" fügte Sandro hinzu. Nee, das gibt es nu aba nich! Wieder so'n Zufall! Das war getürkt! Der wollte mich verführen und hatte sich heimlich bei der Bäckersfrau erkundigt! Hallo, Frau Rotwange, da draußen die große Schöne, mit dem Holz vor der Hütte, was kauft die denn immer?

Schillerlocken, nur Schillerlocken, niemals nich was anderes! Halt, und alles, was irgendwie im Entferntesten nach Kokos riecht, das auch noch! Nee, nee, mein Guter, du bist entlarvt!

Wir waren vor Sandros Haus angelangt. Hoffentlich sieht mich Fräulein Haferstroh aus der Boutique nicht mit einem fremden Mann in seine Wohnung gehen!

Sandro schloss gerade die Tür auf, als die Haferstroh mit einem prall gefüllten Kleiderständer um die Ecke kam.

„Hallo, Frau Kammer-Jäger! Heute in Begleitung Ihres Gatten? Sie kommen genau richtig! Ich habe eben die neue Lieferung Übergrößen ausgepackt! Da sind wieder solche Pullover dabei, die Sie so gerne haben! Weit und formlos!"

Ich glühte in allen Sonnenuntergangsfarben vor Scham und Wut! Sandro bemerkte meinen Farbenwechsel.

„Tut mir Leid, ich bin nicht der Gatte", sagte er betont höflich, „ich bin der Imageberater von Frau Kammer-Jäger und habe ihr empfohlen, keine Ihrer teuren Schlabberpullover mehr zu kaufen, die sind megaout!"

Fräulein Haferstroh schluckte und mir blieb die Spucke weg!

„Frau Kammer-Jäger trägt ab sofort nur noch hautenge Schlauchkleider und Stretchpullis, wir haben schon sehr günstige bei Ihrer Konkurrenz angeboten bekommen!" Sandro machte eine Kopfbewegung in Richtung Kaufhaus „Schön und teuer" gegenüber.

„Ach, das habe ich natürlich nicht gewusst! Entschuldigung, Frau Kammer-Jäger, ich habe da was ganz Besonderes für Sie! Und zum halben Preis!"

Fräulen Haferstroh verschwand im Laden und wühlte eifrig in einem Regal. Sandro schubste mich hinterher. Ich stammelte: „Du kannst doch nich..., was soll denn..., was erzähl ich denn...!"

Sandro gab mir einen Kuss und lächelte, meiner Meinung nach etwas zu frivol.

Fräulein Haferstroh kam mit einem schwarzen Kleid zurück, das aussah wie ein anderthalb Meter langer und zehn Zentimeter breiter Schlauch mit makkaronidünnen Ärmeln.

„Das passt doch niemals!" rief ich verzweifelt und wollte gerade in Tränen ausbrechen! Machen die sich hier lustig über mich und meine Figur?

„Ziehen Sie es doch bitte erst einmal drüber, das dehnt sich ungemein!" Fräulein Haferstroh sprach mir Mut zu.

Sandro zwinkerte aufmunternd.

Na gut, wenn ihr euch unbedingt über mich lustig machen wollt! Könnt ihr haben! Ich riss das Kleid vom Bügel und stolzierte gekränkt in die Kabine.

Draußen fachsimpelten die zwei über die neuesten Modeschöpfungen von Jeep und Sanella. Schimpfend riss ich mir den Schlabberpulli vom Leib und zwängte mich in das Schlangenetui. Um Gottes Willen! Aber die wollten es ja so!

Auf Zehenspitzen wegen fehlender Pumps trippelte ich aus der Kabine und erwartete eine Lachsalve.

Sandro sah mich zuerst im Spiegel. Er brach seine Ausführungen abrupt ab und drehte sich um. Dann starrte er mich an und sagte kein Wort.

„So, habt ihr jetzt euren Spaß gehabt? Kann ich jetzt bitte gehen?"

„Mein Gott, ... bist *du* schön!" Sandro starrte mich immer noch fassungslos an.

Fräulein Haferstroh verzog sich dezent hinter irgendein Regal. Sandro ließ sich rücklings auf ein kleines Sofa fallen, das zufällig hinter ihm stand. Er fuhr sich nervös durch die Haare. „Ich weiß nicht, was ich sagen soll!" Ihm fehlten tatsächlich die Worte.

Komisch. Ich drehte und wendete mich probehalber vor dem Spiegel. Ich fand, dass ich albern und vulgär aussah in dem Fummel. Sandro starrte mich immer noch an und sagte keinen Ton.

Plötzlich hatte er seine Fassung wieder gewonnen. Er stand auf und rief nach Fräulein Haferstroh: „Was kostet das Kleid?"

„Ich habe ja gesagt, für Frau Kammer-Jäger nur noch die Hälfte!"

„Also wie viel?" Sandro schien schon wieder einen Scherz mit mir zu machen.

„Dreihundert Euro!" Und danke, bis zum nächsten Mal!

Sandro kramte einen Bündel Scheine aus der Studentenkutte und zählte drei Hunderter ab. Ich war völlig durcheinander.

Bevor ich etwas sagen konnte, schnappte er meine Klamotten in der Kabine und zog mich barfuß und im Schlauchkleid hinaus. Dann schloss er hastig die Haustür auf und gab mir meine Stiefel. „Hier, Clementine, damit du keine kalten Füße bekommst!"

Ich schlüpfte in die Stiefel. In meinem Kopf verkanteten sich wieder einmal die Zahnräder. Doch bevor ich etwas fragen konnte, riss mich Sandro an sich und küsste mich zärtlich.

Angie warnte mich: „Das geht nicht gut, Clementine, geh lieber wieder nach Hause zu deiner Familie!"

„Hab ich ein Glück, dass ich dich kennen gelernt habe", flüsterte mir Sandro ins Ohr. Dann hüpften wir kichernd die knarrenden Holztreppen hoch bis unters Dach. Wir standen vor einer weißen Holztüre, die mit Tannengrün und goldenen Engeln wunderschön weihnachtlich geschmückt war.

Die Rentnerin hat Geschmack! Sogar Angie war beeindruckt, als sie ihre goldenen Schwestern und Brüder sah.

„Und, darf ich?" Ich schaute zwinkernd zu Angie hinauf.

Angie war hin- und hergerissen. „Na gut", sagte sie dann, „aber nur Tee trinken!"

Sandro schloss die Tür auf und zog mich in den Flur. Er warf meine Sachen über eine riesige, goldene Buddhafigur, die neben einem mannhohen, venezianischen Spiegel stand und schob mich ins Wohnzimmer. Unter uns knisterte leise das Parkett und im offenen Kamin ein Feuer.

Ich bekam den Mund nicht mehr zu und kein Wort heraus. Sandro lachte plätschernd. „Mach dir's bequem, ich gehe Tee kochen!"

Ich setzte mich auf ein weißes Ledersofa und zog die Beine an. An den Wänden hingen kunstvolle Schwarz-Weiß-Fotografien von tibetanischen Mönchen und buddhistischen Klöstern. Vor dem Kamin lag ein weißes Bärenfell und überall standen antike Möbel mit kunstvoll arrangierten Weihnachtsdekorationen.

Ich war überwältigt. Und wo war die Vermieterin? Wieso durften wir auf dem Sofa der offensichtlich sehr wohlhabenden Dame Tee trinken?

Sandro kam mit einem Tablett zurück, auf dem ein hauchzartes, chinesisches Teeservice stand und eine Schale mit Schillerlocken und Weihnachtsplätzchen. Er stellte das Tablett vor das Bärenfell und legte eine Platte von Frank Sinatra auf.

Nee, 's is' nich wahr! Auch das noch! Mein Herz bubberte jungfräulich.

„Wo ist denn deine Vermieterin?"

Sandro grinste mich an. „Komm mit, ich zeig sie dir."

Er zog mich hinter sich her in ein Zimmer, welches das Schlafzimmer der Vermieterin zu sein schien.

„Hierein können wir doch nicht einfach..."

„Doch, doch, wir können. Und da ist sie ja auch! Darf ich vorstellen: Miss Marpel!" Sandro zeigte auf eine fette Perserkatze, die inmitten eines riesigen Himmelbettes vor sich hindöste und uns keinerlei Aufmerksamkeit schenkte.

„Aber das ist eine Katze!" fügte ich klug, wie ich nun mal bin, hinzu.

Sandro nahm mich in die Arme. „He, das ist *meine* Wohnung, Püppi! Ich habe gar keine Vermieterin!"

Püppi verstand immer noch nicht. „Und die teuren Möbel und der Buddha und überhaupt all der Prunk hier? Richtest du dich immer so fürstlich ein, wenn du mal zufällig ein halbes Jahr in die Provinz ziehst?"

Sandro lachte plätschernd: „Die Wohnung hat mir mein Alter eingerichtet und manches habe ich mir selbst zusammengespart. Ich bin nämlich leidenschaftlicher Sammler von allem, was mit Buddhismus und dem Himalaya zusammenhängt!"

Nee, nee, Clementine, jetzt aba nichts wie raus hier, jetzt wird's mir langsam zu blümerant! So viele Zufälle verkrafte ich nicht! Zu Hause in meinem Bücherregal stapelten sich nämlich die Reiseführer und Bildbände über Nepal und Tibet und den Dalai Lama. Irgendwann in meinem Leben wollte ich da unbedingt mal hin! Vielleicht mit Rinaldo Ringelstein!

Sandro zog mich zurück ins Wohnzimmer und wir setzten uns vor den Kamin auf das Bärenfell. Er goss heißen Lotosblütentee ein und bot mir süß duftende Plätzchen an. Wir fütterten uns gegenseitig mit den Schillerlocken und küssten uns anschließend die verschmierte Sahne aus den erhitzten Gesichtern. Dabei lachten wir wie zwei Teenager und tranken heißen, duftenden Tee.

„Dieser Tee ist ein Aphrodisiakum", erklärte mir Sandro und schmunzelte, „aber wenn ich gewusst hätte, wie schön du unter deinem Schlabberpullover bist, hätte ich auch Kamillentee machen können!"

Sandro stellte seine Tasse weg und beugte sich über mich.

„Ich muss dir etwas sagen, Clementine!" Sandros Atmen streifte meine Haut. Er roch nach Kokosparfüm und Weihnachtsplätzchen und Himalaya. Mir wurde schwindelig und ich ließ mich seufzend nach hinten sinken auf das Bärenfell.

Oijoijoi! In meinem Bauch kribbelten tausend Mücken und meine Atmung beschleunigte sich krankenhausmäßig. Mein Busen bebte wie der von Frau Hummel, wenn sie aufgeregt war, und meine Hände machten sich selbstständig und grabschten irgendwo unter Sandros Rollkragenpullover herum.

Die ohnehin schon knisternde Atmosphäre fing mit einem Schlag Feuer und Sandro riss sich den Pullover vom Leib.

„Ich habe mich unsterblich in dich verliebt, Clementine!" schrie er immer wieder und küsste mich von oben nach unten und wieder herauf.

Ich blinzelte mit einem Auge und betrachtete Sandros nackten Oberkörper. Er war braun gebrannt und muskulös. Seine Atmung ging flach und keuchend und sein Waschbrettbauch vibrierte im Takt dazu. Sandro, was bist du nur für ein neckisches Kerlchen! Warum *bist* du denn nich der Rinaldo, hä?

Wir liebten uns zwei Stunden lang wie die Verrückten und zwischendurch tranken wir Tee und aßen Kokosmakronen.

Ich schaute auf die Uhr. Halb eins! Vor einer halben Stunde hätte ich Berta abholen müssen. Ich sprang auf und suchte meine Klamotten zusammen.

„Musst du schon gehen?" Sandro wickelte sich ein Handtuch um die Hüften und hielt mich fest. Er sah aus wie ein römischer Gott.

„Ja, ich muss! Franz kommt auch bald nach Hause!" Ich befreite mich aus seiner Umklammerung und zog meine Stiefel an.

„Und was mache ich mit dem Kleid?" Ich hielt den wieder auf zehn Zentimeter zusammengeschnurzelten Schlauch fragend in die Höhe.

„Nimm's mit, es gehört dir!" Sandro küsste mich in den Nacken.

„Sehen wir uns morgen wieder?" Er schaute mich bittend an.

„Du musst wohl nie arbeiten!" sagte ich und stopfte das Kleid in meine Handtasche.

„Sagen wir mal, ich kann mir's einteilen! Bitte, kommst du?"

Ich überlegte. Eigentlich wollte ich ja morgen die zwei Herren von der Annonce kontaktieren. Aber Lust hatte ich keine mehr!

„Okay, um zehn im Park?"

„Warum im Park! Ich warte hier auf dich!" Sandro küsste mich auf die Nase.

„Na gut, aber dann schon um neun!" Und ich fügte mit viel versprechendem Blick hinzu: „Damit es sich lohnt!"

Sandro sprang in die Luft und jauchzte laut auf.

Dann rannte ich zum Kindergarten um die schon heulende Berta abzuholen.

Franz lag auf dem Sofa und schlief.

Das ganze Zimmer roch nach Alkohol und Knoblauch.

„Bertalein, sei leise und weck den Papa nicht! Sonst hat der wieder schlechte Laune!" Wir schlichen verschwörerisch in die Küche. Ich öffnete eine Dose Ravioli um für Berta und Erna schnell ein Mittagessen zu improvisieren.

„Papa!" Berta rüttelte Franz wach. „Papa, die Mama hat gesacht, du hast Bier getrunken und hast schlechte Laune!"

„Pssst!" rief ich erschrocken. „Du sollst doch den Papa nicht wecken!"

„Der Papa is' aber schon wach!" Kindliche Logik.

„Hetzt du wieder die Kinder gegen mich auf, hä?" raunzte Franz mich an.

„Möchtest du was essen?" Ich versuchte die unangenehme Situation zu entschärfen.

Franz schaute in den Topf, wo die Ravioli wie dicke, weiße Engerlinge in ihrem eigenen Blut schwammen.

„Kannst deinen Fraß selber essen!" Er stach mir unsanft mit dem Zeigefinger in den Magen. „Gibt's denn in dem Stall hier nichts Vernünftiges?"

Franz legte sich wieder aufs Sofa und schnarchte weiter.

Erna kam vom Schulbus und knallte die Haustür zu. Ich fing sie mit der schon fertig angezogenen Berta im Flur ab.

„Leise! Komm, wir gehen ein bisschen spazieren. Der Papa hat wieder getrunken!"

„Ich hab aber Hunger!" Erna wollte nicht spazieren gehen, sie wollte Engerlinge essen!

„Ich kauf euch unterwegs was, ja?"

„Und waaas?" plärrte Berta durchs Haus.

„Pssst! Ich weiß noch nich, vielleicht beim Bäcker ein Croissant?"

„Bertaaa wiiill zu Mc Donaaats!"

Ich schob die zwei zur Tür hinaus. „Na gut, gehen wir zu Mc Donats!"

„Au fein!" freute sich Erna. „Und da will ich die Junior-Tüte mit der kleinen Karate-Tiger-Barbie haben!"

Bei Mc Donats waren nur zwei Kassen besetzt. Wir stellten uns an eine der circa dreißig Meter langen Warteschlangen an. Vor uns versuchten drei fette, rotbackige Buben sich gegenseitig aus der Reihe zu schubsen.

Eine noch ziemlich junge, untersetzte, picklige Frau im Jogginganzug mit einer Zigarette in der Hand zog ihren etwa fünfjährigen Sprössling an den Haaren: „Klaus-Riedischer! Glei gibt's Klobbe uffen Arsch, wenn de nich heersd! Un Bommes Fritz gibt's och nisch, du Gnallgopp!"

Klaus-Riedischer boxte seine Mutter in den überhängenden Wabbelbauch und schrie wie am Spieß. Daraufhin bekam Klaus Riedischer eine Maulschelle, dass es nur so klatschte, und wurde an den Haaren aus dem Hackklops-Tempel geschleift. Draußen setzte sich das Gerangel zwischen Mutter und Sohn lautstark fort.

Eine zierliche alte Dame war an der Reihe. Sie fingerte nervös an den Griffen ihrer Handtasche herum und schaute unsicher nach allen Seiten. Die blassgraue Angestellte mit dem gestreiften Blüschen und dem ebenso gestreiften Papierhütchen trommelte hektisch auf die blank gescheuerte Theke. „Und? Was darf's sein?"

„Ich, ich... ich hätte gern eine von den Plastikpüppchen für meine Enkelin." Die Oma wackelte aufgeregt mit ihrem Hut. „Wissen Sie, die Wirtschinija, äh, so heißt nämlich meine..."

„Na, welche wollen se denn?" Die blassgraue Streifenmaus wurde ungeduldig.

„Können Sie mir... zeigen, was Sie so für Püppchen haben?"

Die gestreifte Hackfleischlady verdrehte genervt die Augen und klatschte der alten Dame fünf Plastiktütchen auf den Tresen. In jedem knisternden Tütchen wartete eine andere Minibarbie auf kleine, klebrige Kinderpatschhändchen, die sie liebevoll für fünf Minuten an die Kinderbrust drückten, um sie anschließend zu den anderen dreihundert Miniautos, Minigoofies oder Minirambos in die Ramschkiste zu schmeißen.

„Ja, ich weiß nich...", das alte Mütterchen drehte und wendete unschlüssig die Tüten.

„Schmeißt die olle Oma in die Gruft!" tönte es von weiter hinten aus der Warteschlange. Zwei in voller Akneblüte stehende Knaben grölten lautstark und hauten sich lachend auf die Schultern.

Erna und Berta zogen sich an den Haaren und heulten.

Ich atmete tief durch.

„Nur ruhig bleiben!" ermahnte mich Angie. Sie hatte sich eine Wäscheklammer auf die Nase gezwackt. Die öligen Pommesausdünstungen, gemischt mit dem Duft von Mayonnaise, Ketschup und Kaffee waren zu viel für ihr zartes Näschen!

Die alte Dame hatte sich inzwischen für eine Plastikbarbie entschieden und trippelte völlig geschafft von dannen.

Die drei überfütterten Buben vor uns waren an der Reihe. Sie bestellten sechs Doppeldeckermayoburger, drei große Cola, drei große Tüten Pommes, vier Packungen Mc Schmatz, drei Donats und drei Salmonellaeis. Der eine holte einen Fünfzig-Euro-Schein aus seinem Mickymaus-Brustbeutel und bezahlte. Dann rannten sie mit ihren Tabletts in die Raucherecke und schoben mit Händen und Füßen die schmierigen, tropfenden Mayoburger hinter ihre Milchzähne.

Ich wollte gerade mit meiner Bestellung loslegen, als die gestreifte Blasse schulterzuckend ein Schild mit der Aufschrift „Geschlossen" vor meine Nase stellte. Das darf doch nicht wahr sein! Isses möglich! Fast so schlimm wie auf der Post!

Beelzebub zeigte der Gestreiften den Mittelfinger und ich zeigte ihr einen Vogel. Dann zog ich meine sich heftig wehrenden, Mc-Donatsgeschädigten Kinder aus der Kalorienoase und überredete sie zu einem Essen beim Italiener um die Ecke. Dort mampften wir genüsslich drei große Portionen Spagetti Bolognese und ich trank einen Schoppen Rotwein.

Satt und zufrieden traten wir den Heimweg an. Unterwegs machten wir eine Schneeballschlacht und lutschten Eiszapfen.

„Wenn der Papa nich mal mit mir Schlitten fährt, hau ich ihm einen grooßen Schneeball an die Muschi!" erklärte Berta und zeigte die Stelle, wo der Schneeball hin sollte.

Erna fasste sich an den Kopf und verdrehte die Augen. Dafür bekam sie sofort einen Schienbeintritt.

Franz schlief immer noch, als wir zu Hause ankamen. Wir schlichen uns auf Zehenspitzen die Treppen hinauf und verbarrikadierten uns in Bertas Zimmer. Dort spielten wir den ganzen Nachmittag Schwarzer Peter, Kosmetiksalon und Frauenarzt Dr. Sandmann, der Arzt, dem die Frauen vertrauen... und den die Ehemänner verhauen...

Dazu stopfte sich Erna ein Kissen unter den Pullover und Berta, alias Dr. Sandmann, zog ihr mit aller Gewalt das Kissen heraus, allerdings am Halsausschnitt, und schrie immer wieder: „Swere Deburt, swere Deburt! Hilfe Swester, meine Erna zerblutet!"

„Du Blödi, doch nicht da *oben*! Das Baby kommt doch da unten raus!" Erna fasste sich an den Po.

„Ich war aba bei meiner Mama in der linken Brust!" Berta schleuderte wütend das Kissenbaby in die Ecke.

Erschrocken schaute ich auf meinen Busen. Na, so riesig ist er nun aber auch wieder nicht!

Erna kugelte sich vor Lachen am Boden herum: „Ein Baby in der Brust! Hahahaha! So ein Dummerle!"

Erna brüstete sich: „Du weißt wohl gar nich, dass die Babys aus dem Arsch rauskommen, hä?"

Berta schaute uns ungläubig an und überlegte. „Mama, stimmt das?"

„So in etwa." Ich hatte wirklich keine Lust auf Aufklärungsgespräche.

... Also bei den Bienen ist das so... und dann kommt der Klapperstorch... und überhaupt wird der erigierte Penis in die Vagina eingeführt... Nee, nee, heute nich!

„Mama, hab ich dann im Klo gelegen, als du mich rausgekackt hast?"

„Nein Schatz, im Kreißsaal."

„Ach so." Berta entdeckte gerade, dass das Kissen einen Reißverschluss hatte.

Während die beiden das Kissen abnabelten, wickelten und stillten, träumte ich so vor mich hin.

Ich lag mit Rinaldo Ringelstein vorm Kamin und ließ mich mit Schillerlocken und Kokosmakronen füttern. Rinaldo spielte mir Liebeslieder auf dem Saxophon vor und reichte mir danach ein samtenes Kästchen, dessen Inhalt sich als Brillantring entpuppte. Wir küssten uns heiß und innig und dann zeigte mir Rinaldo Dias von seiner letzten Himalaya-Expedition auf den Spuren des Yeti mit Reiner Messhold.

Irgendwann treffe ich ihn, meinen Rinaldo! Das war sicher!

Zehn Minuten vor neun klopfte ich bei Sandro an die Tür. Ich hatte mich beeilt, um nicht Fräulein Haferstroh in die Arme zu laufen. Sandro öffnete in Boxershorts, auf denen sich lauter nackte Weihnachtsmänner tummelten. Ein Duft von Kokos und Weihrauch strömte mir entgegen und mir schwanden schon wieder bedrohlich die Sinne! Der Kokosduft kam vom knackigen Körper Sandros und der Weihrauch von zahlreichen, in der Wohnung verteilten Räucherstäbchen.

„Mir wird schwindlig!" Seufzend ließ ich mich in seine starken Männerarme fallen.

„Ich weiß", Sandro küsste mich, „das war auch meine Absicht!"

Wie ein Vamp ließ ich meinen Wintermantel zu Boden gleiten. Da stand ich nun im hautengen Schlauchkleid ohne was drunter und schämte mich nicht einmal! Sandro hörte auf zu grinsen und riss mir das Kleid vom Leib. Das heißt, eigentlich mühten wir uns ziemlich ab, das enge Ding über meinen Kopf zu ziehen.

„Diese Nummer müsst ihr aber noch üben!" Beelzebub lachte schallend. Angie war entsetzt: „Dreh dich gefälligst rum, wenn Clementine sich auszieht!"

Also wirklich, filmreif war die Entkleidungsszene nicht, höchstens für einen Sketch zu gebrauchen.

Bevor ich dieses Ding wieder anziehe, nehme ich erst mal zehn Kilo ab! In dem ganzen Gerangel hatte Sandro auch noch seine Shorts verloren, wie er mir lachend erklärte. Da standen wir nun beide splitternackt und froren.

Weil der kürzeste Weg der zum Schlafzimmer war, beschlossen wir unbürokratisch, den Tee und die Schillerlocken erst *danach* zu nehmen.

Die Seidenkissen im Himmelbett waren glatt und kühl, Sandros Haut dagegen glatt und heiß. Wir lachten und küssten uns und wir machten lauter unanständige Sachen. Sandro flüsterte mir dabei tausend Liebesschwüre ins Ohr und ich riss ihm ab und zu ein einsam wachsendes Brusthaar aus.

„Willst du die als Erinnerung mitnehmen?" raunte Sandro und biss mir ins Ohrläppchen.

Wir zogen uns Bademäntel über und machten es uns vor einem prasselnden Kaminfeuer auf dem Bärenfell bequem. Sandro holte Jadetee und Schillerlocken. Ich lag auf dem Rücken und überlegte ernsthaft, ob mein Glück noch steigerungsfähig sei. Nach drei Sekunden fiel mir Rinaldo ein und ich seufzte. Sandro lag neben mir und drehte sich eine Zigarette.

„Magst Du auch?" Er hielt mir die perfekt gestopfte Zigarette hin.

„Du, ab und zu rauche ich auch, aber nur so leichte, mit Filter."

„Kein Problem!" Sandro stand auf und holte eine Schachtel „Stirb langsam – light" aus der Küche.

„Sag mal, bist du eigentlich glücklich mit deinem Mann?"

„Klar, deshalb liege ich auch hier auf einem fremden Bärenfell und habe nichts an außer einem Bademantel mit der Aufschrift 'Hotel Excelsior'!" lachend hielt ich Sandro die verräterische Stickerei unter die Nase.

Der knuffte mich in die Seite und lächelte verschämt. „Ich meine ja nur, weil du schließlich mit ihm zusammen bist und ihn trotzdem betrügst!"

Ich blinzelte ins Kaminfeuer. Betrügen kann man eigentlich nur jemanden, dem man gehört. Aber schließlich gehöre ich nur mir selbst, bestenfalls noch Rinaldo Ringelstein! Ja! Ich betrog sozusagen *Rinaldo* mit Franz und Sandro, denn dem gehörte mein Herz! Oder betrog ich vielleicht *Franz* mit Sandro und Rinaldo, bloß weil ich irgendwann mal in einem Anflug geistiger Umnachtung ein Stück Papier mit dem klangvollen Namen 'Kammer-Jäger' unterschrieben hatte, und das im Beisein meiner vor Rührung heulenden Schwiegermutter, der vor Mitleid heulenden Flora und dem vor Durscht heulenden Kleingartenverein?

Was heißt hier überhaupt *betrügen*! Ich nahm ja niemandem was weg!

„Weißt du, ich bin eine Männer mordende Sirene, ich fresse so süße Knaben wie dich reihenweise und meinen Mann brauche ich, um die Winterreifen aufzuziehen!" Ich biss Sandro in seinen Waschbrettbauch und der kullerte sich vor Lachen auf dem Bärenfell.

Dann zog er mir den Bademantel aus und sah mich an. „Weißt du, dass ich mich unsterblich in dich verliebt habe, Clementine?"

„Ich weiß", lächelte ich beschämt, „aber das sollst du doch nich, du Dummerle!" Ich kitzelte Sandro am Nabel. „Lass uns über was anderes reden, ja?"

„Nö, nich reden! Dann schon lieber knutschen!" Sandro warf sich auf mich und küsste mich so intensiv, dass ich beschloss auf der Stelle in Ohnmacht zu fallen! Aber es klappte nicht. Stattdessen grabschten meine Hände schon wieder ferngesteuert nach seinem knackigen Hinterteil.

Sandro stöhnte laut auf und vergewohlwurschtelte mich so wundervoll, wie ich es nur noch Rinaldo zugetraut hätte!

Fraa Jedlitschka, wos glauben Sie, wos ist mir neilich passiert! – Wos denn, Fraa Madlitschka? – Nu, Fraa Jedlitschka, do hat mich doch an Verrickter vergewolticht! – Waaas, Fraa Madlitschka! Woher wussten Se denn, doss er verrickt wor? – Nu, Fraa Jedlitschka, ich musst'm doch olles erkläärn!

Nee, Sandro war nich verrickt! Dem musste man auch nichts erklären! Der fand sofort sämtlich Alarmknöpfe und wusste immer, was zu tun war! Es war wundervoll und himmlisch in seinen Armen zu liegen und die Welt ringsherum zu vergessen!

Noch schöner konnte ich es mir nur noch mit Rinaldo vorstellen!

Sandro warf sich auf den Rücken und flüsterte immer wieder: „Ich will sterben, wenn du mich verlässt!" Auf seiner braunen Brust perlten winzigkleine Schweißtröpfchen, die nach Salz und Kokosmilch schmeckten.

Ich leckte sie alle einzeln ab, bis Sandro die Augen verdrehte und mich anflehte damit aufzuhören, er könne nicht mehr!

„Was? Jetzt schon? Schlappschwanz!" Beelzebub winkte verächtlich ab.

„Los, Clementine, mach ihn nieder! Betonier ihn platt! Verheiz ihn!" Angie schrie aus Leibeskräften und hatte glühend rote Wangen. Ihr goldenes Haar hing ihr wirr ins Gesicht und sie sah aus, als ob sie gerade mit Beelzebub...

Beelzi grinste viel sagend und drehte sich dann charmant um.

Sacht bloß, ihr habt...! Ich war geschockt!

Angie stammelte: „Na weißt du, immer nur zuschauen... Und überhaupt... Verbindet nicht allein die Liebe die stärksten Gegensätze...?"

Ich war völlig baff. Angie und Beelzi! Und dann noch unter meinem Dach! Sozusagen...! Na dann, herzlichen Glückwunsch!

Sandro hechelte immer noch wie ein Windhund, der gerade zwanzigmal an der Queen Mum – Gott hab Sie selig – vorbeigelaufen war! Nun, Freundchen, nur keine Müdigkeit vortäuschen! Ich stürzte mich leidenschaftlich auf ihn und wandte dabei die fiesesten Tricks an, die ich kannte. Sandro ergab sich völlig willenlos und ich verführte ihn nach allen Regeln der Kunst.

Ich ließ den total erschöpften, halb ohnmächtigen Sandro vor dem Kamin liegen und zog mich an.

„Musst du schon gehen?" stöhnte er leise, ohne sich zu bewegen.

„Ich muss Berta abholen! Leider!"

Sandro rollte sich auf den Bauch und hob mühevoll den Kopf. Die Haare hingen ihm nass in die Stirn und seine Augen bettelten nach Liebe. „Kommst du morgen? Bitte Clementine! Ich kann keine *Stunde* mehr ohne dich sein!"

Ich kauerte mich neben Sandro und strich ihm die nassen Strähnen aus dem Gesicht.

„Tut mir Leid, Liebster, ich kann doch am Wochenende nicht weg! Und nächste Woche hat Franz Spätschicht, da wollen wir Ernas Zimmer renovieren, für Weihnachten. Und nachmittags muss ich mit den Kindern zum Zahnarzt, zur Weihnachtsfeier und zum Turnen."

Sandro schaute mich an, dass es mir beinahe das Herz zerriss! Er senkte traurig den Kopf und streichelte meine Hand.

„Ich weiß nicht, ob ich bis übernächste Woche noch lebe! Ich werde nichts essen und nichts trinken und schlafen kann ich auch nicht! Jawohl! Niemals mehr werde ich ein Auge zumachen, wenn du nicht neben mir liegst!"

„Jetzt komm, noch vor kurzem hast du sehr gut ohne mich geschlafen!" Ich war mir nicht sicher, ob Sandro es ernst meinte oder mich auf den Arm nahm.

Sandro stand auf und ging ans Fenster. Dort stand er wie eine griechische Statue, muskulös, braun gebrannt und herrlich verführerisch! Ich sah ihn schmachtend an und dann genervt auf meine Uhr. Ich musste los! Dringend!

„Nichts ist mehr wie vorher, Clementine!" Sandro schaute mich traurig an. „Aber entschuldige meine Stimmung, wird nicht wieder vorkommen!"

Sandro kam splitternackt auf mich zu und nahm mein Gesicht zwischen seine Hände. Mir wurden schon wieder die Knie weich.

„Ich will, dass du mich liebst, so lange *du* es willst, Clementine!" Sandro küsste mich auf die Stirn. „Alles andere ist meine Sache! Und ich werde dir niemals eine Szene machen oder dich unter Druck setzen!"

Der liebt dich wirklich, Clementine! Kein Quatsch! Keine Machosülze! Scheiße, warum nur war Sandro nicht Schauspieler geworden und spielte den Dr. Stinkmann in der 'Frankenwaldklinik'! Dann würden jetzt Zeitungsartikel über Sandro in meiner Mappe liegen und ich wäre bei jedem Dreh dabei!

„Sei nicht traurig, ich ruf dich an, okay?"

Wir küssten uns lange und dann rannte ich die Treppe hinunter, vorbei an Fräulein Haferstrohs Boutique.

Franz kam von der Arbeit und sah ziemlich zerknirscht aus. Er hielt mir seine Begrüßungswange hin. Ich schnupperte. Aha, keine Fahne! „Na, heute mal nüchtern?"

Franz verzog das Gesicht. „Quatsch nich rum, ich bin immer nüchtern!"

„War was in der Firma?"

„Nein, meine Mutter hat mich vorhin angerufen. Sie hatte es erst *mehrmals* zu Hause versucht, aber du warst wie immer nicht da, wenn sie dich braucht!"

Die Arme! Braucht dringend ihre geliebte Schwiegertochter und ich lutsche Schweißperlen von einer fremden Männerbrust auf einem fremden Bärenfell! Sofort bekam ich ein schlechtes Gewissen.

„Was wollte sie denn?" fragte ich kleinlaut.

„Sie ist krank. Es geht ihr nicht gut. Wir sollen am Wochenende kommen!"

Ach nö! Nich schon wieder nach Quickborn! Und dann fahren wir wieder am Freitag Nachmittag und ich kann nicht mein 'Forsthaus Adlerau' sehen!

Franz zündete sich eine Zigarette an.

„Ich habe ihr gesagt, wir holen sie nächstes Wochenende ab und dann kann sie über die Feiertage drei Wochen bei uns bleiben und du kannst sie ein bisschen pflegen!"

Nö! Drei Wochen! Und Pflegen! Und nich zu Sandro in der ganzen Zeit! Ich ließ mich niedergeschlagen in einen Sessel fallen.

„Freust dich wohl gar nicht, hä?"

„Och, es hält sich so in Grenzen."

„Wo sie dir so viel Gutes getan hat, die Mama!" Franz schenkte mir einen strafenden Blick. „Sie hat sich jedesmal zwei Wochen für dich aufgeopfert, wenn du entbunden hast! Sie hat in der Zeit deinen ganzen Haushalt geschmissen!"

Und die Küchenschränke umgeräumt, dass ich nachher nichts wiedergefunden habe! Und sämtliche Vollkornprodukte gegen Zucker und „gutes Mehl" eingetauscht! Und selbstverständlich alle Knöpfe an Franzemännchens Hemden angenäht, die ich Schlampe vergessen hatte!

Und meine Geranien aus den Blumenkästen gezerrt und sie gegen *viel* schönere Petunien eingetauscht! Ich *hasse* die ollen klebrigen Petunien! Und mir dann vorgerechnet, wie viel Geld sie wieder für mich ausgegeben hat! Und im Krankenhaus angerufen, wenn Franz mich besucht hatte, wann er endlich käme, das Essen würde kalt!

Und so weiter! Und ich faule Matrone liege so sinnlos in meinem Bett herum, bloß weil ich ein Kind geworfen habe, wo sie den Franz doch auf dem Acker gekriegt hat und sofort weitergebuddelt hat. Nach Kartoffeln.

Und dann ist das ja schließlich *mein* Haushalt und ich kann dem armen Franzemännchen doch nich zumuten, dass er sich nach der Arbeit sein Essen selber macht und auch noch seine Socken wäscht! Niemals!

„Was hat sie denn, deine Mutter?" Ich hoffte auf was Ansteckendes.

„Keine Ahnung, sie hätte fürchterliche Schmerzen und könnte sich nicht einmal mehr was kochen."

Klang nach Hypochondritis.

„Müssen wir denn mitfahren? Ich meine die weite Strecke mit den Kindern, wo sie doch sowieso herkommt." Ich hoffte. Drei Wochen Schwiegermutter langten vollauf, da musste ich mir nicht noch zwei Tage Quickborn antun! Nee, musste ich nich haben!

Franz überlegte. „Vielleicht sollte ich doch besser alleine fahren. Aber Mama wird schwer enttäuscht sein!"

Damit konnte ich leben. Ich ging Franz um den Bart. „Dann kannst du doch mal wieder deine alten Kumpels besuchen, und ihr könnt durch die Kneipen ziehen, hä?"

Franz biss an: „Eigentlich keine schlechte Idee..."

Na siehste, da hammer's wieder. Mit Kumpels und Kneipe und Mama macht man jedem Kerl den Mund wässrig! Außer Rinaldo natürlich! Und vielleicht sogar außer Sandro...

Das Wochenende und die darauf folgende Woche vergingen wie im Schneckentempo. Franz und ich tapezierten Ernas Zimmer mit einer niedlichen und furchtbar teuren Barbie-Tapete. Erna war völlig aus dem Häuschen und Berta war eifersüchtig.

Ab und zu telefonierte ich heimlich mit Sandro und wir flüsterten heiße Versprechungen in den Äther.

Auch nachmittags hatte ich volles Programm. Nur einmal, am Mittwoch, nach der Weihnachtsfeier im Kindergarten, machte ich mit den Kindern einen Umweg durch den Park. Ich hoffte dort Sandro anzutreffen. In den letzten Tagen war ich vor Sehnsucht nach ihm fast verrückt geworden! Ich erkannte mich nicht wieder!

„Clementine, Clementine, du bist total verknallt in den Typ!" Angie grinste.

„Ach Quatsch, das sieht nur so aus! Ich habe meine Emotionen voll im Griff! Flora wäre stolz auf mich!"

Beelzebub verschluckte sich und prustete vor Lachen. „Natürlich bist du verliebt! Du leuchtest ja wie eine Sankt Martins-Laterne!"

„Das täuscht. Ich bin auf dem Weg zu einer unterkühlten, selbstsüchtigen, Männer mordenden Emanze! Jawohl! Und Spaß macht mir das auch noch!"

Beelzi winkte ab und Angie kicherte in ihr Spitzentaschentuch.

Von wegen verliebt, na ja, vielleicht ein bisschen verknallt. Aber mehr nich! Wo kämen wir denn da hin, wenn wir uns in jeden hergelaufenen Sack gleich verlieben würden, hä? Nee, nee, mit mir nich mehr! Nich mit Clementine!

Höchstens noch einmal mit Rinaldo...

Sandro war natürlich nicht da und so fütterten wir ein paar einsame Enten mit dem restlichen Stollen von Bertas Weihnachtsfeier, den wir heimlich in eine Papierserviette eingewickelt hatten.

„Mama?"

„Hm?" Gedankenverloren starrte ich auf den zugefrorenen Teich.

„Mama! Warum legen die Enten Eier?" Berta zupfte mir am Mantel.

„Damit wir was zum Frühstücken haben."

„Quatsch Mama, *die* Eier sind doch vom Hahn!"

„Bertalein, die Frühstückseier sind von der Henne. Und alle Vögel legen Eier, weil da ihre Jungen drin sind."

„Und keine Mädchen?"

Ich musste lachen. „Natürlich auch Mädchen, du Dummerle!"

Zack, trat mich Berta vors Schienbein. „Bin kein Dummerle!"

„Entschuldige, aber mit 'Jungen' meint man die Kinder der Tiere."

„Ach so. Aber in meinem Ei war noch *nie* ein Vogeljunge oder ein Vogelmädchen! Dann hätte ich das nämlich nich gegessen!"

Wir liefen zurück nach Hause und ich erklärte Berta und Erna so gut es ging die Sexualität des 'Gemeinen Deutschen Legehuhns' und der anderen Federviecher.

Am Freitag war es dann endlich so weit. Ich packte Franz einige Sachen für die zwei Tage ein und freute mich auf ein ruhiges Wochenende mit den Kindern.

„Was machst du denn da?" wollte Berta wissen.

„Ich packe Papas Sachen ein für die Fahrt. Du weißt doch, der Papa fährt nachher nach Quickborn die Oma holen."

„Ich will auch mit!" schrie Berta und rannte in ihr Zimmer um ihren Rucksack zu packen.

Erna steckte den Kopf zur Tür herein. „Wo will denn die Berta hin?"

„Ach, die hat gehört, dass der Papa die Oma Thekla abholen fährt, und nun denkt sie, sie darf mit."

„Und darf sie?"

Ich zuckte unschlüssig mit den Schultern.

Die Idee an sich war spitzenmäßig! Aber utopisch, unrealistisch und absolut weltfremd! Franz würde die Kinder nie mitnehmen! Viel zu umständlich! Viel zu unbequem! Und viel zu nervig!

Dann kann ich ja im Auto nicht rauchen und muss langsamer fahren! Und außerdem weiß ich nich, was Berta jeden Tag anziehen muss! Und wann die aufsteht und ins Bett geht! Und was sie isst und trinkt! Und was mach ich, wenn Erna plötzlich ihre Tage kriegt?

Ja, Franz hatte recht. Das waren unüberwindliche Probleme! Erna könnte mit Sieben ihre Tage kriegen und Berta aus Versehen den falschen Schlüpfer anhaben!

„Papa, dürfen wir mit zur Omi?" Erna und Berta kuschelten sich an die Brust von Franz und bettelten. „Bittööö!" Franz legte seine Zeitung beiseite und lachte.

„So, ihr wollt mit zur Oma fahren!" Franz lachte ausgelassen.

Nanu, was war denn das? Er schien ausgesprochen gute Laune zu haben, was für einen Skorpion recht ungewöhnlich ist – außer, er ist gerade sexuell befriedigt worden. Und das war er meines Wissens heute noch nich!

„Bitte, bitte, Papa, wir wollen auch mit zur Oma fahren!"

„Clementine, was meinst du denn dazu? Wollt ihr nicht auch mitkommen?"

Da haben wir den Salat! *Ich* musste wieder mit! Kanner nich *mal* was alleine machen! Nee, da is' der Macho hilflos!

„Och weißt du, ich habe noch so viele Dinge für Weihnachten zu erledigen! Ich wollte auch am Wochenende mit den Kindern Plätzchen und Lebkuchen backen!"

Ich überlegte: „Was meint ihr Kinder, wollt ihr mit der Mama langweilige Plätzchen backen? Oder wollt ihr lieber mit zu Omi fahren und mit eurem Papa ins Erlebnisbad gehen?"

Berta und Erna sprangen auf der Couch herum und sangen: „Wir fahr'n zur O-mi! Wir ge-hen Ba-den! Wir ge-hen Rut-schen!"

Irgendwas stimmte da nich... das war nicht mein Franz... Aber es kam mir sehr gelegen!

„Na gut." Ich verschränkte die Arme über dem Bauch und machte einen auf beleidigt.

Beelzebub und Angie sprangen freudig im Kreis herum und mein Herz machte einen Salto Mortale. Aber bloß nichts anmerken lassen!

„Wenn ihr lieber auf die Wasserrutsche wollt, muss die Mama eben ihre Plätzchen alleine backen!"

Ach, was bin ich wieder großmütig! Clementine, die Großzügige! Bei Sandro war ich eher freizügig!

„Au ja, fein!" Berta und Erna rissen mich küssend und schmatzend zu Boden. Und Franz lachte schallend. Irgendwie schien die Lösung auch ihm zu gefallen...

„Ich gehe mal eure Sachen packen. Dann könnt ihr bald los und seid heute Abend nicht so spät bei Oma!" Ich rannte die Treppen hinauf, und mein Herz zersprang fast vor Glück. Zwei Tage mit Sandro! Der würde Augen machen!

In Windeseile packte ich Ernas und Bertas Rucksäcke und träumte davon, was Sandro für ein Gesicht macht, wenn ich unangemeldet bei ihm vor der Tür stehen würde.

Plötzlich fiel mir siedend heiß ein, dass er ja vielleicht gar nicht zu Hause sein könnte! Er hatte was davon erzählt, dass er übers Wochenende zu seinen Eltern nach Passau wollte. Kraftlos ließ ich mich auf Ernas Bett fallen.

Ich musste ihn anrufen! Sofort!

Eilig schmierte ich den Dreien Proviant für unterwegs und drängte zur Abfahrt. Natürlich wegen der Dunkelheit!

Um zwei saßen sie endlich alle angeschnallt und fröhlich lachend im Auto. Ich lachte auch. Heimtückisch!

Berta schickte mich noch einmal nach oben in ihr Zimmer, denn sie hatte ihren Teddy vergessen.

Endlich fuhren sie los! Ich winkte ihnen noch nach, bis sie nicht mehr zu sehen waren. Dann rannte ich mit Herzklopfen ins Haus und riss den Telefonhörer an mich.

Bitte lieber Gott, bitte mach, dass Sandro noch zu Hause ist!

Es klingelte. Einmal, zweimal, dreimal, viermal, fünfmal, sechsm...

„Sandro Sack."

Mir fiel ein ganzes Gebirge voller Steine vom Herzen.

„Ich bin's. Clementine!"

„Hallo, Püppi, das ist aber eine Überraschung! Von wo rufst du denn an?"

„Von zu Hause!"

„Und dein Mann?"

Ich holte tief Luft um die Spannung zu erhöhen.

„Ich habe eine Überraschung für dich!"

„Ist er vielleicht überfahren worden? Oder gelyncht? Oder geplatzt?"

„Quatsch! Stell dir vor, er ist mit den Kindern nach Quickborn zu seiner Mutter gefahren!" Triumphierend wartete ich auf Sandros Antwort. Pause.

„Sag mal, Liebste, bedeutet das etwa, dass du heute Abend alleine bist?" Sandro schrie vor Freude laut in den Hörer.

„Nein, das bedeutet es nicht..."

Sandros Freude verwandelte sich blitzartig in Weltschmerz.

„Ach so. Schade..."

„... nein, es bedeutet, dass ich bis Sonntagabend alleine bin!"

„Waaas? Ich liebe dich, Clementine! Du machst mich zum glücklichsten Menschen auf der ganzen Welt!" Sandro freute sich wie ein kleines Kind.

„Weißt du, dass ich zehn Minuten später weg gewesen wäre? Ich war schon auf dem Sprung. Wollte gerade los zu meinen Eltern..." Seine Stimme zitterte.

„Aber Gott sei Dank habe ich dich noch erwischt!" Ich war unendlich erleichtert.

„Ja, Gott sei Dank! Wann kommst du?" Sandro lachte wieder plätschernd. „Und deine Eltern? Kannst du denn noch absagen?" fragte ich zaghaft.

„Clementine, du scheinst nicht zu wissen, was dein Anruf für mich bedeutet! Ich glaube, es gibt keine Sache auf der ganzen Welt, die ich nicht sofort für *einen* Augenblick mit dir absagen würde! Komm schnell, ja?"

„In zwei Stunden bin ich da!" – „So spät?"

„Ach Sandro, ich muss noch ein paar Dinge erledigen. Sei nicht traurig! Wir haben doch das ganze Wochenende für uns!"

„Ja, das ganze Wochenende. Ich kann es immer noch nicht glauben! Aber ich freue mich wie ein kleiner Schneekönig!" Und Sandro fügte flüsternd hinzu: „Ich werde dich verwöhnen wie eine Königin!"

„Ich freu mich! Also, bis nachher!" Ich legte den Hörer auf und setzte mich in den Sessel. Meine Wangen glühten und mein Puls raste.

„So, Clementine, nun aber an die Arbeit!" Beelzebub hatte Angie auf dem Schoß und kämmte ihre langen, blonden Haare.

„Wieso Arbeit?"

„Na, mit Mitte dreißig artet das schon in Arbeit aus... ich meine die Schminkerei. Mach dich mal ein bisschen zurecht für deinen Prinzen und style dich verführerisch!" Beelzebub grinste hämisch.

Ich schaute mich um. Da stand noch das ganze Geschirr vom Mittagessen. Ab damit in die Spülmaschine! Schließlich bekommen die im Fernsehen auch alles ohne Vorspülen sauber! Sogar Gabeln, die mit Leim an den dreckigen Tellern angeklebt wurden – wegen der Demonstration.

Vor der Kellertür lag Franzemanns Unterwäsche am Boden. Logisch, dass er sie beim Ausziehen einfach fallen ließ! Kann ja niemand verlangen, dass er sie in die Waschküche trägt! Wo er's doch immer so im Kreuz hat. Mit spitzen Fingern schaffte ich die Unterhose nebst Hemd in die Waschküche.

Treffen sich zwei Unterhosen in der Waschmaschine. Sagt die eine zur anderen: „Warst du im Urlaub?" Fragt die andere: „Wieso denn?" Sagt die erste: „Du siehst so braun aus!"

Ich ließ mir Wasser in die Badewanne ein und goss eine ganze Flasche Kokosparfüm hinein. Dann holte ich mir eine Flasche Sekt und ein Glas und stellte beides auf den Badewannenrand.

Ich überlegte. Etwas fehlt noch. Aha, Musik! Ich schleppte die Stereoanlage aus dem Wohnzimmer ins Bad und legte eine CD von Ronan Keating auf. Perfekt!

Die nächste Stunde verbrachte ich damit mich einzuweichen und zu schrubben, die Fusseln zwischen den Zehen zu entfernen, die Füßchen zu enthornen, die Beine zu enthaaren, Schmusesongs zu hören und Sekt zu schlürfen.

So musste es im Paradies sein! Nur Adam fehlte noch. Aber nicht mehr lange.

Ich schaute auf die Uhr. Schon vier! Ich sprang aus der Wanne und trocknete mich ab. Dann cremte ich mich mit Kokosmilch ein, puhlte mir die Ohren sauber und schnitt mir die Fußnägel. Ein Zehennagel landete im Sektglas. Volltreffer! Ein gutes Omen!

Ich stürmte ins Schlafzimmer und wühlte in meinem Unterwäschefach. Wo war denn nur der getigerte Miederbody mit den Strapsen und die schwarzen Nylonstrümpfe! Lange war es her, dass ich sie das letzte Mal für Franz getragen hatte. Mindestens vier Jahre. Aber damals hatte es sich auch noch gelohnt.

Ich quälte mich in den Body, der zwar etwas eng geworden war, aber dafür nicht minder verführerisch! Dann strüffelte ich vorsichtig die matt glänzenden Strümpfe hoch und knipste sie fest. Und da drüber zog ich nur einen knielangen Schlabberpullover und eine große Perlenkette.

Ich schminkte mich vampmäßig, trug einen feuerroten Lippenstift und den dazu passenden Nagellack auf und sprühte mir Unmengen Haarspray in die wild gefönte Frisur. Absolut perfekt! Ich war mehr als zufrieden.

Schnell zog ich den Mantel über und wollte gerade los, als mir Franz einfiel. Verdammt! Der würde doch heute Abend anrufen, wenn sie in Quickborn gelandet waren! Was mache ich nur? Kurzerhand hängte ich den Telefonhörer aus. So, besetzt. Bis Sonntag fällt mir schon eine Ausrede ein.

Ich ließ wegen der Nachbarn eine kleine Stehlampe brennen und schloss die Haustür hinter mir zu.

Die Innenstadt war ziemlich überfüllt an diesem vorweihnachtlichen Freitagnachmittag. Überall hetzten tütenbepackte Muttis mit quängelnden Gören im Schlepptau durch die Geschäfte. Es roch nach Weihnachtsgewürzen, Parfüm und Glühwein und aus den zahlreichen kleinen Lautsprechern über den Eingangstüren der Geschäfte tönten Weihnachtslieder in die kalte, schneeschwangere Luft. Ein dicker Mann mit einer roten Schnapsnase stand in einer Bude und warf Bratwürste auf den Rost. Davor drängelten sich ein paar Dutzend hungrige, einkaufsmüde gewordene Leute.

Was is' doch die Weihnachtszeit so schön! Und heute ganz besonders!

Ich zog den Mantel enger zusammen, denn der Dezemberwind blies mir eisig um die nackten Oberschenkel.

„Clementine, du verkühlst dir noch die Pleureuse!" Angie drohte mit dem Zeigefinger.

Vor Fräulein Haferstrohs Boutique machte ich Halt und schaute mir die Schaufensterauslage an. Dabei konnte ich in den Laden spähen und die Haferstroh orten. Als sie mit einer Kundin in der Kabine verschwand, sprang ich in den Hausflur und schloss die Tür hinter mir. Geschafft!

Was war denn das? Das ganze Treppenhaus lag voll mit hunderten dunkelroten, duftenden Rosenblüten.

Heiratet vielleicht jemand im Haus...? Ideen haben die Leute!

Vorsichtig, um die Blütenpracht nicht unter meinen einundvierziger Stiefeln zu zermalmen, stieg ich die Treppe hinauf. Die Rosen endeten genau vor Sandros Tür.

Mensch Clementine, die sind für dich! Ganz allein für dich! Ganz allein, allein! So was hatte noch niemand nich für mich getan! Ich war gerührt.

Gerade, als ich auf den Klingelknopf drücken wollte, öffnete sich die Tür und Sandro kam herausgesprungen.

Er riss mich an sich und wir sanken küssend auf die Knie und dann auf den rosenübersäten Boden.

„Sollten wir nicht lieber hineingehen?" Ich befreite mich kurzzeitig aus seiner Umklammerung.

Sandro lachte plätschernd auf. „Wäre vielleicht besser! Wegen der Erregung, ich meine der des öffentlichen Ärgernisses!"

Sandro zog mich in die Wohnung und schloss die Tür hinter uns ab. Im Flur standen vier große siebenarmige Leuchter mit brennenden Kerzen. Wie wundervoll und romantisch! Ich liebe Kerzen – je mehr, desto besser!

Sandro presste mich gegen den venezianischen Spiegel und küsste mich noch leidenschaftlicher als im Treppenhaus. Er fuhr mir mit einer Hand unter den Mantel und... hielt plötzlich inne.

„Oh, mein Gott", hauchte er, „was hast du denn *diesmal* wieder an!" Ich ließ den Mantel zu Boden gleiten und lupfte keck meinen Pullover an. Sandro riss mich wieder an sich, so, dass mir Hören und Sehen verging! Ich schloss die Augen und beschloss meine Sinne nur noch auf Riechen, Schmecken und Fühlen zu beschränken.

Jetzt nahm ich nichts mehr wahr außer Kokosduft, schwere Sandelholzgerüche, heiße Männerhände auf meinen kalten Oberschenkeln und feuchte Pfefferminzküsse auf und in meinem Mund.

Doch Halt! Da war noch etwas! Ich schaltete die Ohren wieder ein. Aus dem Wohnzimmer erklangen leise Töne von Christopher Cross... Sailing, take me away...

Dann wurde ich ohnmächtig.

Auf dem Bärenfell kam ich wieder zu mir.

Sandro hatte sich über mich gebeugt und war nackt. Ich lag auf dem Rücken und war mit einer kuscheligen Decke zugedeckt. Darunter hatte ich nichts an.

„Was ist passiert?" fragte ich Sandro.

„Wieso passiert?" Sandro lachte und stopfte mir eine Schillerlocke in den Mund.

„Aba ipf weipf nipf mehr, wie ipf hierher bepfommen bin..."

Sandro sah mir tief in die Augen, so tief, dass ich Angst hatte gleich wieder wegzutreten. „Es war die wundervollste Stunde meines Lebens! Danke!" Sandro küsste mich zärtlich auf die Nase. „Noch nie habe ich etwas Ähnliches erlebt, wie eben mit dir! Ich bin verrückt nach dir! Du bringst mich um den Verstand!"

Wovon sprach der eigentlich! Ich verstand nur Bahnhof. Scheinbar war mit *meinem* Verstand irgendwas nicht mehr normal! Was habe ich denn die ganze Zeit gemacht? Hä? Isses möglich! Die letzte Stunde fehlte komplett in meiner Erinnerung! Irgendwas stimmte nich mit mir!

Sandro stand auf und ging zur Stereoanlage. „Was möchtest du hören, Püppi?"

Ich entschied mich für Heino.

Sandro kicherte: „Ist das dein Ernst?"

„Was?"

„Na, das mit Heino!"

„Quatsch, habe ich etwa Heino gesagt?" Ich war völlig durcheinander.

„Leg doch einfach irgend etwas auf. Deine Platten gefallen mir alle."

Sandro legte Eros Rammelzottel auf. Dann krabbelte er zu mir unter die Decke. „Möchtest du heute Abend essen gehen, Püppi?"

„Och, ich weiß nicht... Eigentlich würde ich lieber mit dir vorm Kamin liegen. Und außerdem kann ich ja schlecht in diesem Aufzug...!"

„Wieso denn, du würdest alle Männer um den Verstand bringen mit deinem Pullover und den Strapsen drunter!" Wir lachten.

„Aber mir ist es auch tausendmal lieber hier zu bleiben. Da kann ich dich wenigstens küssen und anfassen wann ich will!" Sandros Hände demonstrierten gleich, was er damit meinte.

„Ich werde uns ‘ne Kleinigkeit zum Essen machen... nachher!"

Sandro zog mir die Decke weg und wir liebten uns auf dem Bärenfell vor dem knisternden Feuer zwischen Schillerlocken, Aphroditetee, Kokoskrümeln und der rot schimmernden Glut im Kamin.

Eine Stunde später ließ Sandro Badewasser ein und schüttete allerlei Duftendes aus bunten und goldverzierten Glasflacons in das dampfende Wasser. Ich saß auf dem Badewannenrand und beobachtete ihn dabei.

Noch nie war mir ein so schöner, geschmeidiger Männerkörper über den Weg gelaufen. Und da saß sogar ein helles Köpfchen auf dem Hals über dem Prachtkörper. Bei den Männern, die ich kannte, war da sonst ein hohler Kürbis obendrauf, der nur fressen, rauchen, rumkommandieren und gierig in den Blusenausschnitt glotzen konnte. Ob Rinaldo auch eine so gute Figur machte?

Sandro lief in die Küche und kam mit einem Krug zurück, dessen Inhalt er ins Wasser goss.

„Echte Eselsmilch! Nur für meine Cleopatra!" Sandro zog mir den Bademantel aus.

„Du spinnst! Eselsmilch! Das wird ganz ordinäre H-Milch sein!" Ich lachte.

„Na, wenn ich es dir doch sage!" Sandros Hände wanderten über meinen Po und wir knutschten wieder. Plötzlich ließ er sich rückwärts in die Wanne fallen und zog mich hinterher. Es schwappte mindestens die Hälfte des Badewassers über den Beckenrand! Ich quiekte laut.

Die Wanne war rund und bot ausreichend Platz für uns zwei. Sandro drückte auf einen silbernen Knopf neben den Armaturen und das Wasser fing an zu blubbern. Whirlpool, auch das noch! Isses möglich! Ein Mann von Welt!

„Sandro, das mit den Rosen auf der Treppe, also ich weiß nich, was ich sagen soll!"

„Pssst!" Sandro hielt mir mit seinem Zeigefinger den Mund zu. „Du musst gar nichts sagen, Clementine. Ich wollte dir nur zeigen, wie verliebt ich bin! Außerdem bin ich ein hoffnungsloser Romantiker!"

Ein Romantiker! Wie herrlich! Franz dagegen war so nüchtern und einfallslos wie ein Ulcuskranker auf dem Weg zur Magenspiegelung. Franz konnte nur angeben mit dem, was er angeblich schon Tolles gebaut hatte! Hundehütten, Bars und so'n Zeug. Bei mir hatte er noch nichts gebaut, die drei Unfälle mit meinem Auto nicht mitgerechnet! Aber daran waren ein Reh, eine zufällig im Weg stehende Garagenwand und ein noch überflüssigerer Straßenbegrenzungspfosten schuld. Niemals nich Franz!

Der konnte besoffen noch besser Auto fahren als ich nüchtern! Und Autofahren is' sowieso nur was für Männer! Aber für Richtige! Frauen am Steuer – Pfui is' das! Ab in die Küche! Ab ans Nähkörbchen! Und ab in die Missionarsstellung!

Sandro dagegen gab nich an, nich für fünf Cent! Der überraschte mich nur mit den zauberhaftesten Ideen. Und der brauchte auch keinen Cognac vorneweg! Höchstens „Komm zu dir"-Tropfen, aber erst hinterher! Auch mit Kamillentee!

Ich küsste Sandro zärtlich auf den großen Zeh. Der beugte sich über den Wannenrand und holte zwei Sektgläser und eine Flasche Champagner hervor. „Au fein! Das hatte ich heute schon mal!"

Sandro ließ den Korken knallen und der Champagner spritzte nach allen Seiten. Ich quiekte wieder.

Statt den Schampus mit den Gläsern aufzufangen, riss mich Sandro aus dem warmen Wasser hoch und goss die ganze Flasche über uns aus! Der kalte Schampus prickelte verführerisch auf unserer Haut und wir schleckten ihn lachend von unseren nackten, nassen Körpern.

Sandro sprang aus der Wanne und tapste tropfend in die Küche. Nach zwei Minuten kam er mit einer neuen Flasche zurück. Dieses Mal *tranken* wir aber den guten Saft.

Die Hitze des Bades, der betörende Duft wie aus 'Tausendundeiner Nacht' und der Champagner stiegen mir schnell zu Kopf.

Ich schaute Sandro dämonisch in die schwarz-braunen Augen und lächelte wie eine Nymphe. Sandro hörte auf zu lachen und starrte mich eine Weile wie hypnotisiert an. Dann lehnte er sich zurück und schloss die Augen. Aus seinem halb geöffneten Mund drang ein leises Flüstern: „Liebe mich, bitte, bitte, liebe mich!"

Ich hechtete mich wie eine Seerobbe auf ihn oder eher wie ein Wal und verführte ihn in meinem Sektrausch wie eine Sirene ihr Opfer. Dabei verloren wir nicht nur jegliches Zeitgefühl, sondern auch nochmals mehrere Liter Badewasser. Sandro stöhnte und lachte gleichzeitig und ließ sich völlig gehen. Anschließend blieben wir erschöpft in der Wanne liegen und ließen uns vom restlichen Badewasser umblubbern.

Ich kam als Erste wieder zu mir. Sandro schlief auf dem harten Badewannenrand mit einem engelsgleichen Lächeln um die Mundwinkel. Ich zwickte ihn in die Zehen.

Er öffnete erschrocken die Augen und fuhr sich durchs nasse Haar. „Wir sind vielleicht zwei! Hocken in dem kalten Badewasser und träumen!"

Er hiefte mich galant aus der Wanne und wir frottierten uns gegenseitig ab. Ich zog mir meinen Schlabberpullover über. Herrlich warm!

Sandro legte neues Holz in den Kamin und kochte anschließend heißen Orangentee. Der duftete wieder so köstlich nach Himalaya und Fernweh.

Während ich mir braunen Kandiszucker hineinrührte, ging Sandro kurz telefonieren.

„Erzähl mir doch mal was von Tibet, ja?" rief ich ihm nach.

Sandro war zurückgekehrt und setzte sich im Schneidersitz zu mir auf die weiße Ledercouch. „Interessiert dich das denn?"

„Waaas? Interessieren? Ich brenne darauf! Seit Jahren wünsche ich mir nichts sehnlicher als einmal nach Tibet oder Nepal zu fliegen!"

„Wirklich? Und warum tust du es dann nicht?" Sandro kraulte mich am Kopf.

„Ach, weißt du, alleine lässt mich Franz ja nicht. Wer soll sich denn dann um die Kinder kümmern in der Zeit?"

„Na Franz!"

„Das würde der nie tun. Der bekommt schon einen Nervenzusammenbruch, wenn ich mal einen Abend nicht da bin und er muss Abendessen für die Kinder machen und sie ins Bett bringen!"

Sandro schüttelte den Kopf. „Komisch, kann ich nicht nachvollziehen! Und warum fahrt ihr dann nicht zusammen? Ich meine, du und dein Franz. Für die Kinder sind die Luftdruckunterschiede ja zu anstrengend, vor allem für die Kleine!"

„Der würde nie ohne sein Bertalein in Urlaub fahren, nich für eine Woche! Aber alleine lässt er mich auch nich weg!"

Sandro seufzte. „Scheint ein tüchtiger Klammeraffe zu sein, dein Franz! Na, dann fährst du eben das nächste Mal mit mir!"

Meine Augen leuchteten. „Ja, das wäre schön!"

Sandro holte ein paar Fotoalben und erzählte mir spannende Geschichten von seiner letzten Reise. Von den Tibetern, die trotz chinesischer Machtübernahme still und stolz ihren Glauben lebten. Von einem Volk in den unzugänglichen Gebieten des Himalaya, das bisher von den Segnungen der Zivilisation verschont geblieben war und daher keine Krankheiten und keine Ärzte kannte. Vom Kampf des Dalai Lama um den Erhalt seines Volkes und seine Hoffnung auf baldige Rückkehr aus dem Exil.

Die ganze Zeit über hing ich Sandro wie gebannt an den Lippen. Plötzlich klingelte es.

„Erwartest du jemanden?" Ich stand schon in den Startlöchern um mich notfalls im Schlafzimmerschrank zu verstecken.

Sandro machte ein geheimnisvolles Gesicht. „Geh doch mal nachschauen, ich glaube, das ist für dich!" – „Für mich?"

Nach der Geschichte mit den Rosenblüten und der Eselsmilch überraschte mich nichts mehr. Neugierig öffnete ich die Tür.

Drei geschniegelte Kellner mit je einem großen Silbertablett in den Händen standen freundlich lächelnd vor der Tür. „Frau Sack?"

„Nein, äh, ja, kommen Sie herein...!"

Die drei marschierten herein und Sandro zeigte auf einen Glastisch, der eben noch nicht dagestanden hatte. Die pomadisierten Kellner stellten ihre Tabletts ab und betrachteten mich von oben bis unten. Kostet die nun fünfzig Euro oder fünfhundert?

Ich schlug verschämt die Beine übereinander. Hoffentlich sieht man mir nicht an, dass ich verheiratet bin! Verheiratete Frau sucht stehfreudigen Adonis für gelegentliche erotische Treffs...

Sandro räusperte sich.

Ein besonders milchreisiges Bübchen reichte Sandro diskret ein Elfenbeinkästchen. Sandro klappte es auf und holte seine Brieftasche. Dann zählte er drei Hunderter in das Kästchen und gab es dem Bubi zugeklappt zurück. Die drei machten tiefe Bücklinge und wünschten uns im Namen des Steigenberger Hotels einen 'Guten Appetit'. Dann fragten sie, wann sie die Tabletts wieder abholen sollen und verließen die Wohnung.

Ich saß immer noch wie angewurzelt da.

Sandro klopfte einladend mit der Hand auf das Sofa und schmunzelte. „Komm, Cleopatra, jetzt schauen wir mal, was es Feines gibt!"

Ich gehorchte und schaute.

Sandro nahm die Deckel von den Schüsseln und Tellern und schnupperte.

Ich glaubte meinen Augen nicht zu trauen! Da waren feine Blätterteigpastetchen, Kaviar, Hummer, frischer Lachs, Trüffel, Austern, Käse mit Trauben und jede Menge köstlich duftender Kokosmakronen!

So etwas hatte ich noch nie auf einem Haufen gesehen, geschweige denn gegessen! Sandro holte eine Flasche aus dem mit Eiswürfeln gefüllten Sektkühler und las das Etikett laut vor: „Schaumburg von der Lippe, Südhang, in untergärigen, dreitausend Jahre alten Teakholzfässern gelagert, abgefüllt von Baron Münchhausen, in Perlmuttflaschen gelagert, verkorkt, verstöpselt und neunhundertneunundneunzigmal gewendet, gedreht und geschüttelt!"

„Ich glaub, ich träume!" Das war alles, was ich herausbrachte.

Er schob mir lachend eine Weintraube in den Mund.

„Ich habe dir doch versprochen, dass ich dich königlich verwöhnen würde!"

„Ja aber, wie kannst du so einfach dreihundert Euro für ein Abendessen ausgeben!"

Sandro zuckte mit den Schultern und nahm mich in den Arm. „He, Prinzessin, für dich ist das Beste gerade gut genug! Und das meine ich ernst!"

Wir küssten uns leidenschaftlich und machten uns dann über die Köstlichkeiten her.

„Hoffentlich wache ich nicht morgen früh in meinem Bett neben meinem laut schnarchenden Franz auf und stelle entsetzt fest, dass ich das alles nur geträumt habe!" Ich seufzte.

Sandro streichelte mir zärtlich übers Haar. „Prinzessin, du wachst morgen früh neben *mir* auf!"

Wir fütterten uns kichernd mit Trüffeln und Lachs und spülten das salzige Zeug mit Schampus hinunter.

„Die Makrönchen heben wir uns für später auf!" Sagte Sandro und zog mir den Pullover über den Kopf. Er krümelte mir etwas Kaviar in den Nabel und leckte ihn wieder heraus. Das kitzelte und ich wand mich vor Lachen wie ein Aal. Sandro ließ nicht mehr von mir ab. Mein Kleinhirn meldete Alarm und meine Atmung beschleunigte sich auf Einhundertachtzig. Ich streckte alle viere von mir. Mein Lachen verwandelte sich allmählich in ein heftiges Keuchen und ich erlag wieder mal den Verführungskünsten Sandros.

„Sandro!" flüsterte ich immer wieder und dabei jagte ein wollüstiger Schauer den anderen. Ich konnte nicht mehr klar denken. Nicht an Franz, nicht an die Kinder, noch nicht mal an Rinaldo! Isses möglich!

„Das ist Liebe", flüsterte Angie hinter vorgehaltener Hand und kraulte dann Beelzi weiter, der zusammengerollt in ihrem Schoß lag.

Sandro wischte sich die schweißnassen Haare aus der Stirn und lächelte mich an. Dann legten wir uns bäuchlings nebeneinander aufs Bärenfell und schauten schweigend ins Feuer. Die Glut wärmte unsere nackten Körper und trocknete die Schweißperlen auf unserer Haut.

„Was machen wir morgen, Prinzessin?" Sandro fing als erster an zu sprechen.

„Ich weiß nicht, is' mir auch Wurscht, nur der Augenblick zählt und der is' jetzt!"

„Aber wenn wir morgen in dem Tempo weitermachen, sind wir abends tot oder zumindest schwindsüchtig!" Sandro zog ein Furcht erregendes Gesicht.

Ich musste lachen. „Du vielleicht, aber ich nicht! Oder weißt du vielleicht noch nicht, dass Frauen *immer* können? Besonders, wenn sie verliebt sind!"

Sandro sprang ruckartig auf und zog mich zu sich hoch. Er nahm mich fest in seine Arme und sah mir in die Augen.

„Sag das bitte noch mal, Püppi!"

„Waaas?" Ich stellte mich dumm.

„Na, das von eben, mit dem verliebt sein!"

Sandros Blick brachte Steine zum Erweichen und die Sicherungen unterhalb meines Bauchnabels zum Glühen! Vorsicht, Brandgefahr!

„Ich habe mich in dich verliebt, Sandro Sack, obwohl das eigentlich nicht meine Absicht war!... Ich... liebe... dich!"

Sandro schloss die Augen und drückte mich fest an sich. Als er sie wieder öffnete, glänzten sie ganz feucht. „Das sind Tränen des Glücks!" hauchte er mir ins weit aufgesperrte Ohr.

„Ich habe noch nie jemanden so geliebt wie dich, Clementine! Und an dem Tag, wo du mich verlässt, werde ich mich vom Mount Everest stürzen!" Sandro deutete einen Kopfsprung an.

Na, das war doch mal eine Liebeserklärung! Ging runter wie Livio! Und weckte die Libido!

Wir sprangen lachend um den Glastisch mit den kläglichen Essensresten. Dort tummelten sich abgepuhlte Hummerscheren zwischen angebissenen Makronen und ausgespuckten Weintraubenkernen.

„Es stinkt nach Fisch!" Ich zeigte auf die leeren Austernschalen und hielt mir die Nase zu.

„Kein Problem, my Lady!" Sandro holte einen alten Koffer und fegte die Essensreste samt Silberschüsseln und Goldrandporzellan mit einer lässigen Armbewegung hinein. Den Koffer stellte er ins Treppenhaus.

Ich machte Augen so groß wie Wagenräder.

„Für drei Hunderter kann man schließlich einen besseren Service erwarten!" Sandro tanzte lachend mit mir um den Tisch.

„Komm, ich führe dich morgen groß aus! Wohin möchtest du am liebsten? In eine Disco?"

„Zu laut!"

„In ein Restaurant?"

„Da kann ich dich nicht angrabschen!"

Sandro rollte verlegen mit den Augen.

„Ins Kino? Da läuft der neueste Film mit Rinaldo Ringelstein!"

Lieber nicht! Wenn du wüsstest, wie verliebt ich erst in *den* bin!

„Kein Kino. Ich habe eine bessere Idee! Wir rufen Flora an und fragen sie, ob wir uns morgen zu viert treffen können!"

Sandro schaute nicht gerade begeistert. „Eigentlich wollte ich mit dir lieber alleine sein!"

„Du, die hat einen *Schlachter* als Freund! Das dürfen wir uns nicht entgehen lassen!... Und allein sind wir doch heute noch die ganze Nacht, morgen den ganzen Tag *und* morgen Nacht!"

Sandro nahm mich liebevoll in den Arm.

„Ruf sie halt an, deine Flora. Mich macht alles glücklich, was dich glücklich macht!"

Komm her, du Sack! Lass dich küssen! Du einzigartiges männliches Exemplar! Ich knutschte Sandro halb ohnmächtig. Während er mit dem Tode rang, telefonierte ich mit Flora.

Sie fiel fast um, als ich ihr erzählte, *wo* ich war und vor allem, *was* ich hier tat. Überwältigt gab sie sich geschlagen.

„Ins 'Novelle'", flüsterte Sandro.

„Also um acht im 'Novelle'!" rief ich erfreut und zwickte Sandro in den Po.

„Äh, ..., Axel meint gerade, wir sollten uns lieber im Steakhaus treffen..." Ich hielt den Hörer zu.

„Steakhaus?" flüsterte ich Sandro zu. Der nickte lachend.

„Flora? Also um acht im Steakhaus!"

Wir machten die Lichter aus und sprangen in Sandros Himmelbett. Es duftete nach Aprilfrische und „Bandito de Coco".

Sandro erzählte mir noch ein paar spannende Geschichten aus Tibet und dann schliefen wir ganz eng aneinander gelöffelt ein.

Leise schlüpfte ich in meine Sachen, um Sandro nicht zu wecken.

„Prinzessin, was ist los?" fragte er schlaftrunken.

„Pssst, schlaf weiter! Ich muss rasch nach Hause, den Kater und den Hamster füttern! Und frische Dessous anziehen!"

Sandro richtete sich kerzengerade im Bett auf und rieb sich die Augen. „Wie spät ist es denn?"

„Halb fünf!"

„Und jetzt willst du heim?"

„Ja, damit die Nachbarn mich nicht sehen! Und außerdem brennt im Haus noch überall das Licht!"

Sandro schmollte. „Bitte, bleib hier, wir haben doch nur zwei Tage!"

„Geht nicht! Aber ich komm ja wieder, gegen acht! Zum Frühstück!"

Sandro strahlte. „Okay, ich mache uns ein tolles Frühstück! Oder soll ich nicht lieber mitkommen? Man weiß ja nie... Ich denke da so an Jack the Ripper!"

Ich warf ihm ein Kissen an den Kopf und lachte. Sandro zog mich zu sich ins Bett. „Hmm, langsam könnte ich wieder...", raunte er wollüstig und tastete sich unter meinem Pullover in Richtung Mirabellenetui vor.

Ich küsste ihn auf die Ohren, die Nase und die Stirn. „Bis nachher! Schlaf noch ein bisschen! Ich habe heute noch viel mit dir vor!"

Sandro lachte. „Beeil dich, ich habe jetzt schon Sehnsucht nach dir!"

Leise schlich ich die Treppe hinunter in die kalte Nacht.

In der Fußgängerzone brannte die Weihnachtsbeleuchtung und ein lebensgroßer, dicker Nikolaus aus Pappe nickte mir zu. Zähneklappernd trippelte ich in meinen hochhackigen Stiefeln durch den frisch gefallenen Schnee.

Da helfen nur warme Gedanken! Ich träumte von einer weißen Weihnacht. Sandro lag unterm Christbaum, schön festlich in glänzendes Geschenkpapier eingepackt und mit einer roten Schleife um seinen Freund „Willi Winzig". Franz sang inbrünstig „Ihr Kinderlein kommet..." und fragte mich dann: „Gell, dieses Jahr ist mein Geschenk origineller als der Handstaubsauger vom letzten Weihnachten..."

Als Sandro die Tür öffnete, strömte mir ein beißender Geruch von Weihrauch und Sandelholz entgegen.

Ich hustete. „Meinst du nicht, das ist jetzt langsam ein bisschen zu viel des Guten?" fragte ich vorsichtig.

Sandro hatte wieder dieses Glimmern in den Augen. „Püppi, Weihrauch reinigt die Atmosphäre und schützt vor bösen Geistern." Er nahm mich in die Arme und küsste mich zärtlich: „Ich hab dich unendlich vermisst."

Er zog mich ins Wohnzimmer und wir sanken eng umschlungen auf das Bärenfell.

Hach, was isses wieder so feierlich am frühen Samstagmorgen! Weihrauchgeschwängerte Luft, tibetanische Meditationsklänge und hunderte von Kerzen und Teelichten!

„Wo sind die denn her?" fragte ich und zeigte auf die vier siebenarmigen Leuchter, die in jeder Ecke des Zimmers standen. „Die sind wunderschön! Die sind mir schon gestern im Flur aufgefallen!"

Sandro steckte sich einen Pfefferminzbonbon in den Mund.

„Die hab ich aus einem Ashram in Indien. Habe sie einem alten Hindu abgekauft. Irgendwie mystisch, meinst du nicht?"

„Ja, die haben was Magisches! Man muss sie immer wieder anschauen, so wie dich!" Ich biss Sandro ins Ohrläppchen.

Sandro riss sich sein T-Shirt runter und nahm mich in den Arm.

Hmm, vertraute „Bandito de Coco"-Gerüche stiegen mir in die bebenden Nasenflügel und bahnten sich ihren Weg zum Kleinhirn. Dort umnebelten sie langsam alle wichtigen Schaltzentren und setzten mein Denkvermögen stark herab. Gefahr im Anzug! Alle Alarmglocken läuteten Sturm. Sandro zerrte mir die enge Jeans herunter und den anderen störenden Kram.

Ein lieber Junge! Wie er immer so um meine Bequemlichkeit besorgt ist... Sein ganzer Körper glänzte bronzefarben und roch nach Kokosöl und Jungmädchenträumen!

„Oh Gott, wie ich dich anbete!" stöhnte er immerzu und küsste mich. Da fielen in meinem Gehirn auch schon wieder sämtliche lebenswichtigen Funktionen aus und es wurde Nacht.

Auf der weißen Ledercouch kam ich wieder zu mir. Mein Kopf brummte und mir fehlte jegliche Orientierung. Was war denn nun *das* wieder!

Ich glaub, ich muss zum Nervenarzt! Schon wieder ein Filmriss!
„Was war denn los?" fragte ich benommen. „Bin ich wieder ohn-
mächtig geworden?"
Sandro kniete vor mir und goss Kaffee ein. Der Tisch war liebevoll
gedeckt. Ich hatte Sandros Bademantel an und meine Klamotten
lagen fein säuberlich zusammengelegt auf einem Stuhl in der Ecke.
Die Kerzen waren aus und die Fenster geöffnet. Sandro schob mir
eine Gabel voll Rühreier in den Mund.
„Ohnmächtig?" Sandro lachte. „Eher in Ekstase!"
„Komisch", ich schluckte den Bissen hinunter, „ich kann mich wie-
der an nichts erinnern!"
Das Feuer prasselte im Kamin und Miss Marpel räkelte sich katzen-
mäßig faul auf dem Bärenfell herum und leckte ihre Pfoten. Sandro
streifte mir den Bademantel von den Schultern und legte mich oben-
herum frei. Gott, wie peinlich!
„Und wie unanständig!" meldete sich Angie zu Wort. Beelzebub war
nirgends zu sehen. Angie hatte rot geweinte Augen und schniefte die
Nase hoch.
„Was ist denn passiert? Übrigens, da oben rechts in der kleinen
Schublade hinter meiner Hirnanhangdrüse, da sind Taschentücher!"
Angie schnäuzte sich geräuschvoll und schluchzte: „Wir haben uns
gestritten!"
„Ach nee, was du nich sachst! Gestern noch in trauter Zweisamkeit
und heute schon wieder im Tal des Jammers."
Angie fing wieder an zu heulen. „Der Schuft! Mit dem sprech ich
nie wieder! Und in den Himmel kommt der mir auch nich! Nich mal
zu Besuch!"
„Ja, was war denn los, hm?"
„Der hat..., der hat..., stell dir vor, der hat mich betrooogäään!" Angie
wurde von heftigen Weinkrämpfen geschüttelt.
„Schon nach so kurzer Zeit? Äh, ich meine, wie kann er nur! Der
Bazi! Der Nichtstaugski! Der Haderlump! ... Mit wem eigentlich?"
„Mit so 'ner sexgierigen Teufelsbraut, halb Frau, halb Tier!" Angie
wischte sich die Tränen ab.
„Kopf hoch! Wird schon wieder!" Was Besseres fiel mir nicht ein.
Sandro hatte einen Löffel in die Konfitüre getaucht und fuhr mir
damit genüsslich übers Dekolleté.

„He, das kitzelt und klebt doch!"
„Aber nicht mehr lange!" Sandro warf sich auf mich und leckte das Gelee von meinem Busen.
Ich sank seufzend in die Kissen. Wenn das meine Mama wüsste! Oder Franz! Oder Rinaldo Ringelstein!
Clementine, Pfui is' das! Schäm dich, du verkommenes Subjekt!
„Sandro?"
„Hm."
„Kannst du das noch mal machen?"

Um acht betraten wir das Steakhaus und suchten einen freien Tisch. Es war gerammelt voll und dicke Rauchschwaden von dutzenden, brennenden Glimmstengeln erschwerten uns die Sicht. Über mehrere Lautsprecher dröhnten Heavy Metal-Klänge und vermischten sich mit dem Stimmengewirr an den Tischen.
Sandro winkte einen Kellner heran und fragte nach einem freien Tisch.
Der nach Schweiß riechende Kellner schaute sich um und zuckte dann mit den Schultern. „Hailigs Blechle! Ischt aber auch voll im Stüble! Ischt halt Samschtag Nacht, gell?"
Er führte uns zu dem einzigen freien Tisch direkt neben der Eingangstür. „Dud mer Laid, Ihr Lieben, hier ziehets zwar gewaltig, aber im Augenblickle häd i nix annersch. So wie wasch frai wird, gäb i ä Tönle, gell?"
Wir setzten uns und lasen die mit Fettflecken übersäte Speisekarte:

Schweinerückensteak mit Pommes
Schweinenackensteak mit Pommes
Schweineschultersteak mit Pommes
Schweinebackensteak mit Pommes
T-Bone-Steak mit Pommes
Rumpsteak mit Pommes

Englisches Rindersteak mit Lebensversicherung
Currywurst mit Pommes
Ochsenschwanzsuppe
kleiner Salatteller

* auf Wunsch alle Gerichte wahlweise mit Bratkartoffeln

Sandro schmunzelte. „Na, guten Appetit, Prinzessin! Da war unser gestriges Dinner aber drei Klassen besser!"
Ich zuckte ratlos mit den Schultern: „Tut mir Leid, aber Flora und ihr Freund..."
Sandro küsste mich. „Mach dir nichts draus. Wir essen halt nachher noch was bei mir zu Hause."
„Ja, hast du denn noch was Leckeres im Kühlschrank?"
Sandro zog eine vornehme Grimasse. „Es empfiehlt sich immer noch etwas Appel im Hause zu haben!"
Ich knuffte ihn in die Seite.
Die Tür wurde aufgerissen und ein kalter Luftzug wedelte uns die Speisekarte vom Tisch. Herein kam ein Typ im Lederanzug, genauso breit wie hoch, mit Pferdeschwänzchen und Dreitagebart. Er konnte kaum gehen vor lauter Kraft. Der Typ drehte sich um und winkte in Richtung Tür: „Immer rin in die jute Stube! Hab dir nich so zickig!"
Flora erschien in der Eingangstür und schaute nervös in die Runde.
„Hallo Flora! Hier sind wir!"
Flora drehte sich um und atmete erleichtert auf. „Gott sei Dank, ich dachte schon, wir sind die Ersten." Sie knöpfte ihren Mantel auf und drehte sich zwecks Mantelabnahme mit dem Rücken zum Lederrambo um. Der stürzte auf uns zu und haute seine Pranke auf den Tisch.
„Nabend zusamm! Icke bin der Axel, einhundert Kilo Lebendjewicht, aber alles Muskeln und Samenstränge! Ha, ha, ha!"
Sandro sprang auf und nahm Flora den Mantel ab.
„Sandro. Sandro Sack." Galant deutete er einen Handkuss an.
Flora zupfte ihr Miniröckchen zurecht und setzte sich neben mich.
„Also, das ist der Axel. Und das ist Clementine, meine beste Freundin!"

Axel grinste breit und drückte mir die Hand, dass es nur so knirschte. „Angenehm", ich verzog schmerzvoll das Gesicht.

„Nicht so doll, Axel!" Flora lächelte gequält. „Also, was machen wir denn nun mit dem angebrochenen Abend?"

„Jetzt hau'n mer uns erst ma ein oberaffenjeiles T-Bone-Steak hinter die Kauleisten und dann sauf mer bis Oberkante Unterlippe! Nich, Mausi?" Er schlug Flora kumpelmäßig auf den Rücken. Flora kippte vornüber auf den Tisch und hustete.

Neben mir roch es irgendwie nach Schweiß... Ach, der transpirierende Kellner stand plötzlich wieder da!

„Hailigs Blechle! Isch dös wahr! Axel, die Kampfmaschine! Warscht lang net bai unsch, gell?"

„Keene Zeit jehabt, Kumpel. Een Wettkampf nachem annern jehabt, kapito?"

„Und haschte dain Titel vertaidischt?"

„Alle platt jemacht und Lippen dick jehaun, un dat mit links!"

„Hailigs Blechle, so ä Freud aber ach! Un wasch wollder esse?"

Axel machte eine ausladende Handbewegung, wobei er eine Blumenvase vom Tisch fegte: „T-Bone-Steak mit Pommes und Ketschup. Aber blutig und in XXL, klar Mann?"

Der Kellner schüttelte bedauernd den Kopf und es fing an zu schneien... Leise rieseln die Schuppen – in die Teller, Tassen und Suppen. „Hailigs Blechle, dös dud mir aber Laid! Tiii-Bon isch aus!"

Axel sprang auf und schnappte den Kellner am fettigen Kragen.

„Am Arsch, sach ick dir, am Arsch! Und jetzt nimm deine krummen Beene unnern Arm und schau, dass een T-Bone-Steak rüberwächst, aber ruckzuck! Sonst is nämlich ruckzuck die Fresse dick, klar Mann?"

„A... all... allesch... k... klar, Axel! Da wird sich scho noch wasch mache lasse!" Der Kellner klopfte Axel beschwichtigend auf die Brust. Dann räusperte er sich und zupfte seinen Kragen zurecht: „Und die anderen Gäschte? Wasch darf ich Ihne bringe?"

Wir bestellten uns Salat und eine Flasche Wein.

Floras Schlachter zog seine Lederjacke aus und präsentierte sich im ärmellosen „Muskelshirt". Auf seinem linken Oberarm rekelte sich eine nackte Schönheit und auf dem rechten spie uns ein Furcht erregender Drache an.

Axel ließ seinen Bizeps spielen und lachte dröhnend.

„Komm Junge, wir machen Armdrücken!" Damit meinte er Sandro. Der winkte feixend ab und wandte sich an Flora. „Und was tun Sie so, wenn Sie Ihren Gorilla mal nicht spazieren führen?"

Flora bekam einen roten Kopf. „Ich habe einen Kosmetiksalon. Ansonsten lebe ich seit ein paar Jahren allein." Sie machte ein Pause und fügte dann gewichtig hinzu: „Und das sehr gut!"

Flora blinzelte ihren Schlachthoframbo von der Seite an. Der spielte immer noch verliebt mit seinen Bizepsen, Trizepsen und all den anderen Zepsen und hörte überhaupt nicht zu.

Flora drehte sich vorsichtig ein Zigarillo in ihre silberne Zigarettenspitze. Dann beugte sie sich über den Tisch und blies Sandro den Rauch aufreizend ins Gesicht. „Und Sie? Wie kommt es, dass so ein junger, gut aussehender Mann wie Sie noch solo ist?"

Sandro nahm mich in den Arm und flüsterte: „Wieso solo? Ich gehöre Clementine! Und das mit Haut und Haaren!" Sandro küsste mich auf die Schulter.

Danke Sandro! Lieb von dir! Und so ritterlich! Trifft man selten, ehrlich!

Flora zuckte verächtlich mit den Schultern. „Was soll das schon geben! Clementine ist schließlich verheiratet und hat außerdem zwei Kinder. Das ist doch nur ein Strohfeuer!"

Axel riss Flora an sich: „Ick glob, hier wird jeknutscht! Icke will och knutschen!" Er drückte der sich heftig sträubenden Flora einen lauten Schmatz ins kunstvoll bemalte Gesicht. Flora sprang entrüstet auf und trippelte zur Toilette, ihren verschmierten Mund restaurieren.

Sandro flüsterte mir ins Ohr: „Tolles Paar, oder?" Wir kicherten.

„Äh, kennste den schon?" Axel gab Sandro einen leichten bis mittelschweren, freundschaftlichen Kinnhaken.

„Kommt eener zum Doktor und sacht'm denn, dass er drei Eier hätte! Ha, ha, ha!" Axel nahm einen großen Schluck Bier. „Und da sacht doch der Doktor zu dem, das wäre nich schlimm, damit könnte er jede Wette jewinnen! Sacht der. Ha, ha, ha."

Sandro zwickte mir unterm Tisch ins Knie. Ich lachte laut auf.

„Gä, der jefällt dir, Mausi, mit die drei Eier! Also. Nu jeht der Mann in de nächste Kneipe und da steht doch so'n Kohlenkästchen..."

„Was steht da?" Sandro verstand offensichtlich nicht.

„Na een Nejer!" Axel schlug sich an den Kopf. „Een Asylant, sozu-sachen, verstehsde? Und da sacht der Mann zu den Asylant oder Nejer, also der sacht: Wetten, dass wir zusamm' *fünf* Eier ham?"

Flora kam an den Tisch.

„Und wehste, wat der Nejer da sacht? Hä, wehsted? Oder wehsted nich?"

Sandro zuckte oben mit den Schulter und unten trat er mir auf den Fuß.

„Der Nejer sacht: Wieso, hast du bloß *eens*?"

Axel schüttete sich aus vor Lachen und schlug dazu mit der Faust auf den Tisch. „Bloß eens, ha, ha, ha! Hat der Zulukaffer tatsächlich vier Eier! Ha, ha, ha!"

Flora knuffte ihren Schlachter unsanft in die Seite. „Benimm dich! Wenigstens einmal!"

Der schnappte Flora im Genick und knutschte wieder ihren Lippen-stift ab. Den Tränen nahe, sprang Flora auf und wechselte den Platz.

„Oh, Madam Mimose", Axel winkte ab und wandte sich wieder sei-nem Bier zu. Der Kellner mit der Frau-Holle-Frisur brachte unsere Salatteller.

„Dös Tiii-Bon hat geklappt, Axel!" kratzte er sich ein. „Aber es dau-ert noch fünf Minütle, gell? Hascht wohl arg großen Hunger, gell?"

Die nächsten zwei Stunden erzählte uns Axel sehr laut und sehr aus-führlich von seiner Arbeit als Schlachter. In dieser Zeit schob er sich zwei T-Bone-Steaks, ein Schnitzel mit Pommes und eine Currywurst hinter die Kiemen und trank etwa drei Liter Bier und fünf Nieder-drücker.

Flora hatte bereits ein halbes Päckchen Zigaretten geraucht und bag-gerte Sandro ziemlich offensichtlich an.

„Eh, Kumpel", lallte Schlachtschwein-Axel, „deine Puppe hat ja mächtig wat in der Bluse." Axel schielte gierig in meinen Ausschnitt. Dann fasste er Flora an die Brust. „Ge, Mausi, da müssen wir noch etwas mit Silikon nachhelfen! So Pamela Anderson-mäßig!"

Flora gab ihm einen Klaps auf die Finger und zog missbilligend die Augenbrauen hoch. Axel grabschte weiter ungeniert an Flora herum und rülpste.

Sandro und ich amüsierten uns köstlich!

Doch Flora war das Auftreten ihres Lovers sichtlich peinlich. Sie wurde immer nervöser und warf mir neidvolle Blicke zu.

Tja, auch ein pummeliges Huhn in Tigerleggins und Schlabberpullover findet manchmal ein Korn – oder einen ganzen Sack!

Ich kuschelte mich an Sandros Schulter und blinzelte zufrieden in die verräucherte Kneipenluft. Sandro hatte den Arm um mich gelegt und fummelte mir unterm Pullover herum.

„Ich habe eine Idee", flüsterte er mir ins Ohr. „Wir fahren jetzt nach Hause in mein Bett und machen dort weiter, wo wir heute Nachmittag aufgehört haben. Wie gefällt dir das?"

Ich zwinkerte Flora zu und nickte. Axel lag mit dem Kopf auf dem Tisch und schnarchte. Unter seinem halb geöffneten Mund hatte sich eine Sabberpfütze gebildet. Flora winkte den Kellner heran und verlangte die Rechnung.

„Lassen Sie mal, Flora." Sandro deutete auf das sabbernde Häufchen Unglück und bezahlte die ganze Zeche.

Dann schlichen wir uns klammheimlich hinaus, bevor uns irgend jemand hätte auffordern können, den total betrunkenen Muskelmetzger zu entsorgen.

„Willst du ihn einfach da drinne liegen lassen?" fragte ich Flora kichernd.

„Und ob!" Flora winkte nach einem Taxi. „Der braucht bei mir nicht mehr aufzutauchen!"

Wir stiegen ins Taxi und fuhren in die Luitpoldstraße.

Flora hielt Sandro die Kusshand hin und seufzte: „Falls Sie mal meiner Freundin überdrüssig sind, ich wohne gleich da drüben!" Dann trippelte sie über die Straße und verschwand in ihrem Hausflur.

Sandro und ich rannten lachend die Treppe hinauf.

„'Ne schöne Freundin hast du da!" Sandro schloss die Tür auf.

„Ach, lass sie mal! Der Abend ist wohl nicht so gelaufen, wie sie es sich vorgestellt hat."

Wir sprangen aus unseren Klamotten und hinein ins Bett. Ich warf mich schluchzend in Sandros Arme.

„He, Prinzessin, was issen los?" Warme, zärtliche Finger fuhren mir durchs Haar.

„Das ist unsere letzte Nacht..."

Sandro richtete sich kerzengerade auf. „Waaas?"

„Ich meine, für dieses Jahr! Wenn Franz morgen seine Mutter mitbringt, kann ich nicht mehr weg!" Ich fing an zu heulen.

„Und die bleibt bestimmt drei Wochen, wie ich sie kenne. Wenn die sich erst einmal einquartiert hat, kriegt man sie so schnell nicht wieder los!"

„He, Prinzessin, du weinst ja wegen mir!" Sandro nahm mich zärtlich in den Arm und küsste meine nasse Schnute.

„Da müssen wir eine Lösung finden. Ich halte es keine drei Wochen ohne dich aus!" Sandros Küsse setzten sich in Richtung Füße fort. Plötzlich tauchte sein Kopf unter der Decke auf.

„Ich werde über Weihnachten und Neujahr zu meinen Eltern fahren, sonst werde ich verrückt hier in der Wohnung! Ich meine, ohne dich..." sagte Sandro traurig.

Ich krallte meine Fingernägel tief in Sandros Rücken und hielt ihn ganz doll fest.

„Wir werden telefonieren, täglich, ja?" Sandros Augen zeigten einen kleinen Hoffnungsschimmer.

„Bist du verrückt? Wenn meine Schwiegermutter da ist! Und Franz hat auch Urlaub!" Ich warf Sandro auf den Rücken und hechtete mich auf ihn.

„Oh Clementine! Ich liebe dich! Ich werde sterben ohne dich!" Sandro rang nach Luft.

„Die Plätzchen!" Ruckartig setzte ich mich im Bett auf.

„Was für Plätzchen...?"

„Die Weihnachtsplätzchen, die ich meinen Kindern versprochen hatte! Oh Gott, die habe ich total vergessen!"

„Und jetzt?"

Ich fuhr mir nervös durch die Haare. „Was mache ich, wenn ich morgen keine Plätzchen habe?" Ich überlegte.

„Ich befürchte, ich muss morgen früh sehr zeitig nach Hause..."

Sandro zog mich unter die Decke und küsste mich. Seine Hände waren überall gleichzeitig und ich vergaß die vermalledeiten Plätzchen. „Komm her, Prinzessin!" rief er leise. „Bis morgen ist es noch weit!"

Wir liebten uns bis zum ersten Hahnenschrei, dann schlief ich ein.

Als ich erwachte, schaute ich erschrocken auf den Wecker. Acht Uhr! Ich tastete nach Sandro, aber sein Bett war leer.

„Guten Morgen, königliche Hoheit!" Sandro kam zur Tür herein und hatte ein Tablett in den Händen. Durch die geöffnete Tür wehte ein köstlicher Duft herein, wie in einer Backstube.

„Sandro, ich muss los!" Nervös zappelte ich unter der Decke herum.

„Musst du nicht! Komm mit. Ich habe eine Überraschung für dich!" Sandro zog mich aus dem Bett. Mit nackten Füßen tapste ich in die Küche. Es duftete herrlich nach Kokos, Zimt und Vanille. Auf dem Küchentisch standen zwei große Schüsseln, die mit Alufolie abgedeckt waren.

„Schau halt mal hinein!" forderte mich Sandro grinsend auf.

Ich lupfte das Silberpapier an. Hunderte feinster Weihnachtsplätzchen, verziert und bemalt, dufteten in den riesigen Schüsseln!

„Sandro! Wo hast du die denn aufgetrieben!"

„Die habe ich heute Nacht für deine Kinder gebacken, als du wie ein Engel geschlafen hast."

„Du spinnst!"

„Nein."

„Doch!"

„Ehrlich, ich habe sie wirklich selber gebacken!" Sandro küsste mich in den Nacken. „Freust du dich, Püppi?"

„Ich, mich freuen? Ich finde gar keine Worte!" Genüsslich schob ich mir ein Plätzchen in den Mund.

Erst die Rosenblüten, dann das fürstliche Essen! Und jetzt kann der Mann auch noch backen! Und besser als ich! Rinaldo, nu kannste *nich* mehr mithalten! Nu nich mehr!

Ich fiel Sandro um den Hals. Wir hüpften wieder ins warme Bett und knabberten Toast und Schinken. Sandro goss mir Kaffee ein.

„Ich habe mir gedacht, jetzt, wo du deine Plätzchen hast, kannst du ja noch bis Mittag bleiben!"

„Dafür muss ich dich küssen!" Ich stellte unsere Tassen auf den Boden und puhlte Sandro einen Toastkrümel aus dem Nabel.

„Göttlicher Mann!" seufzte Angie. „Und so zuvorkommend zu uns Frauen!"

„Abwarten!" Beelzebub war auch endlich wieder aufgetaucht. „In jedem Mann schlummert ein wildes Tier!"

„Ich glaube, das trifft nur für dich zu!" Angie zog Beelzebub eine lange Nase.

Hatte sich aber rasch wieder gefangen, die Gute!

Wir zogen die Decke über unsere Köpfe und spielten „Ich sehe was, was du nicht siehst". Dabei fanden wir einiges, was der jeweils andere nicht so direkt sehen konnte...

Gegen zwölf verabschiedeten wir uns schmerzlich. Ich musste mich regelrecht losreißen! Weinend lief ich mit meinen Plätzchenschüsseln die Treppe hinunter. Sandro stand oben am Geländer und rief mir nach: „Komm diese Woche nochmal, bitte! Ich warte auf dich!" Dann fiel die Tür ins Schloss.

„Mami, Maaamiii!" Erna und Berta stürzten zur Tür herein und fielen mir um den Hals. Sie rochen nach Gummibärchen und Autobahnschlaf.

Ich hing die Bluse, die ich gerade ins Schlafzimmer tragen wollte, ans Treppengeländer und knuddelte mit meinen zwei verschlafenen Strubbelköpfchen.

Die Tür wurde aufgerissen. Oh je! Oma Thekla! Schwiegermama wälzte sich herein wie ein Tornado, der alles unter sich zermalmt.

„Denk ja nicht, dass ich dir diese zipfelige Bluse bügele! Das kannst du nicht von mir verlangen!" Schwiegermama Thekla wies energisch in Richtung Treppe und zeigte auf das feindliche Blusenobjekt.

„Hallo, Thekla!" ich atmete tief durch und programmierte meinen Biorhythmus endgültig von Frühlingsgefühl auf Familiendrama um. „Wie war die Fahrt?"

„Schrecklich, meine Liebe, einfach schrecklich! Ich bin fix und fertig!" Thekla ließ sich erschöpft in einen Sessel fallen.

„Soll ich dir einen Kaffee machen?" fragte ich freundlich. Kaffee ist immer gut, besonders bei unterzuckerten Schwiegermüttern.

„Wieso, ist der denn noch nicht fertig?"

„Nein, leider, wusste ja nich genau, wann ihr kommt!"

Blöde Kuh! Denkste vielleicht, ich sitze seit drei Stunden hier und halte den Kaffee unter meinem Federkleid warm, hä? Damit du dann wieder meckern kannst, der wäre abgestanden, hä! Nee, nee, nich mit mir! Habe schon viel gelernt, seit ich dich zur Schwiegerfurie habe!

Sandro! Hol mich hier raus auf deinem weißen Ross und flieg mit mir und den Kindern ins Niemandsland zu Peter Pan und Kapitän Hook! Hiiilfeee!

Ich setzte Kaffeewasser auf.

„Clementine?"

„Ja."

„Aber mache mir bitte Jacobs mit dem Verhöhnaroma! Dein Entkoffeinierter hat das letzte Mal wie Aufwaschwasser geschmeckt!"

So, nun gibt's zur Strafe Aldi-Kaffee! Ich stellte die Packung Jacobs Dröhnung wieder in den Schrank. Beelzebub kicherte hämisch.

Franz brachte vier Koffer herein und drei große Aldi-Tüten.

„Hallo Schatz, wie war die Fahrt?" Ich kniff die Augen zusammen und zog die Küss-mich-doch-Schnute.

„Grüß dich!" Franz rannte an mir vorbei und schaute sich besorgt nach seiner Mutter um: „Mama?"

Oma Thekla saß mit geschlossenen Augen im Sessel und atmete stoßartig.

„Mama, is' dir's nich gut?" Franz kniete sich vor seine Mutter und hielt ihre Hände. Die verzog nur schmerzhaft das Gesicht und antwortete nicht.

... Ach, was war das für 'ne schöne, rührende Familienszene...

Leise schlich ich mit der Kaffeetasse ins Wohnzimmer und stellte sie auf den Tisch. Dann schnappte ich mir Berta und Erna und wir hüpften lachend die Treppe hinauf in Ernas Kinderzimmer. Dort packten wir die Rucksäcke aus und setzten alle Barbies, Kens und Sindys wieder auf ihre Regale.

„War's schön bei der Oma?"

Erna zuckte mit den Schultern: „Na ja, es ging. Zu Hause bei dir isses schöner!" Erna schmiss ein gelbes, wolliges Etwas in die Ecke.

„Was ist denn das?"

„Och, so'n oller Schal, den mir die Oma gestrickt hat. Den musste ich die ganze Fahrt rummachen, damit ich keinen Zug kriege."

Armes Kind. Ich hob den zitronengelben Schal auf und legte ihn in den Schrank.

„Mir hat's defallen bei der Omi", bemerkte Berta und räumte ihre Buntstifte in einen Karton. „Da gab's jeden Morgen Zuckerbrot und Kakau. Und mittags Driesbrei und abends Nutellabrot."

„Aha, da hat euch die Oma aber toll verwöhnt!" Ich versuchte mir Theklas gesunde Hausmannskost vorzustellen.

„Die Mama hat euch feine Plätzchen gebacken."

Eigentlich gibt man ja nicht mit fremder Leute Backfertigkeit an. Aber ich freute mich diebisch darauf, wie Franz und Thekla ahnungslos die süßen Früchte eines sündigen Wochenendes kosten würden und auch noch das Geschick des Zuckerbäckers lobten!

Oma Thekla rief nach mir.

Ich schnappte mir die Schmutzwäsche der Kinder und lief die Treppe hinunter.

„Clementine, reib mich doch mal ein, ich habe *solche* Schmerzen!" Oma Thekla hielt mir ihr entblößtes Steißbein hin.

Ach nee, das kann Franzemännchen wohl nich, hä! Da kriegt er wieder hinterher die Salbe nich von den Fingern ab und schmiert sie sich vielleicht noch in die Augen und muss vielleicht noch zum Notarzt, stimmt's? Auf dem Tisch lagen drei dicke Tuben zur Auswahl.

„Welche soll ich denn nehmen?" fragte ich die Schwiegermama.

„Also, meine Nachbarin, du weißt schon, die Klavierlehrerin Brunhilde Prunz-Püschel, die sagt immer, Schlangengift sei das Beste gegen Rheuma! Aber der Apotheker Eisenhut hat mir die 'Pompilat' empfohlen und in der Werbung bringen sie immer die 'Bückdichprimawohl'. Da kennt sich ja kein Mensch mehr aus! Mach einfach irgendwas drauf, helfen tut sowieso keine!"

Ich rieb den Sterz von Schwiegermama mit 'Pompilat' ein und drückte dabei kräftig auf, dass sie nur so jammerte. Ja, wer krank sein will muss leiden!

„Wie lange bleibt der Drachen eigentlich?" wollte Beelzebub wissen. „Die ist ja schlimmer als des Teufels Großmutter!"

Ich stöhnte. Keine Ahnung, auf jeden Fall zu lange! Während ich über Omas schrumpeliges Hinterteil rieb, dachte ich an Sandro.

Viel lieber würde ich jetzt *seinen* Knackarsch massieren, mit Kokosöl oder dergleichen! Ich grinste vor mich hin.

Franz hatte eine Flasche Bier in der Hand und fläzte sich aufs Sofa. Er schaltete den Fernseher ein und legte die Füße auf den Tisch.

„Es reicht, es reicht!" Oma Thekla zog sich behende ihre Liebestöter hoch und ging in die Küche.

Aha, endlich! Große Kücheninspektion! Darauf hatte ich gewartet.

Sie schaute in den Kühlschrank und schüttelte den Kopf: „Ist ja nicht viel drin, Clementine! Was soll ich denn da morgen kochen, hä?"

„Morgen früh gehe ich gleich einkaufen. Musst mir nur sagen, was du brauchst."

„Wieso ich? Bin *ich* denn für deinen Haushalt zuständig? Ich habe erst neulich wieder zu meiner Nachbarin, der Klavierlehrerin Brunhilde Prunz-Püschel, du weißt schon, gesagt... Frau Prunz-Püschel, habe ich gesagt, ich würde mich nie in den Haushalt meiner Schwiegertochter einmischen, habe ich gesagt. Niemals, obwohl es dort dringend nötig wär! Die jungen Frauen von heute lassen sich ja sowieso nicht mehr helfen, habe ich zu Frau Prunz-Püschel gesagt, die wissen ja alles besser!"

Aha.

Oma Thekla machte die Spülmaschine auf. „Hab ich mir gedacht. Wieder alles voll mit dreckigem Geschirr!"

„Dazu ist ein Geschirrspüler nun mal da!" bemerkte ich vorlaut.

Fünf, setzen! Pfui is' das, Clementine! Nich reinreden, nich vorlaut sein und nur antworten, wenn du was gefragt wirst!

Schwiegermama blickte mich tadelnd an. „Ich habe seit über *vierzig* Jahren mein Geschirr mit der Hand gespült und keine Maschine dafür gebraucht! Eine *richtige* Hausfrau macht alles selbst! Und es hat mir *nicht* geschadet!"

Aber schrumpelige Hände haste, du Aas! Und einen schrumpeligen Hintern! Ätsche-bätsche, und *ich* habe einen Lover! An *dem* mache ich auch alles selbst!

„Clementine, bitte!" Angie warf mir einen strafenden Blick zu.

„Na ja, jetzt bin *ich* Gott sei Dank da, um deinen Haushalt wieder auf Vordermann zu bringen!" Thekla öffnete alle Schranktüren.

„Ich denke, du bist krank und ich soll dich pflegen?"

„Du siehst ja, dass mir keine Ruhe vergönnt ist!"

Schwiegermama fiel auf das Stichwort 'krank' schlagartig in sich zusammen und hielt sich schmerzgebeutelt am Küchenschrank fest.

Applaus! Applaus!

Ich Rindvieh! Hätte ich nur nichts gesagt!

Beim Abendessen stellte Oma Thekla eine große Tasche neben sich. Nachdem sie missbilligend das Schwarzbrot zur Kenntnis genommen hatte, fing sie an auszupacken. Zuerst beförderte sie ein dickes, labberiges Weißbrot auf den Tisch, auf das sich Erna und Berta mit Gebrüll stürzten. Dann folgten selbst gemachte Erdbeermarmelade, selbst gemachte Wurschtsupp und selbst gemachte Eierkuchen, die in einer kalten Ölpfütze schwammen.

Franz deutete wortlos in Richtung Küchenschrank und Oma Thekla sprang sofort auf, um Franz seinen Wunsch von den Augen abzulesen. Sie brachte auch ganz richtig einen tiefen Teller und einen Löffel – hätte ich nie erraten! – und schöpfte ihm mit Siegermiene die fettige Wurstsuppe auf den Teller. Dann fegte sie mit einer Armbewegung meine Salatplatte zur Seite und stellte Franz den Teller vor die Nase.

„Lass dir's schmecken, Bub!" Liebevoll strich sie dem Bub übers Haar.

Erna und Berta schmierten fingerdick Nutella aufs Weißbrot und stopften kalte, ölige Pfannkuchen hinterher.

Frustriert mampfte ich meine gefüllten Tomaten und den Feldsalat.

Alles war eigentlich wie immer!

Thekla kam, sah und siegte!

Wohlwollend ließ sie ihren Blick über den Tisch und die daran sitzenden Untertanen schweifen. Schweif. Schweif.

Beelzebub tippte zerknirscht auf einem Taschenrechner herum. „Einundzwanzig Tage mal vierundzwanzig Stunden macht..." er holte ein Monokel und kniff es ins rechte Auge „.... macht genau fünfhundertundvier Stunden! Hol mich der Teufel! Das sind dann dreißigtausendundzweihundertvierzig Minuten bis zu Schwiegerdrachens Abreise!"

Angie seufzte und legte ihren Perlmuttkamm beiseite: „Bitte, nehmt es als Prüfung und übt euch in Demut und Geduld!"

Ich erinnerte mich an meinen ersten esoterischen Crashkurs zur „Wiedererlangung der weiblichen Identität" und versuchte eine heitere Gelassenheit auszustrahlen. Aber irgendwie sträubte sich mein eigenwilliges Ego! Beelzebub warf lässig den Taschenrechner über die linke Schulter.

„Da fällt mir ein Witz zum Thema ein!" sagte er grinsend.

„Kommt ein Mann nach Jahren von seinem Auslandsaufenthalt nach Hause und stellt seinen Eltern seine neue Familie vor: Das ist meine saudiarabische Frau, das sind meine saudiarabischen Kinder, das ist mein saudiarabischer Schwiegervater und das ist meine Schwiegermutter, die Sau, die arabische!"

Beelzebub schlug sich vor Lachen auf die behaarten Schenkel und sogar Angie kicherte hinter vorgehaltener Hand.

Ich verschluckte mich an einem Feldsalatblatt und fing an zu husten. Dafür erntete ich einen strafenden Blick von Thekla.

Clementine, du aber auch wieder! So was tut man nicht! Lachen am Tisch und dann noch so scheinheilig! Und über Mama! Pfui is' das!

Mein Ego sträubte sich trotzdem weiter. Es sträubte sich sogar zunehmend im Laufe der Woche und ließ eigentlich keine heimelnde Weihnachtsstimmung bei mir aufkommen. Weihnachten mit dem total unromantischen Franz war schon schlimm genug, aber Weihnachten mit Thekla war schlimmer als Urlaub in der Sahelzone oder ein Grundstück auf den Golanhöhen. Es war einfach katastrophal! Lieber Gott, lass diesen Kelch an mir vorüber in den Brunnen fallen, bis Thekla bricht. Aber ich konnte der Plage nicht entrinnen.

Also stürzte ich mich in hektische Betriebsamkeit und überließ Thekla das Kommando. Die sortierte erst einmal meine Küche um. Dann entfernte sie meine Buchsbaumgestecke vor der Haustüre, um sie durch viiiel schönere Erikastauden zu ersetzen. Außerdem gab es täglich Diskussionen um das Anbrennen der Lichterketten an den Fenstern und Türen, weil das viiiel zu viel Strom kosten würde, was Franz dann bezahlen müsste, denn schließlich wäre es ja *sein* Geld, was ich da mit vollen Händen rausschmiss.

Ab und zu dachte ich wehmütig an Sandro und das letzte Wochenende. Aber ich schaffte es nicht ihn zu besuchen, denn Thekla folgte mir Gewehr bei Fuß.

Am Freitag vor Weihnachten teilte mir Schwiegermama morgens überraschend mit, dass sie einen Friseurtermin hätte und sie mich bis zum Mittag *leider* allein lassen müsse.

Mein Herz sprang vor Freude im Quadrat! Das war *die* Gelegenheit! Ich rannte nach oben und zog mich um. Sandro, ich eile!

Ein letztes Schäferstündchen vor Heiligabend! In Gedanken roch ich schon das Kokosparfüm und wurde ganz kribbelig.

Singend tänzelte ich ins Bad. So, schnell noch mal auf die Toilette...
Scheiiiße! Miiist! Doch nicht *jetzt*!!! Och, nööö!
Ich hatte meine Tage.

Die Innenstadt glich einem Ameisenhaufen. Eilig rannten Ehemänner von Geschäft zu Geschäft, um wie jedes Jahr kurz vor Toresschluss schnell noch einen, bei den Ehefrauen so begehrten Handstaubsauger oder Dosenöffner zu erwerben.
Mit meinen Einkaufstüten schlenderte ich durchs Gewühl und schaute in die geschmückten Auslagen der Geschäfte. Ich sah auf die Uhr. Kurz vor zehn. In einer halben Stunde war ich mit Sandro verabredet. Er hatte sich wahnsinnig gefreut über meinen Anruf und noch mehr über mein Kommen.
Sandro! Ich hatte ja noch nicht mal ein Geschenk für ihn!
Clementine, du baust ab! Rein geistig gesehen. Nu aba los!
Ich nahm meine Rennsemmeln unter'n Arm und rannte ziellos eine Viertelstunde kreuz und quer durch die Fußgängerzone.
„Halt, halt, halt! So wird das nix!" rief Beelzebub kopfschüttelnd.
Angie nickte beifällig. „Genau, du brauchst einen Plan!"
Plan, Plan... ich brauche ein Geschenk und keinen Plan! Aber recht hatten sie.
Ich blieb stehen und überlegte.
„Wie wär's denn mit ein paar warmen Socken!" schlug Angie freudestrahlend vor.
„Quatsch! Socken doch nicht!" Beelzebub schüttelte missbilligend den Kopf.
„Kauf ihm lieber den Playboy-Kalender fürs neue Jahr!"
„Pfui Teufel!" Angie spuckte Beelzebub aus Versehen beim 'pfui' auf den Kopf.
„Oh Gott, das ist mir aber peinlich..." Sie lief knallrot an.
Beelzi rieb sich die Hörner und grinste. „He, Engelchen! Danke für die Liebesgrüße!"

„Püh!" Angie versteckte sich beschämt hinter einer meiner dicken, undurchsichtigen Denkwolken.

Himalaya! Das isses! Ein Buch oder Bildband für seine Sammlung – da konnte ich wenigstens nichts falsch machen. In einer Seitenstraße gab es einen kleine Buchladen mit einem Antiquariat. Da war ich zwar noch nicht drin, aber Flora schwärmte immer so von den alten Schmökern, die sie dort kaufte.

Ich betrat den Laden. Es roch nach Tonnen alter Bücher und Räucherstäbchen. Ein alter Mann mit gelber, derber Haut und Schlitzaugen kam freundlich nickend auf mich zu. Ich war anscheinend die einzige Kundin. Im Halbdunkel des Ladens konnte ich nichts Besonderes entdecken.

„Dalf ich Ihnen helfen, junge Flau?" Ein paar wache und funkelnde Augen schauten mich an. Dabei nickte der Alte unentwegt mit dem Kopf und lächelte.

„Och, ich weiß nicht genau... Vielleicht etwas über Tibet oder Nepal."

„Schauen Sie, da dlüben ist Esotelikecke mit Antiqualiat. Auch sehl alte, weltvolle Büchel dabei. Luhig schauen und mich flagen."

Ich ging zu besagtem Regal und stöberte ein bisschen herum. Der Laden enthielt ein Sammelsurium von Büchern, Alben und Zeitschriften. Irgendwie unwirklich und märchenhaft. Eine verstaubte Insel aus Geschichten, Sagen und Reiseberichten inmitten einer Welt von Handstaubsaugern, Mikrowellen und elektrischen Dosenöffnern! Ich war fasziniert. So ähnlich musste es in Chinatown sein. Gleich würden ein paar mit Schwertern bewaffnete Kung-Fu-Schüler hereinkommen und gegen einen Feuer speienden Drachen kämpfen. Der Drache war Thekla.

Ich zog wahllos ein paar Bücher aus dem Regal und stellte sie wieder hinein.

Ein Buch zog meinen Blick magisch an und stach mir besonders in die Augen. Ich holte es aus dem obersten Fach des Regals. Es hatte einen ziemlich abgegriffenen, roten Ledereinband und schien schon sehr alt zu sein.

„Asiatische Magie" stand da in goldenen Buchstaben und weckte meine Neugier. Ich schlug es auf. Ein paar lose Seiten machten sich selbstständig und fielen leise raschelnd zu Boden. Erschrocken schaute ich mich nach dem Alten um, doch der war hinter einem Vorhang verschwunden. Ich bückte mich und hob die Blätter auf.

Auf einer der Seiten war ein Gemälde abgebildet: mitten in einem düsteren Raum stand ein großes Himmelbett mit gedrechselten Säulen. In dem Bett lag ein Jüngling mit geschlossenen Augen und auf diesem saß in eindeutiger Pose eine nackte Frau, die den Kopf einer Schlange hatte. In jeder Ecke des Zimmers stand ein siebenarmiger Leuchter mit brennenden Kerzen...

Ein leichtes Unwohlsein überkam mich und ich wischte mir den Schweiß von der Stirn. Komisch. Clementine, das hast du doch irgendwo schon mal gesehen...

Auf dem Blatt mit dem unheimlichen Bild stand die Seitenzahl einhundertdreiundvierzig. Ich schlug das Buch mit zitternden Händen auf um das Blatt wieder richtig einzuordnen. Aha. Seite einhundertvierundvierzig. Hier musste es rein.

„Tibetanisches Liebesritual" stand da in dicken schwarzen Buchstaben. Und darunter etwas kleiner gedruckt „Verzaubern Sie ihre Geliebte in eine Nymphomanin".

Was es nich alles gibt! Neugierig las ich weiter:

Erleben Sie ein Feuerwerk aus Leidenschaft und wildem Urtrieb!
Sie benötigen dazu:

> *+ vier Kerzenleuchter, wie abgebildet*
> *+ Weihrauch oder Sandelholz*
> *+ Kokosöl*

Ich knallte das Buch zusammen und blickte wirr um mich! Weihrauch, Sandelholz und Kokosöl! Mir fiel es wie Schuppen aus den Haaren.

Vier Kerzenleuchter, in jeder Ecke einer!

Meine Gehirnzahnräder drehten sich mit rasender Geschwindigkeit.

„Lies lieber nicht weiter!" warnte Angie und hielt sich die Augen zu.

„Clementine, da musst du jetzt durch!" riet mir Beelzebub. „Jetzt wo du die halbe Wahrheit kennst, musst du den Rest auch noch erfahren."

Zögernd schlug ich das Buch wieder auf und las weiter: „Stellen Sie die Leuchter in den Ecken des Raumes auf, in dem Sie Ihre Angebetete verführen wollen. Zünden Sie alle achtundzwanzig Kerzen an und ein Dutzend Räucherstäbchen. Ölen Sie Ihren Körper mit Kokosöl ein. Nun sind sie bereit Ihre Geliebte zu empfangen! Doch Vorsicht! Sobald sie den Raum betritt und den Geruch von Weihrauch und Kokosöl ein paar Mal eingeatmet hat, wird ihr schwindelig und sie fällt in eine Art Trance!"

Meine Ohnmachtsanfälle! Ich war also gar nicht krank! Nur verzaubert! Sack, du Schwein!

„Um sich selbst vor dem Trancezustand zu schützen, benutzen sie ein starkes Pfefferminzpräparat für die Atemwege."

Die Pfefferminzbonbons! Mir kullerten ein paar Tränen der Enttäuschung die Wangen hinunter. Aber in meinem Bauch machte sich eine Riesenwut breit.

„So sind Sie am besten gewappnet, um die ungefesselte Leidenschaft Ihrer Geliebten genießen zu können!"

Da haut's doch die stärkste Frau aus den Latschen! Sandro Sack, du kleiner mieser Haderlump! Das zahl ich dir heim! Ich zahl es euch überhaupt allen heim, euch hintergarstigen Machos! Ab jetzt geht Clementine über Männerleichen! Tote Schwänze werden meinen Weg pflastern! Heulend stellte ich das Buch zurück ins Regal.

Der Chinese war unbemerkt hinter mich getreten und klopfte mir mitfühlend auf die Schulter.

Na, na, na, kann doch nicht so schlimm sein", tröstete er mich und lächelte dabei geheimnisvoll.

„Viel schlimmer!" schniefte ich und kramte in meiner Handtasche nach einem Taschentuch.

Er hielt mir eine Packung Taschentücher hin und sah mir tief in die Augen. „Buch hat schon einigen Leuten Unglück geblacht, abel andelen auch gloßes Glück!" Er lächelte wieder. „Bei dil sehe ich gloßes Glück, abel dauelt noch. Musst volhel noch Plüfung bestehen und Elfahlung machen!"

Ich schnäuzte geräuschvoll und suhlte mich in Selbstmitleid. Nee, nee, da irrst du dich aber gewaltig, alter Mann! Ich hab dem falschen Sack vertraut und mich *beinahe* richtig verliebt. Und der führt mich bloß an der Nase herum! Schnief, schnief. Den bring ich um, oder nein, dem brech ich sein Herz oder gleich alle Knochen! Wär ich nur meinem Rinaldo treu geblieben!

Der Chinese schüttelte lachend den Kopf.

„Wild alles gut, junge Flau! Und bitte, keine Knochen blechen! Steht dil nicht gut und blingt nix!"

Verdutzt hörte ich auf zu heulen. „Woher wissen Sie denn...?" Der Alte wurde mir langsam unheimlich.

„... was du gelade gedacht hast? Nicht sehl schwel in deine Helz zu lesen!"

Er nahm das Corpus Delicti aus dem Regal und hielt es mir lächelnd hin. „Soll ich es als Geschenk einpacken?"

Ich nickte verstört.

„Machen eine schöne Weihnachtsübellaschung dlaus. Ist bessel als Knochen blechen!" Er lachte laut und wischte sich mit dem Ärmel seiner verschlissenen Jacke eine Träne aus dem Auge.

Mit meinem liebevoll verpackten Geschenk rannte ich aus dem Laden an die frische Luft. Ich atmete ein paar Mal tief durch.

Angie heulte und seufzte noch immer wegen der erlittenen Schmach, während Beelzebub derweil schon blutrünstig Rachepläne aus-heck-te. „Wir werden diesen Typ in eine Falle locken und ihm die Eier abschneiden", frohlockte Beelzebub.

„Viel zu human!" Angie schniefte wütend die Nase hoch. „Wir tre-ten ihm eine Wendeltreppe in sein bestes Stück, dass er drei Wochen lang Spiralen pinkelt!"

Beelzebubs Augen leuchteten schadenfroh und er kam richtig in Fahrt. „Genau! Und außerdem werde ich ihn ein bisschen mit glü-henden Kohlen quälen! Huuuaaa!" er rieb sich vor Freude die Hän-de.

Angie nickte eifrig und bekam rote Wangen. „Ja, ich helfe dir dabei! Und dann soll er auf ewig im Höllenfeuer schmoren!"

Beelzebub war von Angies Eifer ganz angetan und kletterte zu ihr hinauf.

„He, Kleines, hättest auch 'ne ganz brauchbare Teufelin abgegeben", sagte er anerkennend und nahm Angie in den Arm.

Die fühlte sich geschmeichelt und kuschelte sich schamgerötet an ihn. Ja, Hauptsache, ihr versteht euch wieder! Aber mich bringt das auch nicht weiter!

„Tu bloß nichts überstürzen!" warnte Angie. „Clementine, du neigst zu übereilten Handlungen!"

Ach, Quatsch! Was gibt's da denn noch zu überlegen! Mein Entschluss steht fest!

Ich ging in das nächstbeste Geschäft und kaufte eine tolle Weihnachtskarte mit einem Weihnachtsmann und einer Weihnachtsfrau drauf, die eng umschlungen auf ihrem Schlitten durch die Heilige Nacht sausten und lauter rote Herzchen in die Luft dachten.

„Lieber Sandro!" schrieb ich hinein.

„Ich habe genau das *richtige* Geschenk für dich gefunden! Viel Spaß mit deiner nächsten, ahnungslosen Eroberung! Es war ganz nett mit dir – dank Weihrauch und Kokosduft! Aber jetzt: VERPISS DICH! Und ruf mich nie wieder an!

CLEMENTINE,

in Männerkreisen auch 'die NAIVE' genannt"

Die Karte steckte ich unter die Schleife des Päckchens und schlich mich in Sandros Hausflur. Alles ruhig. Ich legte das Geschenk vor Sandros Wohnungstür und rannte wie vom Teufel verfolgt die Treppe hinunter. Unten klingelte ich Sturm. Danach eilte ich von Weinkrämpfen geschüttelt nach Hause. Oma Thekla war Gott sei Dank noch nicht da.

Ich warf mich heulend aufs Bett und machte den Rest des Tages auf Migräne.

Herzschmerz will nu mal auskuriert werden!

Am nächsten Morgen stand ich zeitig auf um das Frühstück vorzubereiten. Irgendwie ging es mir ein wenig besser und ich wollte mich mit Hausarbeit ablenken.

Halb acht klingelte das Telefon. Es war Flora.

„Clementine, bist du allein?"

„Im Moment ja. Die anderen schlafen noch."

„Gott sei Dank! Pass auf! Sandro war gestern Abend noch bei mir..."

Mein Herz fing an wie wild zu klopfen. Dummes Herz!

„So so..." Ich tat uninteressiert.

„Er will unbedingt mit dir reden, bevor er zu seinen Eltern fährt! Hörst du? Er ist *völlig* verzweifelt!"

Ich sagte nichts. „Clementine, bist du noch dran?"

„Ja. Was hat er denn erzählt?" Hoffentlich wusste Flora nicht zu viele Details.

„Eigentlich nichts weiter!" sagte Flora.

Ich atmete auf. Na, wenigstens genießt der Gentleman und schweigt!

„Clementine, was ist denn los gewesen! Er war ja völlig daneben! Hat mir nur gesagt, dass es zwischen euch ein schreckliches Missverständnis gäbe, was er wahnsinnig bereut! Du sollst dich *unbedingt* melden, damit er alles aufklären kann!"

„Danke. Kannst ihm sagen, ich wäre an einem Gespräch nicht interessiert!" Mir kamen die Tränen.

„Mein Gott, Clementine, da hat es aber zwei erwischt! Jetzt reiß dich zusammen und sprich dich mit dem Typ aus, der liebt dich wirklich!"

„Niemals! Nie wieder! Er ist mir scheißegal!" schluchzte ich ins Telefon.

„Man merkt's. Clementine, Clementine, hättste mal auf die gute Flora gehört und dich mit einem Typen von der Annonce getroffen! Aber bei dir *muss* es ja gleich wieder die *ganz* große Liebe sein!"

„Das mache ich jetzt auch!" erwiderte ich trotzig und unter Tränen. „Ich reiße die Scheißkerle in Zukunft reihenweise auf! Nämlich."

„Na komm, jetzt gib dir einen Ruck und erscheine um drei bei mir zum Kaffee. Sandro wird auch hier sein. Ich werde euch dann alleine lassen, damit ihr euer Problem klären könnt und..."

„... Ich habe kein Problem. Nu nich mehr! Und ich komme nicht, kannste ihm sagen! Außerdem hab ich ihn niemals nich geliebt, den Schuft! Ich bleibe bei meinem Franz und den Kindern, wo ich hingehöre!"

„Da wird der Sandro aber enttäuscht sein!" Flora konnte eine gewisse Freude in ihrer Stimme nicht unterdrücken. Falsche Schlange! Pech nur, dass ich dich durchschaue.

„Tröste *du* ihn doch, er hat dir doch so gut gefallen, Floralein! Übrigens was macht eigentlich dein Schlachter?"

Flora räusperte sich verlegen. „Den habe ich letzten Samstag hinausgeworfen. Kam der doch um zwei stockbesoffen an und wollte rein!"

„Na siehste, dann biste ja wieder frei! Vielleicht klappt's ja mit dem Sandro!" rief ich hämisch in die Muschel.

„Clementine, ich würde doch *nie* einer Freundin den Lover ausspannen! Für was hältst du mich eigentlich?" schrie Flora vorwurfsvoll ins Telefon.

Sag ich dir nich! Ätsch!

„Du *kannst* ihn mir gar nicht ausspannen, weil ich gestern Schluss gemacht habe!"

Flora atmete tief durch: „Jetzt komm halt her und kläre die Fronten..."

„Tut mir Leid, da gibt's nichts zu klären! Sag ihm das!"

Beelzebub klatschte Applaus und Angie wackelte unsicher mit dem Kopf.

Flora seufzte: „Wenn dir das mal nich in drei Tagen Leid tut! Aber gut, ich sag's ihm. Du musst ja selbst wissen, was du tust!"

„Eben! Und Tschüss!" triumphierend legte ich auf.

Franz steckte seinen verknitterten Kopf zur Tür herein. „Wer war denn das?"

„Flora." Ich wischte mir die verräterischen Spuren aus dem Gesicht.

„Habt ihr Krach?" wollte Franz wissen.

Komisch, dass Männer einem die Alibis gleich selbst liefern....

„Ja, ja, wir haben uns gestritten."

Franz klopfte mir unbeholfen auf die Schulter. „Ich konnte diese Emanze noch nie leiden! Die hasst doch alles, was Hosen anhat!"

Ich nickte und stach die Frühstückseier an, ziemlich unsanft, stellvertretend für alle Machos. Eins zerbrach.

„Oooh duuu frööööhlichehe, oooh duuu seligehe..." trällerten wir unterm hell erleuchteten Weihnachtsbaum.

Franz und ich saßen wie jeden Heiligabend in trauter Eintracht auf dem Sofa und Berta und Erna zappelten ungeduldig und mit erhitzten Gesichtchen auf ihren Plätzen herum.

„Wann kommt denn nun endlich der Weihnachtsmann!" wollte Erna wissen.

„Bestimmt sind wir wieder die letzten!" jammerte Berta.

„Bald, Kinder, bald."

Ich amüsierte mich jedes Jahr aufs Neue über die Faszination Heiligabend. Große, strahlende Kinderaugen – kein Vergleich zu anderen Festtagen! Nicht einmal bei Geburtstagen wurde auch nur annähernd eine derartige Vorfreude erreicht. Und dann die Eltern, die friedlich nebeneinander sitzen und sich einen ganzen Abend *nicht* streiten. Himmlisch!

Erna kaute nervös an ihren Fingernägeln.

„Erna!"

„Ach Mama, *muss* ich denn dem Weihnachtsmann wieder so ein blödes Gedicht aufsagen!" Erna zog eine Schnute.

Berta trat Erna vors Schienbein. „Na klar! Sonst kriegste nix!"

„Du Dummerle! Die Geschenke hat ja sowieso die Mam..."

„Erna!"

„Hach, is ja schon gut... Ich verrate ja nichts." Erna schmollte.

„Sollen wir noch ein Lied singen?" versuchte ich abzulenken. „Vielleicht 'Stille Nacht'?"

Berta sprang auf und hüpfte auf einem Bein um den Weihnachtsbaum. „Lieber 'Oh Tannenbaum', Mama. Das ist lustiger!"

Oma Thekla schnäuzte geräuschvoll ihre Nase und schluchzte: „Wenn das mein seliger Mann noch erlebt hätte! Ohne Opa Willi ist es nur halb so schön!"

„Und nu isser schon drei Jahre tot und liegt in dem kalten Grab!" fügte ich pietätlos hinzu.

Oma Thekla heulte nun erst recht.

Der hat schon gewusst, warum er seine Inkarnation so frühzeitig verlassen hat! Mich wunderte sowieso, dass er an Theklas Seite so alt geworden ist.

„Oh Tannenbaum, oh Tannenbaum, wie grün sind deine Bläää..."

Wum. Wum. Wum. Draußen klopfte es ziemlich laut an die Haustür.

„Der Weihnachtsmann!" schrie Berta entsetzt und sprang unter den Tisch.

„Mensch, Schnullerbaby, das is' doch bloß der Onk..." Ich hielt der vorlauten Erna den Mund zu.

Franz war aufgesprungen um den Weihnachtsmann, alias Nachbar Ottokar Grieshammer, hereinzulassen. Im Flur pischperten sie noch ein wenig herum und lachten.

Dann brachte Franz den Weihnachtsmann herein. Er hatte einen rot gestreiften Bademantel und Gummistiefel an und trug eine der Pappmasken, wie sie zu hunderten in den Kaufhäusern herumliegen, vorm Gesicht. In der Hand hielt er einen Spazierstock mit bunten Blechbeschlägen sämtlicher Ausflugsziele, die er im Laufe seiner dreißigjährigen Ehe mit seiner Frau Trude angelaufen hatte.

Er stampfte mit dem Spazierstock auf und brummte mit verstellter Stimme: „Weit draußen vom Walde, da komm ich her und muss..., äh, und muss...“

„... und muss euch sagen, es weihnachtet sehr!“ half ich dem stotternden Weihnachtsmann im Bademantel aus der Klemme.

„Ja, genau so isses!“ brummte Ottokar Grieshammer und wischte sich den Schweiß vom Nacken. „Wart ihr denn auch immer artig?“

„Jaaa!“ brüllte es unter dem Tisch hervor.

„Ja ja...“ kam es zaghaft aus der Ecke, in die sich Erna verzogen hatte.

Ich knuffte Franz in die Seite. „Na, ich sowieso!“ gab er an. „Skorpione sind ja überhaupt die liebsten und nettesten Menschen!“ Franz grinste.

„Stimmt das auch?“ brummte der Weihnachtsmann, der an Franzemanns Aussage wohl erhebliche Zweifel hatte.

„Fehlerlos. Einfach fehlerlos isser, der Gute!“ Ich klopfte Franz zustimmend auf die Schenkel. Der griente stolz vor sich hin. Oma Thekla lächelte huldvoll.

„Und du, Clementine? Warst du auch immer brav?“ Der Weihnachtsmann zeigte mit dem Spazierstock auf mich. Die kleinen Blechschildchen aus der „Lüneburger Heide“ und dem „Sauerland“ blinkten lustig im Schein der Kerzen.

„Ich? Nö! Ich bin eine schlechte Hausfrau und Mutter und habe einen Liebhaber!“ erzählte ich freudestrahlend dem verdutzten Weihnachtsmann.

Franz bekam vor Lachen einen seiner Nikotinhustenanfälle, die sonst nur morgens im Bad auftraten. Aber sonst lachte er ja auch so gut wie nie.

Vielleicht sollte ich Oma Thekla mal fragen, warum Franz so humorlos und verbiestert war. Wenn er überhaupt mal lachte, dann grinste er. Und dann wusste ich sofort, was das zu bedeuten hatte! Denn sein zweideutiges Grinsen sprach Bände!

„Einen Liebhaber!" prustete er. „Guter Witz! Bravo, Clementine!" Ich lachte auch, aber hämisch und hinterhältig.

Thekla schüttelte entrüstet den Kopf: „Clementine, reiß dich zusammen! Damit macht man keine Scherze und schon gar nicht vor den Kindern!"

Und erst recht nicht unterm Weihnachtsbaum! Und sowieso schon überhaupt garnich vorm Weihnachtsmann! Und dann erstganzrechtniemalsnich und unter gar keinen Umständen vor einem Nachbarn! Clementine, schäm dich! Pfui isses! Du schamlose Lotterkuh!

Der Weihnachtsmann teilte alle von mir so hübsch verpackten Geschenke aus.

Nur eins, das war nich verpackt, weil es von Franz war!

Das war für *mich*.

Der Weihnachtsmann ließ mich ein Lied singen und fuchtelte dabei mit dem unverhüllten Karton in der Luft herum. Ich konnte den Dosenöffner förmlich riechen! Dankend und unter vielen Bücklingen nahm ich mein Geschenk entgegen.

„Ein Radiowecker, wie schööön! Genau *das* habe ich mir gewünscht!"

„Mama und ich haben dieses Jahr zusammengelegt!" erklärte mir Franz freudestrahlend. Oma Thekla nickte wieder huldvoll.

„Und eine Spagettizange! Toool! Wie lieb ihr immer an mich denkt!" Ich küsste beide auf die Stirn.

„Mit dieser Zange komme ich viel besser zurecht!" meinte Thekla.

Insgeheim stellte ich mir vor, wie ich den blöden Radiowecker nach den Feiertagen mit der Spagettizange zertrümmerte.

Ich lächelte dankbar und holte Weingläser.

Erna und Berta rissen das Hochglanzpapier und die sorgfältig drapierten Schleifen von ihren Päckchen.

„Die Supermarkt-Barbie mit dem niedlichen rosa Einkaufswagen!" rief Erna begeistert.

„Ein Pferd, ein Pferd, ein Pferd, ein Pfeeerd!" schrie Berta überglücklich und drückte das kleine, fünf Euro teure Plüschpony an ihr

Herz. Der Hundertfünfzig-Euro-Puppenwagen mit der Neunundvierzig-Euro-Ess-Pinkel-Sprech-Puppe stand verwaist in der Ecke.

Oma Thekla schaute kurz in ihr Päckchen und legte dann die sauteure Versaille-Lederhandtasche und das sauteure, passende Versaille-Lederportemonnaie neben den Sessel auf den Fußboden.

Ich war beleidigt. „Thekla, die Sachen sind vom Stardesigner Versaille aus Paris!"

Thekla zuckte mit den Schultern. „Ich habe mir gerade vorige Woche eine Handtasche gekauft – die ist sogar von Australien!"

Ich staunte. Da konnte ich natürlich nicht mithalten!

„Wo hast du die denn her?" fragte ich neugierig und dachte an feines Krokofantenleder mit Goldbeschlägen.

„Aus'm Aldi!" triumphierte Thekla.

Ach nee. Ich ging scheinbar immer in die falschen Supermärkte.

„Und woher weißt du, dass die Tasche von Australien ist?"

Da war ich aber neugierig! Aldi-Tasche aus Australien! Nee, isses möglich!

Thekla holte genervt Luft. „Na, das stand doch drauf: Made in Austria!"

Ich biss mir auf die Lippen und schaute verstohlen zu Franz. Doch der blätterte in der Fernsehzeitung.

„Schau mal, Bertalein", Oma Thekla zeigte auf das niedliche, pinkfarbene Bügelbrett mit dem niedlichen, pinkfarbenen Bügeleisen, das einsam unter dem Wust von Geschenkpapier und Schleifen hervorlugte. „Bertalein, schau, das hat die *Oma* beim Weihnachtsmann für dich bestellt! Die *Oma* war das, hörst du?"

„Ein Pferd, ein Pferd, ein Pferd!" schrie Berta unbeeindruckt und knautschte das Pony noch fester an sich.

„So", sagte Franz mit einem Blick auf den Berg von Papier und Kartons. „Jetzt hammer Weihnachten auch wieder überstanden!"

„Aber Franz!" rief ich entrüstet. „Es ist doch erst Heiligabend!"

Franz packte seinen Cashmirpullover nicht einmal aus. Wie jedes Jahr.

Ich drängelte wie jedes Jahr ungeduldig: „Schau halt mal hinein!"

Und wie jedes Jahr bekam ich zur Antwort: „Später!"

Der Weihnachtsmann Ottokar trank drei Malteser wie jedes Jahr, man gönnt sich ja sonst nichts, und ging.

Und ich trabte derweil in die Küche um die Würstchen heiß zu machen und den Kartoffelsalat auszuteilen. Wie jedes Jahr.
Stille Nacht. Heilige Nacht.

Das neue Jahr begann mit Glatteis und Grippe.
Ich lag mit gestrickten Socken und Ernas zitronengelbem Schal im Bett und fröstelte vor mich hin.
Als sich Oma Thekla der heiklen Lage bewusst wurde, ließ sie sich von Franz in einer Nacht- und Nebelaktion nach Hause fahren, wegen eines dringend anstehenden Fußpflegetermins.
Der Januar war furchtbar öde und zog sich wie Kaugummi dahin. Ich war richtig depressiv und langweilte mich schrecklich.
Angie langweilte sich auch. „Hach", seufzte sie, „wie romantisch war es doch noch vor ein paar Wochen mit Sandro! Kannst du ihm nicht verzeihen?"
„Nix da!" schaltete sich Beelzebub ein. „Der hat unseren Stolz verletzt und nu is' Sense!"
„Aber wenn er Clementine vielleicht richtig liebt?" erwiderte Angie.
„Liebe, Liebe! Was hat das schon zu bedeuten! Sentimentaler Schmalz um Weiber ins Bett zu locken!" Beelzebub spuckte zur Bestätigung aus.
„So!" schrie Angie entrüstet. „Und dann waren *deine* Liebesschwüre wohl auch erfunden um mich rumzukriegen, hä?"
„Ach Engelchen", lenkte Beelzebub versöhnlich ein. „Es hat dir doch auch gefallen, oder?"
Angie schluchzte: „Gemeines Männerpack."
„Könnt ihr nicht mal *eine* Stunde still sein!" schimpfte ich heiser hinter meinem zitronengelben Schal hervor. „Da kann man ja nicht mal in Ruhe seine Depressionen pflegen!"
Ich rollte mich noch tiefer in mein Federbett und heulte ein bisschen.
Ach Sandro, warum biste nur so fies gewesen! Wo's so schööön war mit dir!

Am liebsten würde ich dir verzeihen.

„Bloß nicht!" meckerte Beelzebub schon wieder. „Denk an deinen verletzten Stolz! Nachgeben is' nich!"

Berta riss die Tür auf und stürmte herein.

„Mama?"

„Hm."

„Mama, jetzt musste aber ma endlich aufstehen und mit mir spielen. Mir isses sooo langweilig!"

Ich lugte mit einem Auge unter der Bettdecke hervor. Da stand ein kleiner, widerborstiger Feind, der drohte meine Krankenzimmerbastion zu stürmen.

„Bertalein, Mama is' sooo krank! Geh zu Erna, die spielt ein bisschen mit dir, ja?"

Am liebsten hätte ich Berta zum Knuddeln unter die Decke gezerrt. Aber ich konnte ihr weder meine nass geschwitzten Laken noch meine Armee aus tausenden von kleinen, aggressiven Grippeviren zumuten.

„Die Erna kann jetzt nicht spielen, hat sie gesagt!" Berta zog ein klägliches Gesicht.

„So, warum denn nich?"

„Die telefoniert mit ihrem Verliebten, dem Dominik."

Dominik war ein sommersprossiger Lausbub aus Ernas Klasse, der sich in der Schule nicht gerade mit Ruhm bekleckerte. Eines Tages hatte er vor der Haustür gestanden. „Is de Erna da?" hatte er aus einer großen Zahnlücke gezischt.

„Erst mal 'Guten Tag'!" versuchte ich es ein bisschen mit Erziehung. „Wer bist du denn?"

Die Sommersprossen verschwanden in ein paar zornigen Stirnfalten.

„Ich bin der Power-Ranger! Und wenn de mich nich reinlässt, box ich dir in den Bauch!" Drohend hielt er mir zwei Fäuste entgegen und kniff die Augen zusammen.

„So so. Der Power-Ranger. Ich bin beeindruckt." Etwas verblüfft war ich schon über den dreisten Bengel.

„Na, dann komm mal rein."

Der sommersprossige Power-Ranger drückte sich mit gesenktem Blick an mir vorbei und fingerte dabei nervös an seinem Power-Ranger-T-Shirt herum. Dann rannte er die Treppe hinauf und machte dabei Geräusche, die an die Detonation einer Bombe erinnerten. Zwischendurch drohte er meinen Grünpflanzen auf dem Treppenabsatz und deutete ein paar Karateschläge in Richtung Kater an. Moppel verzog sich erschrocken in ein anderes Zimmer.

So. Das war also Ernas „Verliebter".

Ich malte mir aus, welche „Verliebten" in fünf bis sechs Jahren mein Haus bevölkern würden. Dominik mit Ernas bald bevorstehender Pubertät multipliziert ergab kein erfreuliches Ergebnis.

Wurde wirklich Zeit, dass ich wieder auf die Beine kam.

Ein paar Tage später war ich wieder fit.

Franz hatte meine Genesung tatkräftig unterstützt, indem er einmal den Müll rausgeschafft und zweimal die Spülmaschine ein- und ausgeräumt hatte. Dafür stand ich nun auf ewig in seiner Schuld.

Mitte Januar hielt ich es nicht mehr aus.

Ich rief Flora an, denn ich wollte wissen, ob sie eine Nachricht von Sandro für mich hatte. Sie verneinte.

Eines Morgens fasste ich den Entschluss, zu Sandro zu gehen. Soll er doch triumphieren über meine Niederlage! Ich hatte jedenfalls eine Riesensehnsucht nach ihm!

Ich war aufgeregt und glücklich, als ich Berta in die Obhut ihrer Kaugummi kauenden Kindergärtnerin entließ.

Dann rannte ich zu Sandro, vorbei am Bäcker, der mich sonst immer verführte, und vorbei an Fräulein Haferstrohs Boutique mit den Schlabberpullovern in Übergröße.

Sandro würde Augen machen! Ich hatte die letzten Wochen zehn Pfund abgenommen vor lauter Kummer. Vor Sandros Wohnungstür schnaufte ich erst einmal durch und lauschte. Alles ruhig. Ein eigenartiges Gefühl stieg in mir hoch... Hoffentlich war er zu Hause!

Ich klingelte. – Nichts rührte sich.

Ich drückte nochmal energisch auf den Klingelknopf.

Wieder nichts.

Enttäuscht ließ ich die Schultern hängen. Hätte mir ja denken können, dass er nicht auf mich wartet. Nach *dem* Abgang!

Ich kramte eine alte Rechnung aus der Tasche und kritzelte eine
Notiz auf die Rückseite. „Möchte dich gern wiedersehen! Clementine." Den Zettel schob ich unter der Tür durch und trottete zerknirscht die Treppe hinunter.

Unten stieß ich mit Fräulein Haferstroh zusammen.

„Hallo, Frau Kammer-Jäger! Ein gesundes neues Jahr noch!"

Sie plapperte wie die batteriebetriebene Schnatterente von Erna.

„Wollen Sie zu mir?"

„Ach, eigentlich... na ja...", stotterte ich verlegen.

„Ertappt!" lästerte Beelzebub.

„Ach, ich weiß schon. Sie wollen bestimmt zu Ihrem, äh... zu Ihrem,
äh, *Berater*!" Dabei zog sie eine süßliche Schnute und grinste.

Ich wurde rot.

„Ja wissen Sie denn nicht, dass der Herr Sack nicht mehr hier
wohnt?" Fräulein Haferstroh schaute mich triumphierend an.

Mir zog es das Blut aus den Adern und ich musste mich an die Wand
lehnen.

„Ist Ihnen nicht gut? Sie sehen so blass aus." Fräulein Haferstroh
führte mich in ihren Laden und brachte mir ein Glas Wasser.

Clementine, reiß dich zusammen! Lass dir bloß nichts anmerken!
Ich biss mir auf die Lippen. „Seit wann wohnt denn der Herr Sack
nicht mehr da?" fragte ich geknickt.

„Och, der ist gleich nach den Feiertagen ausgezogen, glaube ich. Ja,
das muss mindestens vier Wochen her sein."

Ich setzte mich auf die Couch, auf der Sandro damals gesessen hatte, als ich das Schlauchkleid anprobierte. In meinem Kopf herrschte Chaos und ich konnte keinen klaren Gedanken fassen.

Fräulein Haferstroh musste natürlich loswerden, was sie noch wusste: „So viel wie ich gehört habe, soll der Herr Sack für unbestimm-
te Zeit ins Ausland gegangen sein."

Bumm, wieder ein Volltreffer in die Magengrube.

„Ich glaube, ich muss mich übergeben", stammelte ich und kotzte in
einen leeren Karton, der da zufällig vor meinen Füßen stand.

„Frau Kammer-Jäger!" rief Fräulein Haferstroh entsetzt. „Gott sei
Dank ist keine Kundschaft im Laden!"

Ich trug den Karton hinaus in die Mülltonne. Fräulein Haferstroh trippelte hinterher und schüttelte den Kopf.

„Sind Sie vielleicht schwanger?" fragte sie scheinheilig.

„Nein, ich habe eine Magen-Darm-Grippe!" log ich.

Warum denkt bloß jeder sofort an Schwangerschaft, wenn's einem mal schlecht ist!

„Ach so."

Ganz zufrieden schien sie nicht zu sein. So eine ördinäre Grippe war halt nicht besonders aufregend.

„Na ja, ich muss dann wieder. Tschüss!"

„Und schauen Sie bald wieder rein!" flötete Fräulein Haferstroh. „Wenn's Ihnen besser geht, meine ich. Wir haben *tolle* Stretchkleider."

Ich schlich nach Hause und kämpfte gegen die Übelkeit an.

So ein Lump! Verschwindet der auf Nimmerwiedersehen! Ohne eine Nachricht!

Ich war todunglücklich. Die Tränen flossen in Bächen über die gepuderten Wangen.

Angie seufzte auch: „Siehst du, nun hast du ein schlechtes Gewissen! Wärst du nicht so fürchterlich eingeschnappt gewesen und hättest dich damals bei Flora mit Sandro getroffen!"

Quatsch! Hättest du! Wärst du! Wenn Sandro es ehrlich gemeint hätte, wären wir heute noch zusammen! Und außerdem hätte er mir über Flora wenigstens eine Nachricht schicken können!

„Genau!" Beelzebub pflichtete mir ausnahmsweise mal bei.

„Du bist ungerecht in deinem Schmerz, Clementine!" Angie wurde energisch.

„Fort is' fort!" zischte Beelzi. „Da hilft kein Trauern und kein Schreien! Stürz dich einfach ins nächste Abenteuer!"

Ja. Das werde ich tun.

Ab jetzt lege ich die Männer reihenweise um!

Ich wischte mir die Tränen aus dem Gesicht.

Ab jetzt nur noch Spaß und keine Gefühle mehr!

Ach, warum bin ich nicht bei meinem Rinaldo geblieben!

„Recknagel!" erklang eine unfreundliche Stimme durch den Hörer.

„Sind Sie Robert Recknagel?" fragte ich etwas unsicher.

„Ja! Und wer sind Sie?" kam es noch unfreundlicher zurück.

„Ich heiße Clementine. Sie haben ein paar Wochen vor Weihnachten auf meine Annonce geantwortet..."

„Welche Annonce?" Die Stimme wurde mir langsam unsympathisch.

„Die mit den... erotischen Treffen." Uff. Jetzt war es raus. Ich holte tief Luft.

„Aah! Ooh! Sie sind das!" Die Stimme schlug in einen honigsüßen Tonfall um. „Das freut mich aber wirklich, dass Sie sich nach so langer Zeit noch melden!"

„Ich hatte ein paar private Probleme, es ging nicht eher", erwiderte ich.

„Aber das macht doch nichts, Lady, ich habe vollstes Verständnis!" Lady! Nennt der mich „Lady"! Was ein eingebildeter Fatzke! Aber für meine Zwecke gerade richtig...

„Haben Sie noch Interesse mich kennen zu lernen?"

„Aber natürlich! Ich brenne darauf! Wann können wir uns sehen?" Ich überlegte. „Am besten vormittags. Vielleicht morgen um zehn? Auf eine Tasse Kaffee? Erst mal ganz unverbindlich, meine ich. So zum Beschnuppern."

„Einverstanden. Ich kaufe ja auch nicht gerne die Katze im Sack!" Robert Recknagel wieherte ins Telefon.

„Also um zehn. Ist Ihnen das Café „Herzilein" recht?" hauchte ich verführerisch.

„Klar, Lady! Ich bin schon gespannt. Und Tschüss!" Robert Recknagel legte auf, bevor ich mich verabschieden konnte.

Na, auf *den* Typ war ich gespannt!

Angie schüttelte den Kopf. „Hör mal, der scheint aber nicht der Richtige zu sein!"

Eben. Ich will auch gar keinen „Richtigen" mehr! Nochmal verliere ich mein Herz nicht so leicht.

„Bravo!" rief Beelzebub erleichtert.

„Dem verdrehst du erst richtig den Kopf und dann lässt du ihn fallen wie eine heiße Kartoffel!"

Genau.

Am Nachmittag rief Flora an.

„Sehen wir uns morgen früh bei der Hummel?"

„Du, ich kann leider nicht. Ich habe eine Verabredung!" Ich überlegte, ob ich Flora einweihen sollte.

„Mit wem denn?" Flora wurde neugierig. „Etwa mit einem von der Annonce?"

„Du hast es erraten!" Flora konnte man schwer etwas verheimlichen.

„Na, siehst du!" sagte sie erleichtert. „Ich habe es dir ja gleich gesagt! Das ist doch viel besser, als so eine Herz-Schmerz-Geschichte wie mit deinem Sandro! Aber verknall dich nicht gleich wieder, hörst du?"

„Nee, bestimmt nich! ... Flora?"

„Ja?"

„Hättest du heute Abend Zeit? Ich dachte, du könntest mir vielleicht ein paar Ratschläge geben, was ich morgen anziehen soll!"

Flora stöhnte. „Du weißt doch, Clementine, dass ich nicht gern zu dir nach Hause komme! Ich kann nun mal deinen Machomann nich ab!"

„Ich weiß, ich weiß", versuchte ich Flora zu beruhigen, „aber Franz hat Spätschicht, da kommt der nie vor elf Uhr nach Hause!"

„Wirklich?" Flora überlegte.

„Na gut. Aber halb elf verschwinde ich!"

„Danke Florchen!" freute ich mich. „So um acht, wenn die Kinder im Bett sind?"

„Okay." Flora legte auf.

Heute schien niemand auf ein „Tschüss" oder „Bis dann" Wert zu legen.

„Mama? Warum müssen wir uns denn heute beim Waschen so beeilen?" wollte Erna wissen.

Nachtigall, ick hör dir trapsen. Warum merken Kinder *immer*, wenn etwas anliegt. „Ich bekomme nachher Besuch."

„Und wer kommt?" wollte Berta wissen.

„Die Tante Flora."

„Och, diiie!" maulte Erna.

Flora war in meiner Familie offensichtlich nicht sehr beliebt.

„Bitte, wascht euch jetzt", forderte ich mit Nachdruck.

Berta schmiss den Waschlappen in die offene Dusche und bockte.

„Ich will mich aba nich waschen! Blödes Waschen!"

„Bertaha?"

„Warum muss ich mich denn imma waschen!" Berta setzte sich im Schneidersitz auf den Badevorleger und verschränkte die Arme trotzig über dem Bäuchlein.

„Oh-oh, das gibt Ärger", erkannte Erna richtig und schob sich die Zahnbürste in den Mund.

Ich verdrehte genervt die Augen. „Musst du denn die Mama immer ärgern, wenn sie mal was vorhat!"

Ich zog Berta hoch. „Ich weiß auch nicht, du wirst in letzter Zeit immer ungezogener!"

„Das hast du mir schon tauuusendmal gesacht, Mama", erwiderte Berta trocken.

Ich musste lachen. Da hatte ich mir ein Früchtchen rangezogen.

„Also bitte, Bertalein, sei lieb und wasch dich! Und Zähne putzen musst du auch noch!"

„Immer muss ich zur selben Zeit ins Bett wie das Baby!" fing jetzt Erna an zu jammern.

„Dafür darfst du auch noch eine halbe Stunde lesen."

„Ich will aber nich lesen, ich will Fernsehn gucken!" maulte Erna.

„Aba ich will lesen!" forderte Berta und drückte die halbe Tube Zahnpasta auf ihre Bürste.

„Ruuuhäää!" brüllte ich.

„Oh-oh!" bemerkte Berta und schob sich die Minizahnbürste mit der Maxiladung hinter die Milchzähne.

Ich hatte mich kurz darauf wieder voll im Griff und räusperte mich verlegen. „So und jetzt ab in die Betten!" kommandierte ich.

Die zwei trabten ab.

Ich las Berta wie jeden Abend noch eine Geschichte vor, sang fünf Weihnachtslieder, obwohl Weihnachten lange vorbei war, und küsste mein Großmäulchen an die zwanzigmal, bis sie zufrieden war.

Es klingelte.

„Ich will Tante Flora 'Gute Nacht' sagen!" schrie Berta und sprang aus dem Bett. Erna trabte hinterher. „Ich auch."

„Hallo Flora!" Ich öffnete die Haustür.

„Hallo, Tante Flora! Hast du uns was mitgebracht?" riefen die Kinder wie aus einem Munde.

„Hach, du Schreck! Das habe ich ganz vergessen!" stotterte Flora.

„Aber ihr wisst ja, ich bin auf Kinder nun mal nicht programmiert!" Flora wühlte in ihrer Handtasche und holte zwei in Folie eingepackte Erfrischungstücher hervor. „Hier ihr Zwei, mit Echt Kölnisch Wasser!" rief sie triumphierend. „Damit könnt ihr eure Schokoladenmäuler abwischen! Und nun ab ins Bett!"

„Aber du hast uns doch gar keine Schokolade mitgebracht!" protestierte Berta.

„Bertaha! Das macht man nicht. Geht jetzt in euer Bett, bitte."

Die beiden zogen enttäuscht von dannen.

Flora warf eine große Tüte aufs Sofa und zündete sich eine Zigarette an.

„Eigentlich rauchen wir nicht im Haus, wegen der Kinder." Unter Protest holte ich einen Aschenbecher und öffnete ein Fenster.

„Soll ich mir draußen den Tod holen? Clementine, das kannst du nicht von mir verlangen!" Flora rauchte unbeeindruckt weiter.

„Schau mal, was ich für dich habe!" Flora drehte die Tüte um und ließ einen Berg Klamotten auf den Boden fallen.

Ich staunte.

„Gell, da schaust! Das sind alles Designer-Klamotten von meiner Schwester. Die war ja mal genauso fett wie du! Aber jetzt hat sie endlich abgenommen und da habe ich ihr die Sachen für dich abgeschwatzt. Freust du dich?"

„Schmeiß sie raus, Clementine!" rief Beelzebub aufgebracht. „Was heißt hier fett! Soll sich mal anschauen, die Hungerrippe!"

Ich hob die teuren Stücke vom Boden auf.

„Schön, gell?" Flora schaute mich fragend an.

„Danke, dass du an mich gedacht hast."

„Nun probier's schon an!" forderte Flora mich ungeduldig auf. Sie hielt mir ein leuchtend blaues Strickkleid vor die Nase.

„Rock und Weste", erklärte sie fachmännisch.

Ach, nee, hätt ich nich erraten! Ich zog mich um.

„Schick!" rief Flora begeistert. „Einfach schick! Und jetzt das hier!"
Der Reihe nach probierte ich alle Sachen der ehemals fetten Schwester an. Es passte alles wie angegossen. Leider!
„Sei nicht traurig!" flüsterte Angie. „Du siehst wirklich toll aus!"
Ich drückte Flora zum Dank und zog meine Tigerleggins wieder an.
„Und was davon soll ich morgen anziehen?"
„Na, das blaue Kostüm mit 'ner weißen Bluse drunter! Das wirkt so damenhaft."
Ich wollte aber nicht damenhaft wirken, sondern verführerisch! Schließlich wollte ich die Männer betören und keine Mutterinstinkte wecken.
Flora und ich tranken zwei Flaschen Wein und unterhielten uns über die Männer. Dabei kam keiner so besonders gut weg! Auch Sandro nicht.
„Träumst du eigentlich immer noch von deinem Rinaldo?" wollte Flora wissen.
„Ach ja, mit Rinaldo hätte ich ein traumhaftes Leben! Der ist so männlich und doch so sanft gegenüber Frauen!" Ich seufzte.
„Der ist doch viel zu alt für dich! Der muss doch schon über Fünfzig sein!"
„Neunundvierzig", bemerkte ich. „Das habe ich erst neulich wieder im 'Glücksblättle' gelesen!" Ich musste Rinaldo verteidigen.
Flora lachte: „Ja, aber neunundvierzig ist der schon seit zehn Jahren!"
„Du bist gemein!" erwiderte ich beleidigt.
„Mensch Clementine, der ist doch schon so alt, wenn der an einem Friedhof vorbeigeht, binden sich die Würmer ihre Lätzchen um!" Flora kippte vor Lachen hintenüber.
Jetzt musste ich auch lachen. „Aber Rinaldo ist reif und erfahren! Der kann eine Frau glücklich machen!"
Die Haustür wurde aufgeschlossen.
Flora schaute erschrocken auf die Uhr: „Mensch, schon zehn Minuten nach elf! Ich wollte doch verschwinden, bevor dein Göttergatte kommt!"
Zu spät. Franz streckte den Kopf zur Tür herein.
„Hallo Flora! Lange nicht gesehen! Hetzt du wieder meine Frau auf?"

Flora klappte der Unterkiefer runter und Franz grinste.

„Franz!" rief ich vorwurfsvoll.

„Ach lass mal, Clementine", sagte Flora gelassen. „Der heißt nicht umsonst 'Franz'!"

Franz trat zur Tür herein und schaute etwas dümmlich. „Wieso, was hat das denn mit meinem Namen zu tun?"

Flora blickte ihn langsam von oben nach unten an und zog dabei aufreizend an ihrer Zigarette. Für meine Begriffe verweilte ihr lüsterner Blick etwas zu lange unter der Gürtellinie.

Flora blies vampmäßig den Zigarettenrauch durch die gespitzten Lippen und antwortete: „Du willst wissen, warum du 'Franz' heißt? – Franz denkt mit dem Schwanz!"

Die Luft knisterte bedrohlich und gleich würde Franz Flora hinauswerfen! Doch weit gefehlt! Franz fing wieder an zu grinsen.

„So so", sagte er ruhig. „Du hast wohl lange keinen mehr gehabt, weil du an nichts anderes denken kannst!"

Beelzebub klatschte laut Beifall und Angie zischte durch die Zähne: „Das ist nicht mein Niveau! Ich brauche dringend ein paar Kopfhörer!"

„Hört auf zu streiten!" Ich raffte die Klamotten von Floras fetter Schwester auf. „Trinkt lieber ein Gläschen zusammen, wo ihr euch sowieso nur alle Jubeljahre mal seht!"

Franz holte sich einen Cognac und setzte sich neben Flora, die herausfordernd an ihrem Blusenknopf spielte.

Ich schüttelte den Kopf und ließ die zwei Streithähne allein. Im Schlafzimmer hängte ich alle Klamotten der fetten Schwester fein säuberlich auf besonders fette Kleiderbügel und dachte über Hund und Katze in meinem Wohnzimmer nach.

„Eigentlich passt keiner von denen da unten richtig zu dir!" bemerkte Angie.

„Aber man gewöhnt sich an sie!"

Als ich nach einer Viertelstunde wieder das Wohnzimmer betrat, lachten Franz und Flora und prosteten sich zu.

Na seht ihr! Es geht doch! Ich war richtig glücklich, dass sich die zwei so gut unterhielten.

„He, ihr beiden. Es ist zwölf Uhr! Wie lange wollen wir denn noch machen?" fragte ich und gähnte.

„Geh ruhig schon ins Bett, wenn du müde bist!" forderte Franz mich verständnisvoll auf.

„Wir trinken noch aus, und dann komme ich nach."

„Gute Nacht, Clementine! Und träum was Süßes!" flötete Flora beschwipst.

„Gute Nacht, ihr zwei!" Zufrieden ging ich ins Bett.

Am nächsten Morgen war ich schon eine halbe Stunde vor der verabredeten Zeit im Café. Unser Erkennungszeichen war eine rote Rose, wie kitschig. Ich hatte die Rose auf meinem Schoß liegen, für alle Fälle. Falls da so ein hässlicher Kerl reinkäme, wollte ich mich nicht zu erkennen geben. Ich las die Speisekarte zehnmal hoch und runter und schaute unentwegt auf die Uhr.

„Warum bist du denn so nervös?" wollte Beelzebub wissen.

Keine Ahnung. Ist aber ganz schön aufregend, so ein „blind date". Die Tür ging auf und herein kam ein Mittsechziger mit Hut und Mantel. Gott sei Dank, der hatte keine Rose in der Hand und lief an meinem Tisch vorbei.

Am Nachbartisch saß ein Schönling, der mich ungeniert musterte. Ich kramte in meiner Tasche und zündete mir eine Zigarette an.

„Feigling!" flüsterte Beelzebub und zeigte auf die Rose.

Ich schaute auf die Uhr. Genau um zehn. Der Nächste musste es sein. Mutig legte ich die Rose auf den Tisch und schielte zu dem Schönling hinüber.

Der grinste und zwinkerte mir zu. Ertappt!

Clementine, nu sei aba nich so geschamicht! Pfui is' das!

Die Tür ging auf und ein ziemlich abgefrackter, ältlicher Punker betrat das Lokal. Und er hatte einen Strauß Rosen in der Hand! Auweia!

Hastig riss ich die Rose vom Tisch und schmiss sie zwischen meine Füße. Der unrasierte, ältliche Punk im abgewetzten Lederoutfit schaute mich an und kam auf mich zu.

Ach nee, hatte er die Rose doch gesehen! Hilfeee! Ich wollte im Erdboden versinken! Ich lief rot an wie eine Tomate. Der Rocker-Opa steuerte genau auf meinen Tisch zu. Dann hielt er mir den Strauß Rosen entgegen und bleckte seine braunen Stummelzähne.

„Eine Rose zwei Euro!" zischte er durch seinen Steinbruch. „Und drei Rosen kriechste für Fünf!" Dabei betrachtete er mich ungeniert von oben bis unten. Na ja, jedenfalls so weit er schauen konnte, denn die untere Hälfte saß unter dem Tisch.

„Drei mal zwei macht aber sechs!" stotterte ich nervös und doch gleichzeitig erleichtert.

Er zeigte mir wieder seine braunen Zahnfelgen und grinste. „Schönheitsrabatt, Lady!"

Lady! Der hat Lady gesagt! Ist er es doch und will mich veralbern?

„Setzen Sie sich doch", stotterte ich verlegen und nahm meine Handtasche vom Stuhl.

Der Abgewetzte kratzte sich hinter dem Ohr und zog die Stirn in Falten. „Tolles Angebot", sabberte er, „aber ich muss noch die ganzen Rosen verkaufen. Beim nächsten Mal vielleicht!"

Dann machte er eine tiefe Verbeugung und ging zu einem anderen Tisch. „Eine Rose zwei Euro, drei Rosen fünf Euro."

Ich atmete auf und schaute mich um. Der Schönling vom Nachbartisch lachte schallend und griente mich an. Unverschämtheit! Ich streckte ihm die Zunge raus. „Bäh!"

„Aber Clementine! Deine gute Kinderstube!" Angie war entrüstet.

Der Schönling stand auf und kam an meinen Tisch.

„Auch das noch! Jetzt gibt's was auf die fettigen Öhrchen!" Beelzebub hielt sich die Augen zu.

Erschrocken rutschte ich ein Stück zurück und zog nervös an meiner Kippe.

„Rauchen Sie immer den Filter mit, Lady? Gestatten, Robert Recknagel!" Er machte eine Verbeugung und setzte sich mir gegenüber.

Ich war platt, platt wie eine Flunder, platt wie eine Briefmarke, platt wie eine Blattlaus.

„He Lady, sind Sie stumm?" Er nahm mir meine Zigarette aus der Hand oder besser das, was davon noch übrig war, und zerknautschte sie im Aschenbecher.

Ich fühlte mich wie die eben zerquetschte Zigarette.

„Entschuldigung, ich muss mal", stotterte ich und rannte auf die Toilette. Dort lehnte ich mich an die Wand und rekonstruierte den Fall. Robert Recknagel! Das war er! Schön, ausgekocht und unverschämt! Und den wollte *ich* an der Nase herumführen! Clementine, da musst du dir nu aba ma was einfallen lassen. Der war eine harte Nuss! Und er war bereits im Vorteil – nach meiner Rosennummer! Ich stellte mich vor den Spiegel und probte meine Rückkehr ins Schlachtfeld.

Dämonisch wollte ich schauen, lasterhaft und Männer mordend. Ich zog ein paar Grimassen, doch es klappte nichts so richtig. Ich seufzte und öffnete die Toilettentür einen Spalt. Robert Recknagel roch gerade an meiner Rose und rückte sich mit der linken Hand die Bonbons zurecht. Zufrieden fasste er noch einmal nach. Nee, isses möglich!

Ich legte meinen coolsten Flora-Winterfrau-Blick auf und stolzierte hoch erhobenen Hauptes zu meinem Platz zurück. Dort bot ich ihm das Händchen zum Kuss und stellte mich vor: „Clementine Kammer-Jäger."

Robert Recknagel erhob sich. „Angenehm." Dann schob er mir meinen Stuhl unter den Hintern.

„Das war vorhin nicht gerade die feine englische Art!" sagte ich vorwurfsvoll und schaute ihm dabei fest in die stahlblauen Augen.

Er lachte und hielt meinem Blick stand.

„Warum? Ich hatte wohl dieselbe Idee wie Sie!" Er schaute mir noch tiefer in die Augen. „Nur war *ich* noch eher da als Sie!"

„Und wo ist die Rose?" fragte ich ablenkend.

„Tut mir Leid. Die habe ich vergessen!"

Beelzebub war außer sich. „Feigling! Jämmerlicher Feigling!"

„So so, da wollten Sie sich wohl ein Hintertürchen offen lassen! Ganz schön ausgekocht." Ich durchbohrte ihn mit meinem besten Vampirblick.

Robert Recknagel zuckte mit den Schultern. „Es tut mir Leid, aber man weiß ja nie..."

„Ja ja, wegen der Katze, ich verstehe schon", fiel ich ihm ins Wort.

„Was für eine Katze?" Er verstand die Anspielung nicht.

Auch noch langsam von Begriff, hä? Du superfeiger Aufreißer!

„Na, die im Sack!"

„Ach so." Lachend lehnte er sich zurück und winkte lässig nach der Kellnerin.

Ein junges Ding kam angedribbelt und pisperte: „Die Herrschaften?"

„Ein großes Bier! Aber nicht so kalt!" befahl er der schüchternen Bedienung.

„Einen Schoppen Schattoh Cornedböff, Jahrgang 1981, bitte", bestellte ich und schaute die zierliche Kellnerin freundlich an.

„Soll ich den Wein dekandieren?" fragte sie zaghaft.

„Schenken'se den Wein erst mal ein und bring'sen her! Das andere könn'se später machen!" brüllte Robert Recknagel unfreundlich.

„Ganz schön Holz vor der Hütte, was? Von der Beschreibung her hatte ich Sie mir genauso vorgestellt!" Er begutachtete mich neuerlich und grinste zufrieden.

„Ich Sie mir nicht!" erwiderte ich spitz und wartete auf seine Reaktion.

Das saß. Herrn Recknagel verging kurzzeitig das Grinsen und er zuckte unsicher mit den Mundwinkeln, hä, hä! „Wieso? Gefalle ich Ihnen nicht? Bis jetzt gab es bei den Weibern noch nie Beschwerden!"

„Vielleicht hatte ich mir jemanden vorgestellt, der ein wenig zurückhaltender ist und nicht so dreist!" Ich lief zur Höchstform auf.

Beelzebub und Angie klatschten begeistert Beifall.

Robert Recknagel wieherte wie ein Pferd.

Die Kellnerin kam mit einem Tablett und stellte mir den Wein hin. Als sie das Bierglas absetzte, hielt Robert Recknagel sofort einen Finger hinein. Sein Gesicht verfinsterte sich schlagartig.

„Angewärmt hatte ich ausdrücklich bestellt!" Er schrie das arme Mädchen an und wurde dabei feuerrot.

„Ent-schul-di-gung", stammelte die zarte Kellnerin und griff nach dem Bier. „Ich, ich bringe sofort ein Neues!"

„Aber im Dauerlauf, wenn ich bitten darf!" brüllte Robert Recknagel hinterher.

Ich zog den Kopf ein und schämte mich für ihn.

„Unerhört!" eiferte er sich weiter. „Ich sag's ja, Weiber gehören an den Herd! Und? Was haben Sie sich so vorgestellt?" fragte er mich mit anzüglichem Grinsen.

„Was vorgestellt!" Diesmal hatte ich die lange Leitung.

„Na im Bett! Jetzt tu doch nicht so scheinheilig!" Plötzlich waren wir ‘per Du’.

„Nix Bestimmtes", erwiderte ich ehrlich.

„Ihr Frauen wollt doch einen richtigen Stecher! Stimmt’s?"

Angewidert zündete ich mir einer Zigarette an. Wie kommste denn auf den hohlen Baum, Chauvi!

„Also ich kann immer!" gab Robert Recknagel an. „Und ich mag schnelle Nummern ohne viel Gesülze vorneweg!"

„Aha." Ich blinzelte ihn durch den Zigarettendunst an.

„Meine Ex-Frau war die Einzige, die nie zufrieden war!"

„Aha." Ich nickte.

Die Bedienung kam zitternd mit dem neuen Bier zurück und stellte es vor seiner Hoheit auf den Tisch.

„Na siehste, klappt doch!" stichelte Robert Recknagel und zog ein zufriedenes Gesicht.

Dem Mädchen kamen die Tränen. „Entschuldigung nochmals. Bin noch im ersten Lehrjahr!"

„Macht ja nichts!" sagte Robert Recknagel gönnerhaft und tätschelte der Kellnerin den Hintern. „Wenn’s nich klappt, kannste ja mit deinem Knackarsch noch putzen gehen! Bei mir is’ immer was dreckig! Ha, ha, ha!"

Das arme Mädchen schluchzte laut auf und zitterte am ganzen Leib!

„Das... das ver...bitte... ich mir!" stammelte sie entsetzt und fuhr herum. Dabei stieß sie an das Bierglas und kippte es um.

„Blöde Schlampe!" schrie Robert Recknagel und sprang auf. Er klopfte an seinen nassen Hosen herum.

Ich sprang auch auf.

„Tut mir leid, Lady!" Er grinste schon wieder. „Sollen wir zu mir oder zu dir gehen?"

Ich schnappte nach Luft.

„Da kannst du mich untenherum ein wenig trocken blasen!"

Klatsch! Klatsch! Klatsch!

Robert Recknagel hielt sich verdutzt beide Wangen.

„Die erste war für das arme Mädchen! Die zweite war stellvertretend für alle *Weiber* und die dritte war speziell für dich, du Arschloch!"

Ich stürzte hinaus und lief zum Kastanienpark.

Dort atmete ich erst einmal tief durch und erholte mich von dem Schreck. Dann zog ich einen kleinen Block und einen Kugelschreiber aus meiner Handtasche und schaute meine „Namensliste" an.
„Robert Recknagel" stand da als erstes und ich strich den Namen durch.
Okay, wer ist der Nächste?

„Ist das von Ihnen?" Frau Grieshammer stellte die Eier auf den Tisch und holte ihre Brille raus.
„Kindchen, wenn *ich* so malen könnte, säße ich nicht zu Hause rum und würde meinem Mann die Hemden bügeln!" Sie betrachtete eingehend die kleine Öllandschaft über der Essecke.
Ich seufzte. „Ach ja, Frau Grieshammer. Meistens kommt es im Leben anders, als man es sich in der Jugend erträumt!"
Frau Grieshammer blickte schmunzelnd über ihren Brillenrand.
„Na na, so alt sind Sie nun auch noch nicht!"
„Sechsunddreißig, Frau Grieshammer, also praktisch schon fast vierzig!"
Frau Grieshammer lächelte mitleidig. „Ja, wenn das so ist! Dann würde ich mir schon mal einen Platz auf dem Friedhof bestellen!"
Ich musste lachen. Frau Grieshammer schaute wieder auf das Bild und trällerte: „Wenn ich ein Maler wär, dann malte ich dein Bild... Was sind Sie denn eigentlich für ein Sternzeichen?"
„Löwe, wieso?"
„Aha. Da hammers! Ausgesprochen kreativ und phantasievoll!" Sie setzte sich an den Esstisch und goss Milch in ihre Kaffeetasse. „Malen Sie schon immer?"
„Ja, aber nur als Hobby."
„Und sonst so?" Frau Grieshammer war aber heute neugierig!
„Was meinen Sie denn, Frau Grieshammer?"
„Na, was Sie sonst noch für Talente haben!" Frau Grieshammer schüttelte ungeduldig den Kopf.

„Ich schreibe ein bisschen und früher habe ich in der Schule in einer Theatergruppe mitgespielt."

„Na, sehn'se! Wusst ich's doch! Löwen sind begnadete Künstler!" Frau Grieshammer nickte zufrieden und schlürfte ihren heißen Kaffee.

„Meinen Sie?"

„Aber Kindchen! Wo ist denn Ihr Selbstbewusstsein!"

Ich zuckte mit den Schultern. „Weiß nich, irgendwo im Keller..."

„Na, soll ich Ihnen mal ein paar Künstler aus Ihrem Sternbild aufzählen?"

Au fein, dachte ich. Vielleicht ist Rinaldo Ringelstein dabei!

„Lassen Sie mich mal überlegen... Da wäre Arno Spatzenbäcker und natürlich Ivan Rebhuhn, Mutter Weimar aus der Blindenstraße und..." Frau Grieshammer kratzte sich nachdenklich am Ohr. „Und die Zwillinge Marlies und Elke Kessel!"

„Sachen Sie bloß...! Und was für ein Sternzeichen hat Rinaldo Ringelstein?" fragte ich vorsichtig. „Wissen Sie das vielleicht auch?"

„Der Ringelstein? Der ist Skorpion."

Ach nee! Nich schon wieder! Isses möglich. Mein Bedarf an Skorpionen war für dieses Leben gedeckt! Na ja, vielleicht irrt die gute Trude!

„Und was machen Sie mit Ihrem Talent, Kindchen? Hm?" Frau Grieshammer schaute mich erwartungsvoll an.

„Ich... ich weiß nicht! Was denn?"

„Vergeuden, Kindchen! Vergeuden!"

Ich dachte an mein Horoskop in der heutigen „Killt"-Zeitung. Was hatte da noch mal drin gestanden?

„Beruf: Lassen Sie sich nicht von Besserwissern aus dem Konzept bringen! – Liebe: Aus einem harmlosen Flirt kann mehr werden. – Geld: Nicht so viel ausgeben."

Es ist schon eine hohe Kunst, mit vielen Worten sehr wenig zu sagen! Frau Grieshammer riss mich aus meinen Gedanken. „Nun erklären Sie mir mal, warum Sie nichts aus Ihrem Talent machen!"

„Ich weiß nicht, malen und schreiben tun doch schon so viele..." erwiderte ich resigniert. „Außerdem hat man mir als Kind eingetrichtert, dass man was Anständiges lernen muss! Oder gut heiraten."

„Und? Haben Sie eins von beiden gemacht, Clementine?" Frau Grieshammer wurde mir langsam unheimlich.

Ich zuckte wieder mit den Schultern.

„Na also! Kindchen, jetzt vergiss mal deine Erziehung und deine Vergangenheit! Übrigens, ich heiße Trude." Sie goss sich eine weitere Tasse Kaffee ein.

„Sehr erfreut, Clementine." Ich hielt ihr die Hand hin.

Frau Grieshammer sah mich strafend über ihren Brillenrand an und schüttelte den Kopf.

„Kleiner Scherz..." Ich räusperte mich verlegen.

„So Kindchen, und nu holst du mal ein Blatt Papier und einen Stift. Wollen doch mal sehen, ob wir aus dir nicht einen Stern am Künstlerhimmel machen können!" Zufrieden rührte Trude in ihrer Tasse.

„Nu geh schon!" forderte sie mich auf, als sie mein verblüfftes Gesicht sah.

Brav trabte ich zum Schreibtisch und kehrte kurz darauf mit einem Block und ein paar Kugelschreibern zurück.

„So Kindchen, und nu schreibste mal auf, was du so am liebsten machst. Egal, was. Hauptsache, es macht dir Spaß!"

Was die wohl mit mir vor hat. Wahrscheinlich so ein Psychospiel, wo hinterher rauskommt, dass ich plämpläm bin. Ich musste sorgfältig auswählen...

Dann schrieb ich: „Meine Kinder zu brauchbaren Mitgliedern der Gesellschaft erziehen, ein gottesfürchtiges Leben führen... und meinen Müll sorgfältig trennen":

Stolz reichte ich Frau Grieshammer mein Blatt.

Die schlug sich entsetzt mit der flachen Hand an den Kopf und lachte dann laut auf. „Kindchen, willst du mich veralbern?"

„Aber Frau Grieshammer, äh Trude, das würde ich mir doch nie..."

„Na, dann schreib jetzt auf, was ich dir gesagt habe. Diesen Schnulz kannst du dem lieben Gott vorlegen, wenn du mal dran bist. Aber bis dahin, bleib bei der Wahrheit, Clementine! Mir brauchst du doch nichts vormachen!"

Nee, brauch ich nich! Ich schämte mich. Clementine, pfui is' das!

Also überlegte ich ernsthaft und kaute dabei den Kugelschreiber fransig.

Dann schrieb ich:

„Lange schlafen, keine festen Arbeitszeiten und keine Vorgesetzten haben, viel Zeit mit meinen Kindern verbringen, tolle Klamotten kaufen, gut essen und trinken, unabhängig sein, berühmt und erfolgreich sein, in der Welt herum reisen, wohltätig sein usw."

Zaghaft reichte ich Trude das Blatt. Die würde ein schönes Bild von mir kriegen! Pfui is' das, Clementine! Faule Schlampe!

Trude Grieshammer nickte mit dem Kopf und lächelte. „So wird'n Schuh draus. Das ist wenigstens ehrlich!"

Erleichtert atmete ich auf.

„Und nu nimmst du dir ein neues Blatt und schreibst alles auf, was du gut kannst!" Trude goss sich die dritte Tasse Kaffee ein.

Was soll denn das nun wieder! Trude, du wirst mir immer unheimlicher! Biste vielleicht vom CIA oder gar von meiner Krankenkasse? Und dann lässt du alles, was ich dir anvertraue, auf meiner Chipkarte speichern, hä? Und wenn ich das nächste Mal zu meinem Hausarzt gehe, dem Dr. Schnippelhuber, und mir meine Kopfwehtabletten verschreiben lassen will, guckt der in meine Kartei und sagt: „Nee, Frau Kammer-Jäger, Sie sind ein arbeitsscheues Subjekt und Ihre Kopfschmerzen kommen vom vielen Einkaufen und Herumreisen!" Nee nee, Trude, du bist mir schwer verdächtig!

Frau Grieshammer trommelte ungeduldig mit den Fingern auf der Tischplatte herum. „Und, was is' jetzt?"

Na gut. Weil du's bist. Ich starrte auf das leere Blatt Papier und überlegte. „Malen und zeichnen", schrieb ich auf das weiße Blatt. „Dichten und reimen, Witze erzählen und Märchen ausdenken, tanzen und schauspielern."

Mehr fiel mir nicht ein.

Trude war's zufrieden. Sie nahm beide Blätter und las aufmerksam, was ich da über mich enthüllt hatte. „Also", sprach sie mit ernster Miene. „Einkaufen, Reisen und Faulenzen erfordern viel Geld!"

Ich seufzte. Das war mir auch schon aufgefallen.

„Also musst du dich selbstständig machen!" schlussfolgerte sie.

„Ja, aber womit? Ohne Kohle geht doch heutzutage gar nichts."

Trude strich sich übers Haar. „Clementine, du brauchst einen Job, wo du viel verdienen kannst, zu Hause arbeitest und dir deine Zeit einteilen kannst!"

„Ich mache Telefonsex!" rief ich begeistert.

„Quatsch, das passt nicht zu dir! Du musst was Kreatives machen, genug Talente hast du ja!"

Zum Telefonsex braucht man bestimmt auch viel Phantasie, schmollte ich.

„Ich hab's!" Trude lehnte sich entspannt zurück.

„Ja? Was denn!" Ich platzte vor Neugier. Doch Trude Grieshammer goss sich erst einmal eine weitere Tasse Kaffee ein. Nu sag schon! Spann mich nicht so auf die Folter!

„Clementine, du schreibst ein Kinderbuch und illustrierst es selbst!"

„Aha." Enttäuscht kritzelte ich auf einem Blatt herum.

„Na, ist das nicht eine tolle Idee?"

„Super. Nur weiß ich nicht was und wie!" Ein Buch schreiben, das war das Letzte, was ich mir zutraute.

Trude riss mir das bekritzelte Blatt aus der Hand. „Kammerjägerin, Glückskind! Das Robbenkind 'Bommel' ist eben geboren!"

Ich schaute auf meine Zeichnung, die ich unbewusst fabriziert hatte. „Eigentlich soll das ein Eichhörnchen sein!" sagte ich verärgert.

„Das sieht man doch!"

Doch Trude ließ sich nicht beirren. „Das ist eine Robbe und zwar eine ganz süße. Und dazu lässt du dir eine Geschichte oder ein paar Verse einfallen! Wirst mal sehen, du kommst ganz groß raus!" Trude strahlte.

Ich drehte und wendete das Blatt. Das ist und bleibt ein Eichhörnchen! Und was sollen mir *dazu* schon für Reime einfallen.

„Robbe Bommel planscht im Wasser,
dadurch wird ihr Bommel nasser."

Nee, nee, Frau Trude, so wird das nichts! Obwohl, die Idee an sich war gar nicht so übel!

„Mal überlegen", sagte ich zu Trude.

„Ja Kindchen, schlaf erst mal eine Nacht drüber. Aber glaub mir, du vergeudest dein Talent!" Frau Grieshammer stand auf und zog sich ihre Jacke an.

„Ich muss los, Ottokar kommt gleich vom Kegeln nach Hause. Da will er seine Bratkartoffeln." Sie zog mich plötzlich an sich und drückte mich ganz fest.

„Mach's nicht so wie ich, Kindchen, opfere dein Leben nicht für deine Familie!"

Dann drehte sie sich um und lief eilig durch den Garten zu ihrem Haus. Überrascht schaute ich ihr nach.

„Du, weißt du eigentlich, was die Grieshammer früher mal gemacht hat?" fragte ich Franz, als er nach Hause kam.

„Klar weiß ich das! Weiß doch jeder!" Franz plusterte sich auf. „Die war eine berühmte Opernsängerin. Hat dann aufgehört, als sie geheiratet hat, wie sich das für eine anständige Frau gehört!"

Arme Trude Grieshammer!

Frau Hummel brachte mir einen Cappuccino und ein großes Stück Mokkatorte.

„Für meine Stammkundschaft", sagte sie, „und umsonst! Ich hatte nämlich gestern Geburtstag!" Frau Hummel lächelte dezent und stellte mir die Torte vor die Nase.

„Na, dann herzlichen Glückwunsch, Frau Hummel!" Ich stand auf und schüttelte dem guten Geist des Cafés kräftig die Hand.

„Danke, danke", erwiderte Frau Hummel bescheiden. „Wo bleibt heute eigentlich Ihre Freundin?"

Ich schaute auf die Uhr. Zwanzig nach zehn! Flora, jetzt wird's aber höchste Zeit! In diesem Augenblick betrat Flora das Café. Heute ganz in Weiß.

„Grüß dich, Clementine!" hauchte sie und ließ sich auf den Stuhl fallen.

„He, du glühst ja richtig. Kommst wohl gerade von einem neuen Liebhaber!"

Flora wurde rot und wechselte das Thema.

„Erzähl mir lieber was von *deinem* Rendezvous. Wie war's denn letzte Woche mit dem Typ?"

„Ach, wieder ein totaler Reinfall!" Ich beschrieb Flora in allen Einzelheiten meine Begegnung mit Robert Recknagel. Dass er mich ausgetrickst hatte und schon vor mir im Lokal saß, erwähnte ich vorsichtshalber nicht.

Flora schüttelte den Kopf. „Ich weiß auch nicht Clementine, du ziehst immer die falschen Typen an!"

Ich nickte traurig.

„Aber ich habe auch gute Neuigkeiten. Ich mache mich selbstständig!" Gespannt schaute ich Flora an. Die zog die Augenbrauen hoch und musterte mich. „Sooo? Als was denn?"

„Als Schriftstellerin oder besser Kinderbuchautorin!"

Flora warf kokett den Kopf zurück und lachte aus vollem Halse.

„Du und Schriftstellerin? Clementine, was ist dir denn da wieder eingefallen?"

Beleidigt rührte ich in meinem Cappuccino. „Wieso denn nicht? Das traust du mir wohl nicht zu?"

Angie legte ihren Perlmuttkamm beiseite und seufzte. „Hättest es mal lieber für dich behalten. Die Welt ist voller Missgunst!"

Nee, das glaub ich nich! Eine Freundin is' niemals nich missgünstig! Niemals nich!

Wahrscheinlich hatte Flora recht. Is' wohl eine Schnapsidee. Clementine und Schriftstellerin – pfui is' das!

„Wie kommst du denn auf diese Idee?" fragte Flora und lachte immer noch.

„Och, das ist ein Vorschlag von meiner Nachbarin", bemerkte ich.

„Etwa von der ollen Grieshammer? Diesem Hausmuttchen mit Lockenwicklern?" Flora schüttete sich aus vor Lachen.

Ich ärgerte mich nun doch.

„Du kennst doch meine Bilder!" sagte ich zerknirscht. „So schlecht sind die aber nicht!"

„Naive Malerei, jungfräuliches Gekritzel! Clementine, sei mir bitte nicht böse, ich meine es doch nur gut mit dir! Aber das langt wirklich nur für den Treppenaufgang in einem biederen Reihenhaus!"

„Flora!"

Ich sprang auf und wollte eingeschnappt von dannen springen.

„Komm, setz dich wieder! Und sei nicht beleidigt. Ich will dir doch nur ersparen, dass du dich lächerlich machst!"

Flora zog mich am Ärmel zurück.

Beleidigt setzte ich mich wieder auf meinen Platz und sammelte die Mokkatortenkrümel vom Tischtuch auf.

„Schlag dir das aus dem Kopf und besinn dich auf das, was wirklich

Spaß macht!" Flora zündete sich eine Zigarette an und blies den Rauch durch die Nase.

„So, und was ist das bitte schön?"

„Na, fremdgehen."

„Das ist nicht dein Ernst!" rief ich entsetzt. „*Du* hast mir doch vorgeschlagen, dass ich wieder arbeiten soll."

„Aber doch nicht so was Sinnloses!" Flora stöhnte.

„Na, was denn dann? Du hast mir noch keine brauchbare Idee geliefert!"

Flora klopfte die Asche ab und beugte sich über den Tisch.

„Warum machst du nicht einen Fußpflegekurs oder lernst den Umgang mit künstlichen Fingernägeln! Dann kannst du halbtags bei mir im Salon arbeiten."

Aha. Daher wehte der Wind. Jetzt war alles klar! Flora wollte mich als billige Arbeitskraft anstellen.

„Nee, Flora, ich weiß nicht!" Ich war enttäuscht.

„Na, dann eben nicht!" Flora stand auf und zog sich an.

„Ich muss jetzt jedenfalls los. Ich habe noch Kundschaft."

Sie hauchte mir einen Kuss auf die Wange und nahm ihre Handtasche. „Kannst dir's ja nochmal überlegen. Mein Angebot gilt!"

Dann stakste sie aus dem Café.

Ich blieb noch sitzen und bestellte mir ein Glas Wein.

Beelzebub kratzte sich am Horn.

„Eieiei, ich weiß nicht...", sagte er. „Die ist ein ganz schön heftiger Brocken."

„Aber sie meint's doch nur gut." Angie kämmte ihre Haare weiter.

„Das glaub ich nicht", erwiderte Beelzebub und kratzte sich das andere Horn. „Die heckt was aus. Die führt was im Schilde!"

Angie puhlte die hängengebliebenen Haare aus dem Kamm.

„Clementine, ich würde auf Flora hören. So ein Kosmetiksalon ist doch toll! Es riecht gut, ist sauber und du kannst einen weißen Kittel tragen!"

Beelzebub winkte ab: „Sei auf der Hut, Clementine!"

Ich trank meinen Schoppen aus und schlenderte nach Hause.

Heute war Arno Ackermann fällig.

Das war der mit der kranken Frau.

Wir hatten uns für zwanzig Uhr im Café „Herzilein" verabredet. Franz war übers Wochenende mit seinem Kegelverein in den Schwarzwald gefahren und die Kinder schliefen bei Grieshammers. Die gute Trude hatte beide zum Übernachten eingeladen, als sie erfuhr, dass Franz verreist war. Heute wollte ich endlich zur Sache kommen. Diesmal würde ich mich nicht ins Bockshorn jagen lassen, egal wie der Typ aussah oder was für einen miesen Charakter der auch hatte.

Unter meinem Schlauchkleid trug ich Strapse und das neueste Parfüm von Gorilla Presswehe, nämlich „Pooootenz" – denn „Pooootenz can change your life!" So gerüstet stapfte ich durch den Schnee.

Ich betrat das Lokal um Punkt acht, denn kneifen gab es nicht! Als Erkennungszeichen diente wieder die rote Rose. Gott, was *sind* Männer einfallslos!

Da saß Arno Ackermann und wedelte freudig mit seiner Rose. Ich erkannte ihn sofort, blonde Stoppelhaare und dicke Brillengläser – wie auf dem Foto, das er mir geschickt hatte.

Er sprang auf und half mir aus meinem Mantel. Na, wenigstens hatte er Manieren.

„So, Sie sind also Clementine", stellte er fest und lächelte mich etwas unsicher mit seinen riesengroßen Augen an.

„Und Sie sind also Arno Ackermann", erwiderte ich.

„Ich habe mich sehr gefreut, dass Sie sich nach so langer Zeit noch gemeldet haben! Hatte schon nicht mehr damit gerechnet."

Hä, da siehste mal, eine Frau ist unberechenbar!

Er bestellte uns eine Flasche Wein.

„Meiner Frau geht es ja zurzeit wieder sooo schlecht!" Arno Ackermann schaute etwas belämmert drein.

„Ja, ja", antwortete ich und nickte verständnisvoll mit dem Kopf.

„Sie quält sich so, die Arme", fügte er hinzu und seufzte.

„Ja, ja, so ist das Leben!" sagte ich und nahm seine Hand.

Erschrocken zog Arno Ackermann seine Hand zurück und wich meinem Blick aus.

Gott, und so schüchtern! Isses möglich! Ich war angenehm überrascht.

Ich startete durch zum Frontalangriff. „Und was haben Sie sich so vorgestellt?" fragte ich.

Arno Ackermann verstand nicht. „Was meinen Sie?"

Ich öffnete lasziv den Mund und hauchte: „Na, zwischen uns, meine ich."

Arno Ackermann räusperte sich und fummelte nervös an seinem Brillengestell herum.

„Äh, ich weiß auch nicht so genau... Mit meiner Frau habe ich immer, ich meine, äh..., na, wir haben eigentlich nur die..., na, Sie wissen schon!"

„Nö."

„Na, diese normale halt, wo die Frau unten und der Mann..., na Sie wissen schon!"

Ich beugte mich weit über den Tisch und nahm Arno die entstellende Brille ab. „So sehen Sie aber viel besser aus, Arno!" flüsterte ich.

Arno kniff die Augen zusammen und blinzelte mich an. „So so seh... sehe... i... i... ich... Sie... a... a... aber... n... ni... nicht... mehr!" stotterte er verlegen.

Goldig! Und dann dieser leicht hilflose Akzent!

„Der stottert!" bemerkte Beelzebub ungerührt.

Arno setzte sich unbeholfen die Brille mit den zwei Zentimeter dicken Gläsern wieder auf. Ich rutschte näher an ihn heran und griff erneut nach seiner Hand. Diesmal ließ er mich gewähren.

Arno trat der Angstschweiß auf die Stirn. „Wissen Sie, meine Frau hat ja den Unfall nie richtig verdaut. Sie meint halt, ich soll mein Sexual..., äh, also mein Liebesleben woanders..., also ich meine, bei einer anderen..., na, Sie wissen schon!"

Ich legte meinen erotischsten Schlafzimmerblick auf und fuhr Arno durchs nass geschwitzte Haar.

„Da sind Sie bei mir in den allerbesten Händen!" hauchte ich und zog Arno am Schlips über den Tisch.

„A... a... aber... viell... vielleicht... be... besp... spreche ... ich... das... erst... no... no... nochmal... mi... mimimi... mihit... meiner Frau!"

„Nix da!" Ich drückte ihm einen Kuss aufs linke Brillenglas. „Das schaffen wir auch ohne deine Frau, meinst du nicht?"

Ich winkte nach der Kellnerin.

„Der Herr möchte zahlen!"

„Gegege... n... n... nau", schnaufte Arno und zog seine Börse aus der Hosentasche. Dann half er mir in den Mantel und hielt mir die Tür auf.

„Also Tschüss!" Arno Ackermann hielt mir die Hand hin. „Ha... hat... mimimich seher ge... ge... freut!"

„Wie? – Tschüss!" erwiderte ich erstaunt. „Jetzt fahren wir zu mir!" Ich packte Arno am Ärmel und schleifte ihn zum Taxistand. Bevor er wieder anfangen konnte zu stottern, saßen wir auch schon im Taxi.

„A... a... aber..." protestierte er und wischte sich mit einem blümchenbestickten Taschentuch den Schweiß von der Stirn.

„Nix aber", befahl ich und hechtete mich auf Arno.

Der Taxifahrer grinste in den Rückspiegel.

„Was gibt's denn da zu lachen!" fuhr ich ihn an. „Noch nie 'ne heiße Mutti gesehen, oder?"

Ich schnappte Arno an den Ohren und schob ihm meine Zunge in den Mund.

„Hmm, hehmmm, hühü..." versuchte er sich zu wehren, doch schon nach wenigen Sekunden gab er auf und überließ mir die Führung. Ich tastete mich unter seinem Mantel vorwärts und erwischte einen offenen Hemdknopf. Arno, wenn das deine Frau wüsste!

Arnos Hände lagen wie zwei riesige Schaufeln links und rechts auf dem Sitz.

Ich ließ meine Hand langsam in den offenen Hemdspalt gleiten. Huh! So viel Haare auf der Brust! Ich kraulte Arno in seiner Schafwolle herum und tastete mich dann weiter nach unten vor. Plötzlich hielt ich erschrocken inne. Aber Arno! Wenn *das* nun aber deine Frau wüsste!

Der Taxifahrer bremste vor meinem Haus so scharf ab, dass Arnos Brille in hohem Bogen durchs Auto flog. Klirrend landete sie auf dem Armaturenbrett.

„Ach du Scheiße!" Der Taxifahrer hob das leere Gestell in die Höhe.

„Macht nix", erwiderte ich und steckte Arno die kaputte Brille in die Jackentasche. „Zahlt die Kasse!"

Ich hiefte Arno, der nun blind war wie ein Maulwurf, aus dem Taxi und führte ihn zur Haustür. Der arme Kerl tastete sich mit der rechten Hand an der Hauswand entlang. Ich lehnte ihn an die Wand und schloss die Tür auf.

„Immer rin in die gute Stube!" hauchte ich und schubste ihn vor mir her.

„Vielleicht... sol... sollte iich... do... do... doch... li... li... li... lieber... nach... Hau... Hau...", stotterte er und stolperte ins Wohnzimmer.

Ich zog ihm Mantel und Schuhe aus und ließ die Rolläden runter. Dann legte ich eine Schmuseplatte auf und holte Cognac und Gläser. Arno saß, wo er saß. Ich nahm seine Hand und führte sie zum Glas.

„Da... da... danke", meinte er und stürzte den Cognac hinunter.

„Nicht so hastig!" ermahnte ich ihn und dachte dabei an den ersten Abend mit Franz.

„U... u... und... nu?" fragte Arno und tastete nach dem Tisch. Ich hielt ihm mein frei gelegtes Knie hin.

„Oh, Verz... Verz... Verzeihung!" stotterte Arno und zog die Hand zurück.

Ich schnappte mir die Hand und legte sie wieder zurück aufs Knie. Seine andere Hand klemmte ich in den Ausschnitt zwischen meine Brüste. Arno stöhnte und gab auf.

Ich zog ihm das Hemd aus und goss ihm vorsichtshalber noch einen Cognac ein. Dann machte ich mich an seinem Gürtel zu schaffen. Aus den Lautsprechern erklang sanft das Heini-Macke-Lied „It's time to say good bye" mit Antonio Violoncello und Sandra Schmalfrau.

„Das... i... ist... a... aber... schschschööön!" flüsterte Arno.

„Gell, das ist die Hymne vom Ende der Boxerkarriere von Heini Macke! War ja 'ne Niederlage! Aber nich wörtlich nehmen!"

„Ich habe nich d... d... das LLLied gemeint!" seufzte Arno.

„Ach so." Ich zog Arno die karierten Socken aus. Seine Frau schien auch einen mittelschweren Sehfehler zu haben.

„Ich... gl... glaub, jetzt... mu... mu... muss... ich... mal!" stöhnte Arno. Ach du Schreck! Wie stellte er sich das denn vor! Der sieht doch nix! Isses möglich! Soll ich ihm etwa seinen..., nee, das kanner nich verlangen!

Ich überlegte.

„Dringend!" stöhnte Arno und hielt sich den Hosenlatz zu.

War da nich im Keller noch so 'ne „Ente" von Opa Willis Harninkontinenz?

„Bitte!" bettelte Arno.

Ich führte ihn aufs Gästeklo und raffte unbemerkt die neue, flauschige WC-Vorlage zur Seite. Nur für alle Fälle!

„Da... das... kann... ich... all... allein!" sagte Arno und ließ seine Hose runter.

Ich wartete vorsichtshalber vor der Tür. Vielleicht braucht er mich noch... Falls er das Klopapier nicht findet oder so...

„Schick ihn doch heim, das wird sowieso nichts", bemerkte Beelzebub genervt.

„Och, ich find ihn süß!" Angie flocht sich gerade einen dicken Zopf. „Der ist doch zum Knuddeln, wie ein Riesenteddybär!"

Der Teddybär betätigte die Spülung.

Ich lugte durch den Türspalt und beobachtete entsetzt, wie Arno seine langen, baumwollgerippten Unterhosen hochzog.

„Clementine?" fragte Angie.

Hm.

„Was tust du da eigentlich?"

Ich beobachtete den Teddybär. Nee, isses möglich, dass der Mann solche schrecklichen Liebestöter trägt!

Angie ließ nicht locker: „Clementine?"

Hm!!!

„Ich meine, warum willst du den armen Mann unbedingt ins Bett zerren?"

„Wegen der Rache!" zischte Beelzebub dazwischen.

Angie schüttelte den Kopf. „Der arme Arno kann nun wirklich nichts dafür, dass du den Sandro hast sausen lassen!"

Meinst du? Wenn ich mir den Teddybär so betrachte, frage ich mich auch langsam, was ich hier tue. Clementine, du schamloses Subjekt! Lass ihn ziehen!

Arno öffnete vorsichtig die Tür. „Cl... Cl... Clementine, sind S... S... Sie da? Es k... k... kann losgeh'n, ich hab d... d... die Ho... Ho... Hose sch... sch... schon aus!" Arno stand da in seinen gerippten Liebestötern und mit seiner Schafwolle auf der nackten Brust und redete mit dem Nussbaumsekretär.

„Hier bin ich!" rief ich.

„D... D... Da sind Sie j... j... ja! Wo...Wo...Wo... ist d... d... denn das Sch... Schlafzi... zi... zimmer? Oder so... sollen w... w... wir gleich auf dem So... So... Sofa...!" Mutig grinste er mich an.

„Weder – noch!" erwiderte ich. „Ich habe bereits ein Taxi bestellt."
Arno schien nicht zu verstehen. „Wie... Wieso? Wo fahr'n w... wir
d... d... denn hin?"
„Du fährst!" sagte ich leise. „Und zwar heim zu Mami ins Körbchen,
wo du hingehörst!"
Ich zog den völlig verstörten Arno wieder an und führte ihn an der
sicheren Hauswand entlang zum Taxi.
„Es tut mir Leid", sagte ich. „Nimm's nicht persönlich!"

„Schau mal, Berta, wie findest du das?" Ich reichte Berta das Blatt
über den Tisch.
Berta wischte sich ihre verschmierte Schnute am Ärmel ab und
schob die Schüssel mit den Cornflakes beiseite.
„Och, wie süüüß!" rief sie begeistert und betrachtete aufmerksam
meine Zeichnung.
„Und welches Robbenbaby gefällt dir am besten?" hakte ich nach.
Berta drehte und wendete das Blatt ein paar Mal.
„Mama?"
„Hm?"
„Ich glaube, die pinkfarbene ist am schönsten!" Berta drückte das
Blatt an sich.
„Pass auf, zerknittere es nicht! Das brauche ich noch."
„Wozu denn, Mama?"
„Ich mache ein Buch für Kinder", erwiderte ich und zog ein geheim-
nisvolles Gesicht. „Und wenn du brav bist, darfst du mir dabei hel-
fen!"
Berta sprang auf und hüpfte um den Tisch.
„Die Ma-ma macht ein Bu-huch! Die Berda, die darf hel-fen!" sang
sie und wedelte mit dem Blatt Papier. Dann blieb sie stehen und
schaute mich mit großen Augen an. „Und wie macht man ein Buch?"
„Erst denke ich mir eine Geschichte aus und dann male ich viele
bunte Bilder dazu."

Berta strahlte. „Und was darf ich machen?"

„Du hilfst mir bei der Geschichte!" Ich strich Berta übers Gesicht. Komm her, du Knuddelkind, lass dich küssen! Ich drückte Berta einen Schmatz auf den klebrigen Mund.

„Mama, lass das!" Berta wischte sich den Kuss ab. „Ich bin doch kein Baby mehr!"

Schade, war 'ne schöne Zeit, als du 'n Baby warst!

„Mama?" Berta zog eine faltige Denkerstirn. „Darf ich die Bilder malen?"

„Du darfst mir dabei zuschauen!"

„Och nee!" Berta war enttäuscht.

„Wenn du willst, darfst du dir für Bommels Freunde die Namen ausdenken, ja?"

Berta strahlte wieder. „Au fein, Mama! Wer ist Bommel?"

„Na, die pinkfarbene Robbe."

„Bommel!" rief Berta begeistert. „Bommel, ich hab dich lieb!"

Ich nickte zufrieden.

„Du Mama? Kaufst du mir dann auch einen Plüschbommel im Laden?"

„Den gibt's sicher nicht, Bertalein."

„Aber den Simba gibt's doch auch und die Maus gibt's und Benjamin Blümchen!"

„Berta, die Leute, die die Plüschtiere herstellen, wissen doch noch gar nichts von unserem Bommel! Den haben wir doch eben erst erfunden!"

„Doch, den gibt's schon! Schau, da isser!" Berta hielt mir meine Zeichnung unter die Nase.

In diesem Moment kam Erna in die Küche. Gott sei Dank.

„Du Erna, weißte was?" Berta schaute geheimnisvoll.

„Was denn!" Erna knallte ihren Ranzen auf den Tisch und fläzte sich auf die Eckbank.

„Ich mache ein Buch und die Mama hilft mir dabei!" Berta tat *sehr* wichtig. „Aber das ist unser Geheimnis und *du* darfst nich mitmachen!" Berta wartete triumphierend auf Erna's Reaktion.

„Was gibt's denn zum Essen, Mama?" fragte Erna unbeeindruckt.

„Spagetti."

Berta trat Erna vors Schienbein. „Haste nich gehört?"

„Auwaaa!" Erna rieb sich ihr Bein. „Mama, stimmt das mit dem Buch?"

„Ja, Ernalein, stell dir vor, ich schreibe ein Kinderbuch und male die Bilder selbst."

„Toll!" Erna war Feuer und Flamme. „Machst du dann bitte eine Barbie-Geschichte?"

„Du mit deinen Barbies!" Ich musste lachen. „Wir erfinden etwas Neues! Bommel, das Robbenbaby!"

Erna verdrehte die Augen. „Wieder so'n Babykram!

Ich räumte Papier und Buntstifte vom Tisch und teilte die Teller aus. Dann schöpfte ich jedem mit Oma Theklas neuer Spagettizange eine große Portion Spagetti auf den Teller und dachte über mein Buch nach. Ich sah das pinkfarbene Robbenbaby schon lebhaft vor mir: „Bommel und seine Freunde" würde der Titel heißen. Danke, Frau Grieshammer! Du gute Trude! Ich stehe auf ewig in deiner Schuld!

Im Garten zwitscherten ein paar Vögel und die letzten Schneepfützen dampften in der lauen Märzluft dem Frühling entgegen.

Mein Buch war fertig.

Trude Grieshammer hatte zufrieden das Manuskript und die Zeichnungen in den gefütterten Umschlag gesteckt und an ihren alten Bekannten, den Verleger Ernst Eierhuber, geschickt.

„Wirst schon sehen, Kindchen", hatte sie gesagt, „das wird ein Riesen-Erfolg!"

Franz war in den letzten Wochen immer muffeliger und unzufriedener geworden. Er war jetzt dauernd geschäftlich unterwegs und kam oft erst spät in der Nacht nach Hause.

Mit Flora traf ich mich nur noch alle zwei Wochen bei Frau Hummel. Sie hatte auch nichts mehr an mir auszusetzen, im Gegenteil. Ich hatte eher das Gefühl, dass ihr meine langsame Verwandlung vom pummeligen Hausmütterchen zur gut aussehenden, angehenden Erfolgsautorin nicht schmeckte.

„Seit du dich so rausputzt, kann man gar nicht mehr richtig mit dir reden!" hatte sie sich erst kürzlich beklagt.

„Du meinst, man kann nicht mehr an mir herumnörgeln!" antwortete ich selbstbewusst.

„Ach, ich weiß nicht", wich Flora aus, „irgendwie hast du mir vorher besser gefallen! Du warst so, so..., so gemütlich!"

„Gemütlich?" Ich verstand Flora nicht mehr. „Du warst doch diejenige, die ständig an meiner Figur und an meinem Aussehen herumkritisiert hat! Und einen Job sollte ich mir auch suchen!"

„Ja, einen *Job*! Aber du musst ja gleich ein *Buch* schreiben!" Flora zog nervös an ihrer Zigarette.

Ich schüttelte ratlos den Kopf.

Beelzebub nickte vielsagend. „Der passt nicht, dass du jetzt besser aussiehst als sie! Obwohl du *mir* ja schon immer besser gefallen hast. Und dann befürchtet sie wahrscheinlich, dass dein Buch Erfolg hat, und sie dann in deinem Schatten steht!"

Angie stöhnte: „Dass du immer gleich so schlecht von den Menschen denken musst! Flora ist doch Clementines beste Freundin! Die macht so was nicht!"

„Wenn du dich da mal nicht gewaltig täuschst!" Beelzebub zog sich beleidigt hinter mein Steißbein zurück.

Kurz vor Ostern erhielt ich einen Brief vom Verlag „Eierhuber und Sohn". Ich drehte und wendete den Brief unschlüssig in den Händen.

„Nu mach schon auf!" kommandierte Beelzebub.

Ich trau mich nicht! Wenn nun eine Absage drinsteht?

„Ja und? Dann bewirbst du dich halt bei einem anderen Verlag!"

Zitternd öffnete ich den Brief und las.

„Trude, Trude!" schrie ich aus vollem Halse und rannte quer durch den Garten auf Grieshammers Grundstück. Trude öffnete die Haustür und lächelte.

Ich schmiss mich in ihre rundlichen Arme und heulte.

„Aber, aber Kindchen", sagte sie sanft, „was ist denn so Schlimmes passiert?"

Ich hielt ihr den Brief hin und schluchzte: „Sie druhucken meihein Buhuhuch!"

„Ich weiß, Kindchen, aber deshalb musst du doch nicht weinen, oder?" Strahlend wischte ich mir die Tränen vom Gesicht.

„Woher wissen Sie? Äh, woher weißt du?" fragte ich überrascht.

„Erstens ist das Buch gut – viel besser als ich gedacht hatte – und zweitens hat mich Ernst Eierhuber schon vorgestern angerufen!"

Ach nee, isses möglich! Trude, pfui is' das!

„Und warum hast du mir nichts verraten?" Ich schaute Trude vorwurfsvoll an.

Die lachte und zog mich ins Haus. „Wegen der Überraschung, Kindchen, wegen der Überraschung!"

Trude, du bist mir vielleicht eine! Ich lachte jetzt auch.

„Und erzähl mal, was hat denn der Eierhuber noch so rumgeeiert?" fragte ich neugierig.

„Clementine!"

„Tschuldigung, aber wenn ich mich freue, geht manchmal meine vorlaute Klappe mit mir durch!" Beschämt zog ich den Kopf ein.

Frau Grieshammer brachte zwei Tassen Kaffee und Rührkuchen. Mir lief das Wasser im Munde zusammen.

„Also, der Ernst war ganz begeistert von deinem Manuskript und will das Buch so schnell wie möglich herausbringen!" Trude schlürfte an ihrer Tasse.

„Und, was noch?" Ich zappelte auf dem Stuhl herum. Bei Berta hätte es jetzt eine Kopfnuss gegeben!

Trude schaute über den Rand ihrer Tasse und zwinkerte mir zu. „Und dann hat der Ernst noch gesagt..." Sie nahm erst einmal einen kräftigen Schluck. „Und dann hat er noch gesagt, du sollst *sofort* mit der nächsten Geschichte von Bommel beginnen!" Trude grinste.

„Waaas? Die wollen noch *mehr*?" Ich war sprachlos und wischte mir eine neuerliche Träne aus dem Auge.

„Noch *viel* mehr! Mindestens fünf bis sechs Bücher!" triumphierte Trude.

Ich sprang auf, schnappte den Brief und sprang in Richtung Haustür. „He, Clementine!" rief Frau Grieshammer. „Wo willst du denn so eilig hin? Dein Kuchen..."

„Keine Zeit, Trude!" rief ich vergnügt, „aber ich muss mich an die Arbeit machen!"

Am Ostersonntag war herrlichstes Frühlingswetter und ich hatte Ernas und Bertas Osternester im Garten versteckt. Wir saßen zu dritt im Wohnzimmer und warteten auf Franz.

„Wann kommt denn endlich der Papa?" fragte Erna und schaute auf die Uhr.

„Du weißt doch, der Papa ist nur schnell Zigaretten holen gegangen. Bestimmt kommt er bald zurück!" Ich seufzte. Franz war nun schon über eine Stunde weg! Sicher hatte er sich wieder aus Versehen in „Giselas Bierstube" verirrt und nun dachte er nicht mehr an den Osterhasen. Nach einer weiteren halben Stunde wurde es mir zu dämlich. Ich schnappte mir Berta und Erna und wir hüpften im Garten um die Büsche und suchten Osternester.

„Mama?" Berta zeigte mir einen dicken Schokoladen-Osterhasen.

„Mama, wieso legt denn der Osterhase Eier und die Hasen von Onkel Ottokar nicht?"

„Der Osterhase legt keine Eier", erklärte ich Berta. „Er kauft sie bei den Hühnern ein."

„Hat der denn Geld?" Berta machte große Augen.

„Na klar!" mischte sich Erna ein. „Was meinst du, womit der dir deine neue Benjamin Blümchen-Kassette bezahlt hat!"

Berta nickt zufrieden. „Und bei welchen Hühnern kauft der die Eier? Sind die auch frisch?"

„Sicher bei glücklichen Hühnern!" lachte ich und schubste die zwei schwer beladenen Ostereier-Experten ins Haus.

Draußen wurde es schon dunkel und Franz war immer noch nicht da. Langsam machte ich mir Sorgen. Hoffentlich war nichts passiert. Als die Kinder im Bett lagen, setzte ich mich ans Telefon. Zuerst rief ich in „Giselas Bierstube" an. Doch dort war Franz den ganzen Tag nicht gewesen. Dann probierte ich es bei einem Freund. Aber der konnte mir auch nicht weiterhelfen.

Schließlich rief ich bei Flora an, deren Rat könnte mir vielleicht weiterhelfen. Aber bei Flora lief nur der Anrufbeantworter.

Genau! Mir fiel ein, dass Flora flüchtig erwähnt hatte, dass sie über Ostern ein paar Tage in den Süden fliegen wollte. Also die würde ich heute nicht mehr erreichen!

Schade.

Um ein Uhr ging ich ins Bett.

Ich hatte lauter Alpträume und wachte mitten in der Nacht schweiß-gebadet auf. Ob Franz einen Unfall hatte? Aber er war ja zu Fuß unterwegs gewesen. Könnte doch trotzdem sein! Ich rief alle Kran-kenhäuser im Umkreis von fünfzig Kilometern an. Fehlanzeige! Ich atmete auf.

Erleichtert ging ich ins Bett und versuchte zu schlafen. Doch nun verfolgten mich schon wieder unangenehme Gedanken. Ob Franz eine Freundin hatte? Ich setzte mich kerzengerade im Bett auf. In letzter Zeit war er so komisch gewesen. Auch schlief er nur noch sel-ten mit mir, im Gegensatz zu früher.

„Franz doch nicht!" rief Angie und winkte ab.

Beelzebub wiegte nachdenklich den Kopf hin und her. „Ich tät's ihm zutrauen!"

Vielleicht war er auch zu seiner Mutter gefahren! Das hatte er früher schon mal gemacht nach einem Streit. Auch ohne mir was zu sagen. Ich griff zum Telefonhörer – und legte ihn wieder hin. Es war vier Uhr! Da konnte ich Oma Thekla unmöglich wecken! Außerdem stand sein Wagen in der Garage. Und mit dem Zug? Franz doch nicht! Ich schaute in seinem Kleiderschrank nach. Doch soweit ich sehen konnte, war alles an seinem Platz. Ich war ratlos.

Um sieben kam Berta ins Schlafzimmer. Sie gähnte und hielt ihr Pony im Arm.

„Wo issen der Papa?" fragte sie und krabbelte unter meine Decke.

„Bertalein, ich weiß es auch nicht. Aber bis du heute Mittag vom Kindergarten kommst, ist er bestimmt zu Hause."

Aber Franz blieb verschwunden. Ich malte mir alle möglichen Situ-ationen aus: Franz im Wald, tot unter einem Gebüsch mit durchge-schnittener Kehle. Franz als Wasserleiche im Fluss treibend. Franz im Keller gefangen von Lösegeld-Erpressern.

Am Nachmittag rief ich Thekla an. „Thekla, Franz ist weg, seit gestern Nachmittag. Ist er vielleicht bei dir?" fragte ich zaghaft an.

„Bei mir?" Thekla war außer sich. „Haste ihn jetzt endlich rausge-ekelt, was?"

„Aber Thekla!" Ich war schockiert über Schwiegermamas Reaktion.

Sie brüllte ins Telefon: „Warst du denn noch nicht auf der Polizei, Clementine? Was bist du nur für eine Ehefrau? Meinem Franze-männchen könnte was passiert sein und du unternimmst nichts!"

„Was soll ich denn dort sagen?" rief ich weinerlich.

„Na, was wohl! Dass er verschwunden ist!" Thekla fing auch an zu heulen.

„Du weißt wohl nicht, ob er eine Freundin hat?" fragte ich mit zitternder Stimme.

„Der Franz? Niemals! Der weiß schließlich, was sich gehört! Der ist ein guter Familienvater! Aber du hast ihn ja nie verstanden!"

„Aber ich habe doch..."

„Wenn meinem Franz was passiert ist", unterbrach mich Thekla, „dann mache ich dich dafür verantwortlich! Ich habe ihm damals schon gesagt, er soll die Luise von nebenan heiraten!"

„Thekla, du bist gemein!" erwiderte ich empört. „Ich habe ihn nicht zur Heirat gezwungen!" Ich knallte den Hörer auf und schmiss mich heulend aufs Sofa.

„Mama, was ist denn?" Erna und Berta standen vorm Sofa und zupften an meinen Haaren.

„Ach nichts." Ich erhob mich und wischte mir die Tränen ab. „Geht doch noch ein bisschen spielen, ja?"

„Ja, Mama." Leise schlichen sie hinaus.

Arme, vaterlose Kinder! Arme Halbwaisen! Ich schnäuzte geräuschvoll in mein Taschentuch. Kaum seid ihr geboren, schon steht ihr vorm Sofa und seid verwaist! Huhuhu. Ich heulte wieder.

So ein Schuft! Lässt der sich umbringen, ohne vorher was zu sagen! Wo waren die Versicherungspolicen gleich noch mal...?

Am nächsten Morgen stand ich um acht im Polizeirevier.

„Guten Morgen!" Die Amtsstube flößte mir etwas Unbehagen ein.

„Hauptwachtmeister Schnieder. Was kann ich für Sie tun?" Ein behäbiger Polizist reichte mir die Hand. Seine Uniform spannte über seinem riesigen Bauch und drohte jeden Moment zu zerbersten. Er durchbohrte mich mit seinen winzigen Schweinsäuglein. Wahrscheinlich versuchte er gerade, mich in irgendwelche Deliktschubladen einzusortieren: Clementine, die Taschendiebin. Oder Clementine, die ausgerissene Prostituierte. Oder Clementine, Heiratsschwindlerin und Trickbetrügerin.

„Wo brennt's denn?" fragte der dicke Hauptwachtmeister und bohrte seine Schweinsäuglein noch tiefer in mein Gemüt.

„Mein Mann ist weg", erwiderte ich zaghaft.

„Na, sein'se doch froh!" polterte er los. „Entschuldigung, war nicht so gemeint. Seit wann vermissen Sie ihn denn?"

„Seit vorgestern Mittag. Er wollte nur Zigaretten holen gehen und kam nicht zurück." Peinlich berührt blickte ich auf meine Schuhspitzen.

Der Beamte grinste. „Aha, Zigaretten holen. Na, sein'se mal nicht traurig, der taucht schon wieder auf, wenn er genug hat!"

„Wieso genug?" Ich verstand nur Bahnhof.

„Na, von seiner Geliebten! Oder von der Nutte, bei der er gelandet ist."

„Na, erlauben Sie mal!" Ich war empört.

„Na, na, das haben wir hier jede Woche. Erst gehn'se zum Zigarettenautomat und dann ins Bordell." Der dicke Wachtmeister klopfte mir beruhigend auf die Schulter. „Wenn er bis Sonntag nicht zurück ist, dann komm'se wieder. Dann mach'mer ein Protokoll. Vorher lohnt sich das nicht!"

„Und wenn ihm nu was zugestoßen ist?" protestierte ich lautstark.

Der dicke, schweinsäugige Polizist grinste wieder.

„Junge Frau, wir sind hier nicht in Chicago! Hier laufen Ehemänner höchstens mal weg! Aber umgebracht worden ist bei uns schon seit zehn Jahren niemand mehr!"

„Aber wenn er nu eine Ausnahme ist?" bohrte ich weiter.

„Haben Sie denn handfeste Hinweise für ein Verbrechen?" Er gähnte gelangweilt.

„Sein Auto ist noch da und all seine Sachen!" sagte ich zu dem Dicken.

„Na, wusst ich's doch, er ist im Puff!"

Der Dicke schien Mitleid mit mir zu haben. „Nun gehn'se mal nach Hause, vielleicht hockt er dort schon reuemütig und wartet auf Sie! Und wenn nicht, warten Sie bis Sonntag! Vorher können wir sowieso nichts unternehmen, alle Kollegen haben Osterurlaub."

Ich verabschiedete mich und schlurfte mit gesenktem Kopf zur Tür hinaus.

„Und wenn ich Ihren Gatten sehe, schicke ich ihn nach Hause!" rief er mir nach. „Wollte heute Abend sowieso in die 'Rote Laterne'!"

„Schau mal, Mama, die Kühe werden *geeutert*!" rief Berta begeistert und zeigte durch die Autoscheibe nach draußen.

Ich warf einen flüchtigen Blick durchs Seitenfenster auf die Wiese, wo sich eine kugelrunde Bäuerin gerade mit einem Eimer und einem Melkschemel abmühte.

„Das heißt gemolken", korrigierte ich Berta und lachte. Ich schaute in den Rückspiegel. Erna saß da mit ihrem Walkman und wippte rhythmisch mit dem Kopf. Ihr Schlafzimmerblick sagte mir, dass sie zum hundertneunzigsten Mal die Quäli-Family hörte.

„Mama?"

„Hm."

„Wann kommt denn der Papa endlich wieder?"

Ich seufzte: „Bald, Schatz, bald."

„Und wo isser jetzt?"

Tja, das wüsste ich auch gern! Seit fast einer Woche war Franz spurlos verschwunden. Ich bog in unsere Auffahrt ein.

„Erna, aussteigen! Wir sind da!"

Erna zuckte zusammen und nahm den Kopfhörer ab. Dann kletterten die beiden aus dem Auto und rannten zur Haustür.

„Bleibt hübsch da stehen, bis ich das Auto in die Garage gefahren habe!" ermahnte ich die beiden.

„Schau mal, wir haben Post!" rief Erna, als ich die Garagentür abschloss. Sie hielt mir eine bunte Ansichtskarte und einige Briefe unter die Nase.

Ich schaute mir die Karte an. „Grüße vom Ballermann Nr. 6" stand da in einem roten Kästchen und ein paar rotnasige Urlauber hielten grüßend ihre Bierflasche ins Objektiv.

„Was issen das?" fragte Berta neugierig.

„Eine Karte von Mallorca", erwiderte ich und schaute verwundert auf die Rückseite.

„Hallo Clementine!" stand da in zittriger Schrift.

„Ich bin hier mit Flora im Urlaub und weiß noch nicht, wann ich wiederkomme. Es tut mir Leid, dass ich so plötzlich abgehauen bin, aber mich und Flora hat es voll erwischt! Grüße die Kinder und suche nicht nach mir. Dein Franz"

„Mama, was issen?" riefen Erna und Berta verängstigt.

Ich ließ mich auf die Bank vor der Haustür fallen und starrte auf die Karte.

„Mam, sag doch was!"

Ganz fest drückte ich Berta und Erna an mich. Ich kämpfte mit den Tränen. Reiß dich jetzt zusammen, Clementine! Isses möglich! Franz, du Schwein! Ich mache mir hier die größten Sorgen und war schon im Beerdigungsinstitut wegen eines tollen Sarges und der fiese Mann ballert mit meiner besten Freundin auf Mallorca rum!

Beelzebub rieb sich verlegen die Hörner. „Ich hab's geahnt!"

„Tu jetzt nur nichts Unüberlegtes, Clementine!" Angie zappelte nervös herum. „Das ist er nicht wert! Denk an deine Kinder!"

Ich bring ihn um! Ich schieß ihn tot! So eine Pfeife! Haut der einfach ab und sagt nichts, der Feigling! Denkt nicht mal an seine Kinder! Pfui is' das!

„Clementine, bleib ganz ruhig", ermahnte mich Angie wieder.

Ich schnaufte ein paar Mal tief durch und zählte bis zehn. Reicht nicht! Ich zählte weiter bis hundert. Uff!

Erna hatte mir inzwischen die Karte aus der Hand genommen und las mit großen Augen.

„Geil!" Erna pfiff durch die Zahnlücke. „Der Papa ist mit Tante Flora in Ballermann!"

„Ich will auch mit zu dem Ballermann!" maulte Berta.

Und ich will zum Anwalt und zwar gleich! Trude, wo biste. Ich brauche dich, babysittingmäßig – und zwar sofort!

Grieshammers nahmen sofort die Kinder zu sich, als sie hörten, was passiert war. Ottokar Grieshammer beantwortete geduldig und diplomatisch alle Fragen der beiden, was den plötzlichen „Urlaub" ihres Vaters betraf.

Trude nahm mich in den Arm.

„Siehste Kindchen, wie wichtig es für eine Frau ist auf eigenen Beinen zu stehen! So schnell kann's gehen!"

Sie schüttelte fassungslos den Kopf. „Aber das hätte ich dem Franz niemals zugetraut! Deiner Freundin schon eher..."

Ich nickte wütend.

„Nur soll der ja nich glauben, dass er zurückkommen kann, wenn er genug von Flora hat! Ich lass mich scheiden – auf der Stelle!"

„Biste sehr enttäuscht?" Trude streichelte mir über den Kopf.

„Oder eher gekränkt, Löwin?" Sie grinste in sich hinein.

Ich beruhigte mich wieder.

„Ach, weißt du, eigentlich ist es das Beste, wenn wir uns trennen. Nur, dass er ausgerechnet mit Flora abgehauen ist, ärgert mich schon sehr!" Ich senkte den Kopf.

„He, Kopf hoch, Kindchen! Wenn du dich wirklich scheiden lassen willst, kann ich dir eine super Anwältin empfehlen. Aber überleg's dir noch mal in Ruhe. Dein Franz ist bestimmt bald zurück!"

„Der kommt mir nicht mehr über die Schwelle!" Mir schwoll schon wieder der Kamm. „Da gibt's nichts mehr zu überlegen. Ich will sofort einen Termin!"

Trude holte ihr Adressbuch und suchte die Telefonnummer der Anwältin.

„Hier. Das ist sie. Frau Dr. Streitnagel." Trude schrieb mir die Telefonnummer auf.

„Woher kennst du sie eigentlich? Hattest du mal was mit ihr zu tun?"

Trude seufzte: „Ja, vor ungefähr zehn Jahren. Damals wollte ich mich von Ottokar trennen."

„Duuu?" fragte ich erstaunt.

Trude lachte. „Ja meinst du, bei uns ist alles eitel Sonnenschein?"

Ich konnte es kaum glauben. Die beiden wirkten nach außen immer wie das Traumpaar schlechthin! Fünfunddreißig Jahre verheiratet und ein Umgangston wie in den Flitterwochen!

„Und warum wolltest du dich scheiden lassen, wenn ich fragen darf?"

Trude seufzte wieder. „Ach, weißt du, damals waren die Kinder aus dem Haus und ich hatte keine Aufgabe mehr. Das bisschen Kochen und Waschen füllte den Tag nicht mehr aus und Ottokar kam immer erst spät vom Dienst. Ich wollte meine guten Beziehungen zu ehemaligen Kollegen nützen und wieder in meinen alten Beruf einsteigen. Nicht direkt als Sängerin, aber zum Beispiel Gesangsunterricht geben..."

„Und warum ist da nichts draus geworden?" wollte ich wissen.

„Ottokar war dagegen. Er wollte keine 'Geschäftsfrau', die oft unterwegs ist. Er wollte weiterhin abends nach Hause kommen, das Essen auf dem Tisch, die Socken angewärmt und das Bier kalt gestellt."

„Und das hast du dir gefallen lassen?" rief ich entrüstet. „Das hätte ich niemals...!"

„Kindchen!" unterbrach mich Trude. „Was hätte ich denn tun sollen. Eine ungewisse Zukunft mit unsicheren Berufsaussichten auf der einen Seite – ein liebevoller Ehemann und ein vertrautes Zuhause mit tausend Erinnerungen auf der anderen Seite. Ich bin nicht wie du! Mir fehlen Abenteuerlust und Kampfgeist. Ich kann nicht alles so mir nichts, dir nichts hinschmeißen! Ich bin ein Gewohnheitstier." Trude lachte schon wieder. „Aber heut' bin ich zufrieden mit meinem Leben. Du Clementine, du musst deinen Weg gehen. In dir brennt ein Feuer, das du nicht unterdrücken darfst! Kämpfe, Clementine, du schaffst es auch alleine."

Die Kanzlei Würmli, Sanftmuth und Streitnagel befand sich im dritten Stock. Ich betrat den gläsernen Aufzug und drückte den Knopf. Im Spiegel des Aufzuges überprüfte ich noch einmal den perfekten Sitz meines neuen Nadelstreifenkostüms, das inzwischen zwei Konfektionsgrößen kleiner war, als der restliche Plunder in meinem Kleiderschrank. Stolz betrachtete ich meine Figur und den schicken Kurzhaarschnitt.

Fffff...t. Der Aufzug bremste sanft ab. Mit hoch erhobenem Kopf betrat ich die Kanzlei. Wie eine verlassene Ehefrau wollte ich unter gar keinen Umständen aussehen! Nee, niemals nicht verlassen!

„Sie haben einen Termin?" fragte mich eine freundliche, bebrillte Dame im kleine Schwarzen.

„Kammer-Jäger ist mein Name. Ich bin bei Frau Dr. Streitnagel angemeldet."

„Die zweite Tür links", wies mich die freundliche Vorzimmerdame an. Ich öffnete die Tür und betrat forsch das Büro der Anwältin.

„Kammer-Jäger. Guten Morgen!" stellte ich mich vor. Hinter dem Schreibtisch saß eine ziemlich korpulente Mittfünfzigerin mit Schlabberpullover und Alice Schwarzer-Frisur. Nee, isses möglich!

„Setzen Sie sich doch bitte", forderte sie mich freundlich auf und kramte in ihren Papieren. Verstört nahm ich Platz, denn ich hatte wohl eher eine Anwältin im Format von Hillary Clinton erwartet. Verlegen zupfte ich meine Haare zurecht.

„Um was geht es denn?" Frau Dr. Streitnagel hielt einen Kugelschreiber in der Hand und starrte auf ein weißes Blatt Papier, auf meine Anweisungen wartend.

„Ich möchte die Scheidung einreichen!" sagte ich in meinem schönsten Flora-Winterfrau-Ton und tat dabei, als wäre es die nebensächlichste Nebensache der Welt, sich mal eben kurz scheiden zu lassen. Eine angehende Autorin und Geschäftsfrau erledigt so kleine Unannehmlichkeiten souverän und emotionslos!

„Seit wann leben Sie getrennt?" fragte die Anwältin, ohne dabei vom Blatt aufzuschauen.

„Seit vierzehn Tagen!" erwiderte ich stolz.

Frau Dr. Streitnagel blickte erstaunt von ihrem Blatt auf und legte den Kugelschreiber beiseite.

„Dann können Sie keine Scheidung einreichen, Frau Kammer-Jäger." Die Anwältin verschränkte die Arme über dem Bauch und sah mich freundlich lächelnd an. „Sie müssen erst *ein* Jahr getrennt leben, *dann* können Sie die Scheidung beantragen."

Mir fiel die Tasche aus der Hand. „Waaas? Aber ich *muss* mich scheiden lassen! Mein Mann ist mit meiner besten Freundin abgehauen, nach Mallorca! Und ich wollte ihm die Scheidungsklage zur Begrüßung präsentieren!"

„So was soll vorkommen", erwiderte Frau Dr. Streitnagel ungerührt. „Tut mir Leid, dass aus Ihrer Überraschung nun nichts wird. Aber so steht es nun mal im Gesetz."

„Schade, es wäre sooo schön gewesen!" jammerte Angie.

„Und was soll ich jetzt machen?" fragte ich kleinlaut.

„Wohnt Ihr Mann denn noch zu Hause?" Sie lächelte mich wieder an.

„Eigentlich ja. Er ist ja noch nicht von seinem Liebesurlaub zurück."

„Wohnen Sie zur Miete?"

„Ja, wir haben ein Haus gemietet. Hundertzwanzig Quadratmeter."

„Na, dann überlegen Sie mal, ob Sie nicht ausziehen wollen. Dann wären Sie weg, wenn Ihr Mann zurückkommt. Haben Sie Kinder?"

„Zwei Töchter, acht und vier Jahre."

„Dann suchen Sie sich schleunigst eine neue Bleibe! Andernfalls muss er ausziehen. Aber ob er das tut und wann... Somit verzögert sich das Trennungsjahr immer weiter."

Ich war völlig am Boden zerstört und nickte nur noch still vor mich hin.

„Frau Kammer-Jäger? Ich sehe, Sie sind einigermaßen überrascht von den Obliegenheiten. Hatten Sie denn erwartet, Sie gehen hier als geschiedene Frau hinaus?"

Isses möglich! So blöd bin ich nun auch wieder nicht! Aber so ein Briefchen vom Anwalt mit einem Antrag auf Scheidung hätte sich gut gemacht bei Franzemanns Rückkehr!

„Wie sieht es denn finanziell aus?" fragte Frau Dr. Streitnagel weiter.

Ich zuckte mit den Schultern.

„Seit den Kindern arbeite ich nicht mehr. Aber ich habe gerade ein Kinderbuch geschrieben, das demnächst herauskommt. Bis dahin habe ich selbst noch etwas Geld aus einer Erbschaft."

„Oh; da müssen Sie schleunigst einen Ehevertrag machen und zwar bevor Ihr Mann davon Wind kriegt, dass Sie sich scheiden lassen wollen!"

„Einen Vertrag? Wozu denn?" fragte ich ahnungslos.

„Was glauben Sie, was passieren wird, wenn Ihr Buch Erfolg hat! Dann kassiert der nämlich mit!"

„Ich weiß nicht..."

Das gefiel mir alles nicht! Es lief einfach nicht nach meinem Plan!

„Na, ich werde Ihnen mal so einen Vertrag aufsetzen und zuschicken. Dann können Sie es sich ja immer noch überlegen. Und falls

Sie ausziehen und es Probleme mit dem Unterhalt gibt, kommen Sie bitte wieder vorbei. Ansonsten sehen wir uns in einem Jahr!"

Frau Dr. Streitnagel schaute auf die Uhr und erhob sich. Sie kam hinter ihrem Schreibtisch hervor und gab mir die Hand.

Nee! Isses möglich! Tigerleggins! Ich musste grinsen.

„Machen Sie sich keine Sorgen, wir kriegen das schon hin! Aber erst müssen Sie oder Ihr Mann mal ausziehen."

„Danke und auf Wiedersehen!" Ich schüttelte Alice Schwarzer die Hand.

„Auf Wiedersehen! Und Kopf hoch!" Frau Dr. Streitnagel hielt mir die Tür auf.

Mit eingezogenem Kopf ging ich zur Tür hinaus und warf der Bebrillten im kleinen Schwarzen einen flüchtigen Gruß zu. Schöne Pleite! Clementine auf dem Weg nach oben! So'n Scheibenkleister! Da will frau sich kurz entschlossen scheiden lassen und nu darf sie wieder nich!

Frustriert ging ich ins nächstbeste Café und mampfte drei Schillerlocken und einen Cappuccino in mich hinein. Ausziehen wollte ich eigentlich nicht. Das würde bedeuten, dass die Kinder ihre gewohnte Umgebung verlassen müssten, vielleicht sogar ein neuer Kindergarten und eine neue Schule! Nee, unter gar keinen Umständen! Franz hat uns verlassen, also muss Franz gehen! Aber wie??? Der würde sich nie eine eigene Wohnung suchen, wo er so unselbstständig ist. Und Flora würde seine dreckige Unterwäsche bestimmt nicht waschen... Plötzlich musste ich laut lachen und verschluckte mich an der dritten Schillerlocke.

Das war überhaupt *die* Idee!!! Na, Flora würde sich wundern!

Ich kramte auf dem Dachboden zwischen alten Schachteln, Ernas Puppenstube und Franzens Anglerausrüstung herum. Wo war denn nur der alte Überseekoffer von Opa Willi...

Da!!! Dort stand ja das Monstrum!

Schwitzend und schnaufend hiefte ich die riesige Truhe die Bodenstiege hinunter.

„Clementine, übernimm dich nicht!" warnte Angie.

„Ach Quatsch! Alles, was Spaß macht, ist niemals schädlich! Stimmt's, Clementine?" Beelzebubs Augen leuchteten teuflisch.

Genau. Kann mich nicht erinnern, dass mir in letzter Zeit etwas auch nur annähernd soviel Vergnügen bereitet hätte! Von dem Seitensprung mit Sandro mal abgesehen! Ach Sandro, warum warste so gemeene!

Ich wusch die Truhe sorgfältig aus und holte dann meine Liste: Anglerausrüstung.

Wo war die gleich? Ach ja, vorhin auf dem Boden war ich noch darüber gestolpert. Eilig rannte ich wieder hinauf und holte das Ding. Na ja, gefangen hatte Franz niemals etwas damit. Außer einer Ohrfeige von mir, als er anlässlich eines „Nachtangelns" mal zwei Tage und Nächte weggeblieben war. War aber schon lange her.

Ich seufzte. Hinein mit dem Ding!

Es folgten alle Klamotten, auch der durchfallgelbe Safari-Anzug aus den siebziger Jahren, den ich schon dreimal bei Altkleidersammlungen in die große Kleidertüte ganz unten reingestopft hatte und der danach immer wieder im Schrank hing.

Außerdem packte ich die vier Ordner mit der Motorradsammlung hinein, einen Stapel alter „Killt"-Zeitungen, die Gummiwärmflasche von Oma Thekla, den Handstaubsauger und den elektrischen Dosenöffner.

So mal überlegen...

Ach, natürlich auch noch das Katzenfell, die langen gerippten Unterhosen und ein Päckchen „Fleckentferner Extrastark". Ich schrieb mit Filzstift darauf:

„Für die extrastarken Flecken in deinen Unterhosen!" Hähä.

Dann holte ich noch den dicken Autoatlas, das einzige Buch, welches Franz jemals gelesen hatte, und seine Feuerzeugsammlung.

So, das war's!

Dann bestellte ich ein Lasttaxi und gab dem Fahrer zwanzig Mark Trinkgeld fürs Schleppen. Er hiefte den Überseekoffer in sein Auto und fragte dann: „Wohin mit dem juten Stück, jute Frau?"

„Moment. Ich ziehe mir nur was über! Ich komme mit."

Wir fuhren zu Floras Wohnung.

„Warten Sie bitte einen Moment", bat ich den Fahrer.

Dann klingelte ich beim Hausmeister.

„Ach, die Frau Kammer-Jäger! Fräulein Flora ist noch im Urlaub."
Der glatzköpfige Hausmeister im blauen Arbeitsanzug lächelte mich
freundlich an.

„Ich weiß", sagte ich, „aber Flora hatte mich gebeten bei ihr die Blumen zu gießen. Und nun hat sie vergessen mir ihren Schlüssel dazu-
lassen! Na ja, Sie kennen sie ja. Immer etwas zerstreut, die Gute."

Der Hausmeister nickte zustimmend und klimperte mit seinem
Schlüsselbund. Dann schloss er Floras Wohnung auf und strahlte
mich an. „Weil Sie es sind, Frau Kammer-Jäger! Eigentlich dürfte
ich ja niemanden hineinlassen, gell?"

„Flora wird es Ihnen danken, wenn ihre Blumen nicht verwelkt
sind", flötete ich zuckersüß.

„Also gut. Rufen Sie mich, wenn Sie fertig sind. Dann schließe ich
wieder ab."

Er watschelte gemächlich die Treppen hinunter und schloss seine
Wohnungstür. Ich spähte übers Treppengeländer. Die Luft war rein.
Ich gab dem Fahrer das verabredete Zeichen und dann hievte er den
Koffer in Floras Wohnung. „Am besten gleich ins Schlafzimmer!"
Ich wies auf die Glastür am Ende des Ganges.

Der Fahrer grinste und verabschiedete sich. Dann holte ich einen
Bilderrahmen mit einem Familienfoto aus meiner Handtasche und
eine Ansichtskarte. Auf der Karte stand vorne drauf in großen Buchstaben: „Es gibt Dinge, die versteht sogar ein Mann!"

Und hintendrauf schrieb ich: „Und Tschüss!" sowie ein PS: „Wenn
das Fleckensalz für deine Unterhosen nicht reicht – versuch's doch
mal mit Klopapier!"

Zufrieden legte ich beides auf den Koffer und goss anschließend
großmütig Floras Blumen. Danach rief ich den Hausmeister, der die
Wohnung verschloss und fuhr zufrieden nach Hause.

Grieshammers warteten schon ungeduldig auf meine Rückkehr.

„Und, hat's geklappt?" Trude goss mir Kaffee ein.

„Wie am Schnürchen! Der Hausmeister hat nichts gemerkt."

„Rache ist Blutwurst", sagte Ottokar Grieshammer und zog an seiner Pfeife.

Die Kinder saßen auf dem Sofa und guckten Zeichentrickfilme. Gemütlich streckte ich die Beine unter den Tisch und schlürfte an meiner Tasse. Geschafft! Den war ich los. Flora würde blöd schauen nach dem „Liebesurlaub". Wo sie doch ihre Freiheit so liebte!

„Die Kinder bleiben heute bei uns", ordnete Trude in ihrem Feingespür an.

Trude, du bist ein Schatz! Nie könnte ich hier wegziehen! Niemals! Höchstens zu Rinaldo Ringelstein...

Gegen Abend ging ich hinüber in meine Wohnung.

„Du kannst ruhig bei uns schlafen", hatte Trude mir angeboten, „falls du nicht alleine bleiben willst!"

Doch ich lehnte das Angebot dankend ab. Wo ich doch nun Herr im Hause war! Gleich morgen würde ich mit dem Umräumen beginnen! Ich freute mich riesig. Alles würde anders werden im Haus!

Ich nahm mir die Tageszeitung und schmiss mich aufs Sofa. Herrlich! Das war immer der Stammplatz von Franz gewesen und die Kinder und ich hatten uns in die beiden alten Sessel gezwängt.

Genüsslich trank ich ein Glas Wein und blätterte die Zeitung durch.

„Vom Winde gebläht" mit Rinaldo Ringelstein und Lore Lustig. Vor Schreck verschluckte ich mich und spuckte den Schattoh de Blöff auf die Veranstaltungsseite.

Isses möglich! Da lief der neue Film mit Rinaldo im Kino und ich bekam vor lauter Trennungsstress nichts mit. Clementine, pfui is' das!

Hatte sich Rinaldo erstmalig an eine Komödie gewagt! Wie mutig. Aber für einen Schauspieler von Format war das gar keine Hürde. Wo läuft der Film? Ah! Zwanzig Uhr im „Royal", das war noch zu schaffen! Eilig rannte ich ins Bad und schminkte mich.

„Aber Clementine, im Kino ist es doch dunkel!" Angie schüttelte ihre blonde Mähne. „Beeil dich lieber, damit du den Anfang nicht verpasst!"

„Erstens kommt vorher noch jede Menge sinnlose Werbung und zweitens verstehst du das nicht." Genervt schraubte ich die Wimpernspirale auf. Sooo! Noch ein dunkelroter Kussmund – perfekt! Ich rannte nach unten und rief Trude an, damit sie Bescheid wusste. Dann fuhr ich das Auto aus der Garage und düste los.

Im Kino roch es herrlich nach Popcorn und verstaubten Filmrollen. Nein, diese Atmosphäre! Isses möglich! So ein Schauspielerleben musste doch irrsinnig aufregend sein – immer im Kino...

„Clementine, die Schauspieler sind auf der Leinwand! Nur das Publikum sitzt im Kino!" Beelzebub verdrehte die Augen nach oben. Na und? Ob nun vor oder auf der Leinwand – Kino *is'* herrlich!

Es war dunkel, als ich meinen Platz suchte. Auf der Leinwand lutschten gerade ein paar Teenager ihr Eis am Stiel. „... like ice in the sunshine..." dröhnte es stereo aus den Lautsprechern.

Dann ging das Licht wieder an und ein pickeliges Mädchen trippelte mit einem Bauchladen voller Eistüten durch die Reihen. Kurz darauf ertönte der Gong und es wurde wieder dunkel.

Erster Akt. Der purpurrote Vorhang öffnete sich.

Links die Wölfe – uuuhhh, rechts Sergej, in der Mitte Alexej.

Der purpurrote Vorhang schließt sich.

Zweiter Akt. Der purpurrote Vorhang öffnet sich.

Links die Wölfe – uuuhhh, rechts Sergej, in der Mitte nichts.

Der purpurrote Vorhang schließt sich.

Dritter Akt. Der purpurrote Vorhang öffnet sich.

Links die Wölfe – schmatz, schmatz, rechts die Wölfe – schmatz, schmatz, in der Mitte die Wölfe – uuuhhh!

Der purpurrote Vorhang schließt sich. – Applaus.

„He, Lady, Sie schlafen ja schon, bevor der Film richtig losgeht!" Ein bassiges Lachen weckte mich auf. Gott, wie peinlich! Hoffentlich hatte es Rinaldo nicht bemerkt! War wohl ein bisschen viel Aufregung gewesen in den letzten Tagen...

„Danke", flüsterte ich und blinzelte im Dunkeln zur Seite.

„Kennen wir uns nicht?" flüsterte es zurück.

Ach, du Scheiße! Robert Recknagel! Neben ihm beugte sich eine Blondine nach vorn und starrte mich interessiert an.

„Waß flüßterßt du den da, Snuffi?" lispelte sie und warf mir einen vernichtenden Blick zu.

Ich grinste sie an: „Entschuldigung, aber ihr Freund ist ein verflossener Liebhaber von mir!"

Robert Recknagel räusperte sich und rutschte nervös auf seinem Platz hin und her.

„Ruhe da hinten!" zischte es von vorn.

Die Blondine lispelte im strengen Ton noch eine Weile in Robert Recknagels Ohr. Leider verstand ich nichts. Dann standen beide auf und drängelten sich durch die Reihe. Das Gemurre der betroffenen Kinobesucher nahm zu.

Ich knisterte derweil genüsslich in einer Tüte Chips, die ich sonst nie aß – pfui Teufel, aber im Kino gehört's nun mal dazu.

Ein lautes „Aaahhh" ertönte im Saal, als Rinaldo in einem rot-weißgestreiften Badeanzug auf der Leinwand erschien. „Vom Winde gebläht" war nämlich eine Persiflage auf die zahlreichen Verfilmungen von „Charlies Tante", sozusagen eine Komödie über die Komödie! Was für ein Kunstwerk! Regie führte bei diesem Meisterwerk der bekannte Regisseur Bert Buchinger.

Das Publikum bog sich vor Begeisterung. Am lautesten kreischte ich. Nee, isses möglich! Rinaldo, das ist dein internationaler Durchbruch! Ich sah Rinaldo und mich im Geiste schon in Hollywutz als Partygäste bei Arno Spatzenbäcker, Silvester Alleine und Dämlich Moor, der silikonverformten Ex-Frau von Bruce Will-es-so.

Ein paar Tränen der Rührung liefen durch meine Wimperntusche.

Ach Rinaldo, du spielst da oben so göttlich vor dich hin und weißt noch nicht mal, dass deine Traumfrau hier unten – mitten im Publikum sitzt! Ich seufzte laut.

„Gell, der Rinaldo Ringelstein ist schon ein Traummann!" flüsterte mir eine Frau von hinten zu, die anscheinend meine Rührung bemerkt hatte.

Hüte dich, der gehört mir! Was die sich erlaubt...

Ich nickte nur unfreundlich und konzentrierte mich wieder auf die Handlung.

Na, Rinaldo, hast aber ein paar Pfund zugelegt, oder? Aber steht dir toll, das „Griffige". Hab's ja schon immer gesagt, ein Mann ohne Bauch...

„Bei Franz hat's dich aber schon gestört!" quatschte Angie dazwischen.

Da war das auch etwas vööööllig anderes! Rinaldo steht so was! Da ist das Bäuchlein nämlich eine Zierde! Bei Franz war's ein ordinärer Bierbauch! Angie winkte ab und kämmte weiter an ihrem Haar. Die Frau hinter mir seufzte jetzt auch laut und ergriffen.

Du? Wenn du das nich unterlässt, komm ich hinter!!! Der Rinaldo gehört mir, verstanden? Nee, isses möglich! Ging die Tussi womöglich wegen Rinaldo ins Kino und nicht wegen des Films! Also Frauen gibt's!

Rinaldo machte schon eine gute Figur in den Frauenklamotten. Und wie er sich auf den Stöckelschuhen bewegte... einfach gekonnt! Als ob er's gelernt hätte. Und die Perücke! Ich war beeindruckt.

Am Ende des Films gab es tosenden Applaus. So was hatte ich noch in keinem Film erlebt! Rinaldo, ich bin mächtig stolz auf dich!

Zu Hause machte ich es mir noch ein bisschen gemütlich. Dabei half mir die angebrochene Flasche „Schatoh de Blöff", die ich mir zu Ehren meiner Trennung geleistet hatte. Prost Clementine! Bist ein gestandenes Weibsbild!

Ich kramte die Mappe mit den Zeitungsartikeln über Rinaldo aus dem Schrank. Prrrossst, Rinaldo! Auf unsere Zukunft!

Ein paar Tage später klingelt das Telefon.

„Kammer-Jäger?"

„Ich bin's, Franz."

Verdattert setzte ich mich hin. „Na, Liebesurlaub beendet?"

„Ja und es war sehr schön! Flora ist eine prima Geliebte!"

„Na toll! Mal sehen, ob sie auch eine prima Hausfrau ist!" erwiderte ich beleidigt. „Hat sie dir denn schon deine Unterwäsche gewaschen? Äh, ich meine, versucht zu waschen?"

„Wir schaffen unsere Wäsche in die Wäscherei", sagte Franz von oben herab.

„Na dann herzlichen Glückwunsch zu deiner neuen Eroberung! Wann heiratet ihr?"

„Quatsch nich rum! Und überhaupt, du musst dich aufregen! Schließlich hast du ja angefangen mit deinem Sandro!" Franz wurde wütend.

„Seit wann weißt du es?" fragte ich kurz.

„Seit dem Abend, als Flora bei uns zu Hause war!"

Flora, du falsche Schlange! Das zahl ich dir heim!

„Brauchst du nicht", triumphierte Beelzebub, „eine Beziehung zwischen Franz und Flora ist für beide langfristig gesehen Strafe genug..." Stimmt. Ich rieb mir die Hände.

„Tut mir Leid, dass du es auf diese Weise erfahren musstest! Vor allem Thekla wird es das Herz brechen, wenn wir uns trennen! Na ja, in Flora findet sie ja eine würdige Nachfolgerin!"

„Lass meine Mutter aus dem Spiel! Sie hat dir so viel Gutes..." schrie Franz. – „... getan", vervollständigte ich den Satz. „Ich weiß, ich weiß. Bin ihr auch zutiefst dankbar. Aber sag mal, warum rufst du denn nun eigentlich an?"

„Ich will noch ein paar Dinge abholen", erwiderte Franz.

„So so. Und was, wenn ich fragen darf?"

„Mein Auto, zum Beispiel. Dann kannste nich mehr in der Gegend rumkutschieren auf anderer Leute Kosten!"

Mist, das Auto! Na ja, dann laufen wir eben oder kaufen uns Fahrräder. „Okay und wann?"

„Morgen Abend, wenn die Kinder im Bett sind." Franz legte auf.

Feigling! So braucht er den armen, vaterlosen Würmchen nicht in die feuchten Äuglein zu blicken! Pfeife!

Alle Männer sind Pfeifen! ... Bis auf Rinaldo.

Renovieren macht Laune! Wenn frau sich endlich in ihren Lieblingsfarben austoben kann, die der Ex so scheußlich fand, macht Renovieren doppelt Laune!

Ich strich die Wand hinterm Bett rosa und hängte lauter dicke, goldverzierte Putten übers Kopfende, sehr zur Freude von Angie.

Dann kaufte ich pink-geblümte und sündhaft teure Seidenbettwäsche mit den passenden Vorhängen. Spitzenmäßig! Die raue Frotteebettwäsche von Oma Thekla, welche die Nierchen so schön warm hält, flog in hohem Bogen in die Mülltonne.

Restmüll, Clementine, nich Biomüll! Gott, was war mir das heute Wurscht! Wo mich mein neues Lebensgefühl soeben beflügelte... „Restmüll verleiht Flühügel!!!"

Dann fuhr ich in die Stadt zum „Möbelparadies". Ich blinzelte durchs Schaufenster. Gott sei Dank, da stand es ja noch, das feuerrote Ledersofa! Seit Monaten hatte ich dem Sofa verliebte Blicke durch die Schaufensterscheibe zugeworfen. Aber Franz hasste Rot! Noch dazu, wo unsere braune, durchgesessene Sitzecke so praktisch war! Schließlich konnte Franz darauf so ungemein gemütlich schlafen. Raus damit! Ab in den Biomüll! Oder Restmüll oder Sperrmüll! Scheißegal, Hauptsache raus!

Der Verkäufer lächelte sehr zufrieden, als ich ihm den Scheck unter die Nase hielt.

„Wann können Sie liefern?" fragte ich im Flora-Winterfrau-Geschäftston.

„Morgen früh, wäre Ihnen das recht?"

„Ausgesprochen günstig!" Da stand das Sofa wenigstens schon im Wohnzimmer, wenn Franz morgen käme. Na, der würde Augen machen! „Nehmen Sie das alte Sofa gleich mit?"

„Kein Problem, meine Dame!"

Siehste, kaum schreibt frau einen Scheck über dreitausend Euro aus, schon avanciert sie zur „Dame".

„Und packen Sie es mir bitte als Geschenk ein!"

Der Verkäufer schaute mich an wie ein Schluck Maggi in der Nudelsuppe. „War'n Scherz", erklärte ich gelassen und stakste aus dem „Möbelparadies".

Draußen holte ich meinen Zettel aus der Manteltasche:

„Whirlpool". Hm, den würde ich in den nächsten Tagen besorgen.

„Bügelautomat". Quatsch! Ab jetzt *lasse* ich bügeln. Hallo, Frau So-und-so, ich bringe meine Wäsche zum Bügeln. Sie hatten doch annonciert. Sagen Sie mal, wo lassen *Sie* denn Ihre Privatwäsche bügeln... Ach, Sie bügeln selbst?

Na ja, so was soll vorkommen, nichts für ungut!

„Luxusbadeschaum". Genau, am besten mit Kokosduft, wegen der sentimentalen Erinnerungen. Der Rheumabadeschaum von Franz fliegt raus.

„Staffelei und Ölfarben". Okay, aber später. Endlich werde ich meinem Hobbygekritzel frönen, in naiver Einfältigkeit, aber mit einem Riesenspaß!

„Beate Uhse-Laden". Nächste Woche. Da wird sich schon für alleinstehende Frauen was finden! Spaß muss sein, sprach Wallenstein. Zufrieden fuhr ich nach Hause.

Ich pinselte die halbe Nacht weiter, wegen der Überraschung für Franz. Was doch so eine Schadenfreude für Energiereserven mobilisiert! Nachdem das Bad ebenfalls einen rosa Anstrich erhalten hatte, fiel ich glücklich in mein Bett. Morgen früh würde ich eine antike Badeszene über die Badewanne malen, mit üppigen, nackten Damen und wollüstigen Muskelprotzen.

Dann fielen mir die Augen zu.

In meinem Traum saß ich, nur in ein durchsichtiges Tuch gewickelt, auf einem roten Ledersofa in einem antiken Badehaus. Um mich herum standen Schüsseln mit Weintrauben und Bananen, Karaffen mit Wein und eine riesige, goldene Schale mit Schillerlocken. Einige gut gebaute Sklaven fächerten Weihrauch in die feuchtwarme Luft und andere Sklaven gossen Eselsmilch ins Badewasser. Ich schaute mich im Raum um und bemerkte, dass in den Ecken des Bades noch weitere rote Sofas standen, auf denen sich üppige Rubensdamen mit ihren Liebhabern wälzten. Plötzlich ging die Tür auf und zwei vermummte Gestalten betraten das Badehaus. Ganz in goldene Gewänder gehüllt, kamen sie langsam auf mich zu. Ein Sklave krabbelte zu meinen Füßen herum und puhlte mir die Fußnägel sauber. Genervt gab ich ihm ein Zeichen, dass er sich entfernen sollte. Er stand auch sofort auf und zog sich zurück. Aus den Augenwinkeln konnte ich gerade noch erkennen, dass der Sklave Franz war. Neugierig schaute ich mir die beiden goldvermummten Gestalten an, doch die standen, wo sie standen. Plötzlich ertönte ein Gong. Im selben Moment fielen die beiden Gestalten um und sie lagen jetzt wie zwei Mumien zu meinen Füßen. Dann dröhnte eine laute, monotone Frauenstimme durch die Lautsprecher, die sehr verdächtig nach Flora klang:

„Bit-te-aus-wi-ckeln! Bit-te-aus-wi-ckeln!
Dies-ist-Ihr-Weih-nachts-ge-schenk!" Ich gehorchte und wickelte.
Zu meinem Erstaunen entpuppte sich die eine Mumie als Rinaldo
Ringelstein und die andere als Sandro Sack. Beide lagen braun
gebrannt und mit Kokosöl einbalsamiert vor mir und schliefen.

„Küs-sen-Sie-Ih-ren-Traum-mann-wach!" tönte es blechern aus
dem Lautsprecher.

Ich hielt meine angespitzte Schnute mal über Rinaldos Gesicht, dann
wieder über Sandros Gesicht. Aber ich konnte mich nicht entschei-
den. Und wenn ich sie nun alle beide?...

„Un-ter-ste-hen-Sie-sich!" ertönte es vorwurfsvoll aus dem Lautsprecher.

Okay, Sandro hatten wir schon mal, dann also Rinaldo. Ich drückte
Rinaldo einen heftigen Kuss auf den Mund...

Uuuhhh! Wie nass!

„Mama, du musst aufstehen!" Berta knutschte mir ihre ganze Spucke übers Gesicht.

Ich schaute mich erschrocken um. Wo war Rinaldo und wo war ich!

„Mama, ich muss mal!" Berta zog mir die Bettdecke weg.

Ich gähnte und streckte mich. „Bertalein, du bist doch schon groß!
Geh halt alleine Pipi machen. Mama ist noch müde." Ich drehte mich
auf die andere Seite.

„Nein, Berta is noch klein und will, dass du mitgehst!"

„Geh mit Erna, die ist schon groß."

„Aber nicht so groß wie du!" erwiderte Berta hartnäckig. „Außerdem ist die Erna schon laaange in der Schule!"

„Waaas?" Ich sprang aus dem Bett. Gleich halb zehn. Clementine,
du Rabenmutter! Isses möglich!

„Mama, brauch ich jetzt nicht mehr in den Kindergarten?" Berta
schaute mich erwartungsvoll an.

„Nee, nu isses zu spät."

Berta nickte zufrieden.

„Und außerdem bin ich für den blöden Kindergarten schon viiiel zu
groß!"

„Trude, jetzt ist es soweit!" brüllte ich über den Gartenzaun. Ich schwenkte ein nagelneues und frisch gedrucktes Bommel-Exemplar über meinem Kopf hin und her.

Trude stellte ihre Gießkanne neben das Erdbeerbeet und wischte sich die Hände an ihrer Schürze ab. „Na dann, herzlichen Glückwunsch!" Lachend kam sie auf mich zu. „Wie viele sind es denn?"

„Zwanzig Freiexemplare haben die mir geschickt!" rief ich aufgeregt. „Schau mal, sind die nicht schön geworden?" Ich hielt Trude das kunterbunte Buch vor die Nase.

Trude nahm das Buch vorsichtig mit zwei Fingern um es nicht schmutzig zu machen. Dabei liefen ihr ein paar Tränen über die Wangen und sie wischte sich verstohlen das Gesicht ab. „Siehst du, Kammerjägerin, nun hast du dein erstes eigenes Buch in den Händen. Ich wette, das wird ein toller Erfolg!"

Dankbar und gerührt drückte ich Trude über den Gartenzaun hinweg an mein Herz. Wo wäre ich heute ohne sie! Trude, du Gute! „Danke für alles!" flüsterte ich.

„Ist ja schon gut", sagte Trude beschämt, „es macht mich glücklich, wenn du deinen Weg findest! Schon wegen der Kinder."

Ich drückte Trude einen dicken Schmatz auf die Stirn.

„Clementine, was stehen wir hier eigentlich rum und heulen? Das muss doch gefeiert werden!" Sie lachte übers ganze Gesicht. „Berta, Erna, wollen wir eine Gartenparty veranstalten?"

„Au ja!" schrie es begeistert aus der Hängematte.

„Na, dann kommt und helft mir bei den Vorbereitungen!" Trude band sich die Schürze ab. „Geht mal rein zu Onkel Ottokar, der soll die Bratwürste aus dem Gefrierschrank holen und eine Bowle ansetzen!"

Erna und Berta kletterten über den Gartenzaun und stürmten in Grieshammers Haus.

„Und was soll ich machen?" fragte ich Trude. „Soll ich vielleicht einen Kartoffelsalat zaubern?"

„Nix da! Das mache ich! Du gehst jetzt rein und telefonierst alle Freundinnen und Freunde von Erna und Berta an. Die sollen kommen, samt Eltern!"

„Warum denn das?" fragte ich verdutzt.

„Na, wegen der Werbung!" Trude sah mich übermütig an.

„Damit du dein Buch vorstellen kannst! Du hast doch genug Frei-exemplare! Und außerdem übst du gleich für deine erste Lesung."

„Was denn für eine Lesung? Trude? Weißt du wieder mal mehr als ich?"

Trude grinste geheimnisvoll: „Clementine auf dem Weg nach oben!" Dann lief sie eilig ins Haus um *meine* Siegesfeier vorzubereiten. Was für ein Goldstück!

Ich hatte es tatsächlich geschafft etwa zwanzig Leute kurzfristig zur Party einzuladen. Sogar Ernas Freund, der Powerranger Dominik, kam mit seiner allein erziehenden Mutter. Außerdem waren da noch der Patrick Gugelhupfer aus Bertas Gruppe, der die gleiche Frisur trug wie ich, und jede Menge Marküsse, Denisse und Isabells.

Ottokar Grieshammer hatte am Nachmittag im Garten Lampions aufgehängt und eine richtige kleine Tanzfläche für die Kinder gezimmert. Ich war beeindruckt.

„Clementine, wie siehst du denn aus!" schimpfte Trude mit mir, als ich den Garten betrat. „Nicht einmal umgezogen hast du dich!"

Stimmt, vor lauter Telefonieren hatte ich vergessen mich hübsch zu machen. „Entschuldigung, ich ziehe mich sofort um!"

„Aber was besonders Hübsches!" Trude hatte wieder so ein geheimnisvolles Lächeln um die Mundwinkel.

„Trude? Rück raus mit der Sprache!"

„Ich habe noch ein paar Überraschungsgäste für dich."

Mir klappte der Unterkiefer runter.

„Aber mehr verrate ich nicht! Und nun husch, husch – mach dich fertig!" Sie schubste mich einfach ins Haus.

Überraschungsgäste... was ziehe ich denn da am besten an? Mein Herz klopfte vor Aufregung. Wie ich Trude kannte, waren die Über-raschungsgäste wirklich eine Überraschung!

Ich entschied mich für ein kurzes, weißes Kostüm mit einem tiefen Ausschnitt.

„Das ist aber nicht jugendfrei!" meckerte Angie.

„Irgendwann müssen die Bengels ja mal aufgeklärt werden", erwiderte Beelzebub. „Außerdem sollen die Väter das Buch kaufen und nicht die Kinder."

Zwei Stunden später war die Party bereits in vollem Gange. Ottokar Grieshammer stand am Rost und ließ Bratwürste brutzeln und Trude teilte unentwegt Kartoffelsalat und Limonade aus. Erna prügelte sich unterm Tisch mit dem Powerranger um eine blinkende, heulende und knatternde Laserkanone. Berta und ihr Freund Patrick lagen splitternackt in der Hängematte und spielten Doktor. Und die anderen Kinder tobten zu den Klängen der New Bangels auf der Tanzfläche herum.

Am Tisch saßen acht Mütter und ein einsamer Vater und sie diskutierten über den Sinn der Rechtschreibreform und deren Auswirkung auf die Linkshänder.

„Stellen Sie sich nur mal vor", sagte eine dicke Mutti im giftgrünen Dirndl, „stellen Sie sich vor, Sie bekämen nun nach der Rechtschreibreform Zwillinge! Und der eine Zwilling ist ein Rechtshänder und der andere ein Linkshänder! Wie soll denn der Linkshänder mit dem Rechtshänder in der Schule Schritt halten können, wenn es kein 'Eszett' mehr gibt!"

„Wiesooo?" fragte eine sehr junge Mutti mit Silberblick und ließ demonstrativ den Mund gleich offen.

„Na, das ist doch ganz einfach!" stöhnte eine ältliche Mutti mit Brille und Gouvernantenknoten. Sie schien, was Kinder betraf, schon ziemlich viel Erfahrung zu haben, denn ihre Tochter, ebenfalls bebrillt und mit strenger Haartracht, saß still auf einem Stuhl und putzte ihre Zahnspange. Die Mama warf der jungen, schielenden Mutti einen verächtlichen Blick über den Tisch zu.

„Haben Sie denn noch nie etwas über die inflexible und kontrovers disorientierte Kompatibilität beider Gehirnhemisphären gehört?"

„Nööö." Der jungen, scheinbar noch ziemlich unerfahrenen Mutti klappte der Unterkiefer noch weiter herunter.

Die Gouvernante verdrehte angewidert die Augen und trank zur Beruhigung erst einmal einen Schluck Fencheltee, den ihr Trude extra hatte kochen müssen.

„Ich erklär's Ihnen!" rief der einsame Vater in die Runde.

Er war sichtlich zufrieden, dass er nun endlich auch mal etwas zur Konversation beitragen konnte. „Im Kopf unserer Kinder, äh, also eigentlich in jedem Kopf, befindet sich ein Gehirn." Er räusperte sich und schaute beifallheischend in die Runde.

Die junge, unerfahrene und schielende Mutti nickte eifrig.

„Also", fuhr der einsame Vater mit geschwollenem Kamm fort, „dieses Gehirn ist sozusagen durchgeschnitten. Äh, also natürlich nicht richtig durchgeschnitten, sondern mehr so..., äh, so geteilt." Der einsame und geschwollene Vater hielt inne, denn die ältliche Mutti hatte gerade mit einem lauten Klatsch ihre ältlich wirkende Tochter geohrfeigt, weil diese ihre Zahnspange mit Ketschup beschmierte.

„Also", fuhr er nach kurzer Unterbrechung fort, „die eine Hälfte des Gehirns ist sozusagen für die andere Hälfte des Körpers zuständig. Verstehen Sie?" Der einsame Vater strahlte.

„Nööö." Die schielende Mutti verstand nur Bahnhof und sperrte den Mund immer weiter auf.

„Das stimmt nicht ganz!" rief die dicke Mutti im giftgrünen Dirndl dazwischen.

„Die eine Hirnhälfte..."

„*Gehirn*hälfte!" verbesserte die ältliche, ohrfeigende Mutti mit strengem Blick und nippte wieder an ihrem Fencheltee.

„Ja, ja, ja", erwiderte die giftgrüne Dicke und fuhr eifrig fort. „Eine *Gehirn*hälfte ist für das Praktische zuständig und die andere *Gehirn*hälfte ist für die Phantasie und für die Gefühle zuständig." Freudestrahlend schaute sie in die Runde.

„Haben Sie das verstanden?" fragte die ältliche Gouvernantenmutti streng.

„Nööö."

„Die Bratwürste sind fertig!" trällerte Trude dazwischen.

„Kinder! Essen!"

Alle Marküsse, Denisse und Isabells rannten grölend an den gedeckten Tisch und stritten sich um die Bratwürste. Das sommersprossige Gesicht vom Powerranger tauchte kurz zwischen den Beinen seiner Mutter auf und schielte nach dem Essen.

„Aufgeplatzte Bratwürschtel, *geil*!" schmatzte der Powerranger und grabschte sich zwei Würste, um sofort wieder mit seiner Beute unterm Tisch zu verschwinden. Auf der anderen Seite tastete eine

schmutzige Hand nach der Ketschupflasche. Den fünf dreckver-
krusteten Ringen nach zu urteilen, musste das Ernas Hand sein.
Schwupp, verschwand die Schmuddelhand samt Ketschupflasche
unterm Tisch.

„Berta, Patrick!" Trude hielt nach den beiden Ausschau. Aber in der
Hängematte waren sie nicht mehr, da lagen nur noch Kleider, Hemd-
chen und Höschen.

„Wir haben keinen Hunger!" rief es aus dem Nachbargarten.

Ich stand auf und lief zum Zaun. Da saßen die beiden nackt in Birnbaums Erdbeerbeet und plünderten die Senga-Sengana-Zucht.

„Kommt ihr da raus!" zischte ich und schaute vorsichtig zum Haus
der Birnbaums. Aber nichts bewegte sich. Wahrscheinlich waren sie
wiedermal zum Segeln in Italien oder zum Drachenfliegen in Nor-
wegen.

Trude schleppte schon wieder Würschtlnachschub heran.

„Bedienen Sie sich!" forderte sie die Gäste fröhlich auf. „Und was
ist jetzt mit den Zwillingen?"

„Welchen Zwillingen", fragte die Mutti im giftgrünen Dirndl
schmatzend und griff nach der dritten Wurst.

„Na, die Benachteiligten! Na, wegen der Rechtschreibreform!" Trude goss mir Bowle ein.

„Ach ja, wir waren ganz vom Thema angekommen!" fiel dem einsamen Vater aufs Stichwort ein.

Der giftgrünen Mutti tropfte das Fett ihrer Bratwurst aufs Dekolleté.

„Also", hob sie kauend an, „wenn nun die eine Hirnhälfte..."

„*Gehirn*hälfte!" verbesserte die Gouvernante.

„Ja, ja, ja, ja, ja! Wenn nun die eine *Gehirn*hälfte für die Phantasie
zuständig ist und die andere fürs Praktische, so ist das beim Linkshänder genau umgekehrt!" Triumphierend griff sie nach der vierten
Bratwurst.

„Und was hat das mit dem 'Eszett' zu tun?" fragte Trude beiläufig.

„Na, hören Sie mal!" plärrte die ältliche Mutti mit dem Gouvernantenknoten am Kopf, „wie soll denn der eine Zwilling..."

„Sozusagen, der *Illing*!" rief die schielende Mutti freudestrahlend.

„Quatsch!" maßregelte die Gouvernantenmama, „wie soll denn der
Zwilling, der Linkshänder ist und der also rechtshirnig..."

„Rechts*gehirnig*!" rief die schielende Mutti begeistert.

„Rechts*hirnig*! Rechts*hirnig*!" rief die Gouvernante aufgebracht und trank nervös an ihrer Tasse Fencheltee. Dann fuhr sie genervt fort: „... der also rechts*hirnig* gesteuert wird, wie soll der denn ohne einen Sinn fürs Praktische ein einfaches 'S' von einem doppelten 'S' unterscheiden können, hä?"

Alle schauten beeindruckt zur Gouvernantenmutti.

„Das ist mir zu hoch!" gab Trude zu und holte neue Würste.

„Ist doch ganz einfach", erklärte die giftgrüne Dicke kauend. „So ein phantasiegesteuertes Kind hätte sich doch viel leichter ein 'Eszett' einprägen können!" Sie griff nach der nächsten Bratwurst. „Da kann doch so ein linkshändiger Zwilling beim 'Eszett' zum Beispiel an eine Brille denken oder an zwei Kugeln Eis!" Sie wischte sich das Fett vom Busen.

Oder an Mutters Busen, dachte ich beim Anblick ihres überquellenden Ausschnittes.

Die schielende Mutti war tief in ihren Gedanken versunken. Das sah man am herunter hängenden Unterkiefer. Plötzlich blitzte es hinter ihrem Silberblick. „Und wieso passiert das gerade bei den Zwillingen?" fragte sie zaghaft.

Alle schauten sich verdutzt an, besonders die Gouvernante stöhnte und rollte mit den Augen.

„Ja, wieso eigentlich?" fragte der einsame Vater und sein eben noch geschwollener Kamm fiel in sich zusammen.

„Keine Ahnung!" muffelte die Dicke im Giftgrünen und wischte sich ihre Fettfinger an einer neuen Serviette ab.

„Das war doch nur rein hypothetisch und ..." rief die Gouvernante. Doch mitten im Satz wurde sie von quietschenden Autoreifen unterbrochen.

„Das sind meine Überraschungsgäste!" rief Trude aufgeregt und stürzte ans Tor.

Mein Herz klopfte wie wild und ich zupfte mir mein Kostüm zurecht. Trude kam mit zwei Herren in den Garten und plapperte fröhlich auf den Älteren ein.

„Das ist unsere frisch gebackene Autorin!" stellte sie mich lachend vor.

Ich erhob mich und machte einen artigen Knicks.

„Nun rate mal, wer die Herren sind!" Trude hatte den Älteren unter-
gehakt und strahlte mich an.

Ich zuckte mit den Schultern und lächelte höflich.

Der grauhaarige, ältere Herr im Zweireiher verbeugte sich und blinzelte mich aus zwei wachen Augen an: „Gestatten, Ernst Eierhuber."

„Mein Verleger!" stotterte ich und schüttelte ihm kräftig die Hand.

„Und das ist Bert Buchinger, ein Regisseur." Trude deutete auf den
jüngeren Mann in Jeans und Lederjacke.

Ich fiel fast in Ohnmacht.

Das war *der* Buchinger! Ich fasste es nicht.

Lachend hielt er mir die Hand hin und zwinkerte.

„Ich, äh..., ich habe gerade Ihren, äh..., Ihren letzten Film gesehen...
'Vom Winde gebläht'... mit Rinaldo..."

Trude bot den beiden Plätze an.

„Ernst, also Herr Eierhuber, und Herr Buchinger sind auf der Durch-
reise von München nach Berlin. Deshalb habe ich sie eingeladen",
erklärte Trude den Gästen. „Ernst und ich sind alte Bekannte."

Ernst Eierhuber nickte freundlich und begrüßte Trudes Mann.

„Ja", sagte er und nickte mir wieder zu, „so kann ich mein jüngstes
Schäfchen im Stall gleich mal persönlich kennen lernen!"

Trude gab ihm einen freundschaftlichen Klaps: „Aber Ernst!"

Ottokar bewirtete die beiden mit einer neuen Fuhre Bratwürste.

„Sie erlauben doch?" mischte sich die dicke Mutti im giftgrünen
Dirndl ein und angelte sich eine neue Bratwurst vom Teller.

„So, nun schießen Sie mal los!" forderte mich mein Verleger auf.

Trude pappte ihm eine Riesenportion Kartoffelsalat auf den Teller.

Gehorsam öffnete ich mein „Bommelbuch" und räusperte mich.

„Ich bitte um Ruhe!" rief Trude in die Runde. „Alle setzen sich jetzt
auf ihre Plätze! Auch der Dominik!"

„Dominik, härste nich!" rief seine etwas schüchterne und bis jetzt
noch nicht zu Wort gekommene Mutter unter den Tisch. Erna und
der Powerranger kletterten maulend auf ihre Stühle.

Trude stellte sich hinter ihren Freund Eierhuber und faltete feierlich
die Hände: „Sie werden sich sicher schon gefragt haben, warum Sie
so plötzlich zu diesem Gartenfest eingeladen wurden."

Alle schauten neugierig auf die beiden Überraschungsgäste und
nickten.

„Wir haben uns heute hier versammelt", fuhr Trude feierlich fort, „weil wir eine neue Autorin feiern wollen, unsere Clementine Kammer-Jäger!"

Alle klatschten begeistert und schauten mich überrascht an.

„Frau Kammer-Jäger hat nämlich ein allerliebstes Kinderbuch geschrieben und sie hat sogar die Bilder selbst gemalt."

Ich nickte bescheiden und stierte auf mein Buch.

„Heute wird nun dieses Buch", Trude machte eine Pause, „dieses Buch in erlauchter Runde vorgestellt! Anschließend erhalten Sie alle ein Freiexemplar für Ihre Kinder!"

Alle klatschten wieder laut Beifall und prosteten mir zu.

„Natürlich wird Ihnen Clementine auch eine Widmung hineinschreiben, wenn Sie es wünschen. Und nun viel Vergnügen mit 'Bommel, dem kleinen Robbenbaby'!" Trude ließ sich auf einen Stuhl fallen und wischte sich den Schweiß von der Stirn.

Zitternd öffnete ich das Buch und begann mit der ersten Geschichte. Nach fünf Minuten war es mucksmäuschenstill am Tisch, sogar der Powerranger zappelte nicht mehr auf seinem Stuhl herum. Alle Kinder und Mütter hingen gebannt an meinen Lippen. Nur der einsame Vater hing gebannt an meinem Dekolleté.

Nachdem die Geschichte zu Ende war, schloss ich aufatmend das Buch.

„Noch eine Geschichte Mama! Bittööö!" Berta hüpfte von ihrem Stuhl und setzte sich vor meine Füße.

„Ja, noch eine!" riefen jetzt auch die anderen Kinder und taten es Berta nach.

„Ich weiß nicht..." sagte ich gerührt, „ich möchte aber die Erwachsenen nicht langweilen."

„Wenn de nicht weiterliest, hau ich dir eene!" Dominik kniff die Lippen zusammen und drohte mir mit der Laserkanone.

„Dominik!" tadelte ihn seine Mutter mit hochrotem Kopf. „Warte ma, bis mir heeme kommen!"

Ich schlug das Buch wieder auf und begann mit der zweiten Geschichte. Anschließend folgte noch eine dritte und vierte Geschichte und nach einer Stunde hatte ich das ganze Buch vorgelesen.

„Das wa aba ssööön!" rief Patrick ganz entzückt und fummelte in seinem Hosenstall herum.

Ich klappte das Buch zu und trank erst einmal ein Glas Bowle. Ernst Eierhuber und Bert Buchinger hatten mich die ganze Zeit nicht aus den Augen gelassen und tuschelten unentwegt miteinander.

„So, nun wird aber richtig gefeiert!" rief Trude vergnügt und gab Ottokar ein Zeichen. Der stand gehorsam auf und trottete zur Stereoanlage, die er am Nachmittag im Garten aufgebaut hatte. Dann erklangen leise Schnulzen aus der guten alten Zeit. Trude forderte Ottokar zum Tanzen auf. Die beiden wiegten sich im Takt wie Turteltäubchen und kicherten und schäkerten miteinander.

Ich drückte allen Muttis und dem einsamen Vati Bommel-Bücher mit Widmungen in die Hände. Sie bedankten sich artig und zogen ihre Gören an. Innerhalb von zehn Minuten waren alle Gäste verschwunden, bis auf meinen Verleger und Bert Buchinger. Als wir nun endlich unter uns waren, ließen wir die Sektkorken knallen und stießen noch mal auf mein Buch an.

„Ich möchte, dass Sie sich morgen an die Arbeit machen und gleich eine Fortsetzung der Bommelgeschichten schreiben." Ernst Eierhuber blinzelte mich zufrieden an.

„Waaas?" Ich verschluckte mich am Sekt und fing an zu husten.

„Aber Sie wissen doch gar nicht, ob das Buch..." stotterte ich verlegen.

„... ein Erfolg wird?" beendete Ernst Eierhuber den Satz. „Ich kann den Erfolg förmlich riechen!" Er zwinkerte mir aufmunternd zu.

„Ja gut, dann schreibe ich eben weiter!" erwiderte ich glücklich.

„Tun Sie das, Clementine! Tun Sie das."

Bert Buchinger stellte sein Glas auf den Tisch und stand auf.

„Wollen Sie schon gehen?" fragte ich erschrocken.

„Nicht, bevor wir getanzt haben!" Bert Buchinger knöpfte seine Lederjacke zu. „Darf ich bitten?"

Das glaubt mir kein Schwein! Ich tanze mit dem berühmten Regisseur Buchinger einen Foxtrott und zwar im Garten von Grieshammers!

Ich schmiegte mich eng an seine Lederjacke. Vielleicht war diese Jacke ja bei den Dreharbeiten zu „Vom Winde gebläht" mit Rinaldo Ringelstein in Berührung gekommen! Vielleicht hatten sie sich brüderlich umarmt oder auf die Schultern geklopft! Ich roch an Bert Buchingers Schulter. Hm! Das musste der Geruch von Rinaldo sein!

„Als Sie vorhin Ihr Buch vorgelesen haben", flüsterte mir Bert Buchinger ins Ohr, „und als ich die Kinder zu Ihren Füßen sitzen und andächtig lauschen sah, da kam mir eine Idee."

Aha. Heute konnte mich nichts mehr überraschen! Isses möglich! Foxtrott mit Buchinger!

„Clementine, hören Sie mir zu?"

„Natürlich!" erwiderte ich erschrocken. „Ihnen kam eine Idee..."

Was interessieren mich seine neuen Ideen, wenn ich Rinaldo am Revers erschnuppern kann. Foxtrott mit einer Lederjacke, die Rinaldo Ringelstein berührt hat! Göttlich!

„Ich möchte vielleicht Ihr Buch verfilmen."

Ach so. Verfilmen. Na und? Ich sog den imaginären Duft von Rinaldo in beide Lungenflügel.

„Waaas?" Abrupt stieß ich Bert Buchinger von mir. „Was sagten Sie eben noch mal?"

Bert Buchinger lachte schallend: „Ich möchte die Bommelgeschichten verfilmen! Wollte schon lange mal was für Kinder machen."

Das war zu viel! Ich setzte mich mit meinem weißen Kostüm auf die Wiese. Aha. Gerade mal eben mein Bommelbuch verfilmen. Zwar ist noch kein einziges Exemplar verkauft, aber er will so nebenbei mal mein Buch verfilmen.

„Und wer soll den Bommel spielen? Vielleicht der Birk Dach?"

Bert Buchinger lachte noch lauter.

„Nein, natürlich nicht mit Menschen! Ein Zeichentrickfilm soll das werden!"

„Ach so."

„Und als ich Sie vorhin so andächtig sitzen sah mit den vielen Kindern drumherum, da kam mir die Idee."

Ja, logisch! Da kam ihm die Idee.

Bert Buchinger setzte sich neben mich auf die Wiese und legte den Arm um mich. Er holte mit dem anderen Arm weit aus und malte Bilder in die Luft. „Stellen Sie sich vor, Clementine. Jede Folge beginnt damit, dass ein Geschichtenerzähler in einem Sessel vor einem prasselnden Kaminfeuer sitzt und mit der Brille auf der Nase das Buch aufschlägt. Zu Füßen der betreffenden Person sitzen einige Kinder, welche der Geschichte lauschen."

Ich nickte. So weit konnte ich noch folgen.

„Dann, nach ein paar einführenden Worten des Geschichtenerzählers, beginnt die eigentliche Geschichte und zwar als Zeichentrickfilm. Vom Geschichtenerzähler hört man nur noch die Stimme. Der erzählt die Story."

Ernst Eierhuber stand auf und zog sich sein Jackett an.

„Nochmals herzlichen Glückwunsch, Clementine!" Ernst Eierhuber reichte mir die Hand.

Wir erhoben uns vom Rasen und schüttelten uns lachend die Hände. Trude und Ottokar kamen gelaufen.

„Wollt ihr schon gehen?" fragte Trude traurig.

„Ja leider, wir müssen."

Bert Buchinger umarmte mich und gab mir einen flüchtigen Kuss.

„Also, Sie hören von mir, Clementine! Ich schicke Ihnen ein Angebot zu, sobald ich einen Geschichtenerzähler unter Vertrag habe. Und Sie arbeiten natürlich am Drehbuch mit!"

Meine Augen strahlten feuchtfröhlich und meine Knie schlackerten in der Gegend herum. „Auch noch am Drehbuch?" hauchte ich beeindruckt.

„Natürlich! Und bei den Dreharbeiten sind Sie mit Ihren Kindern selbstverständlich dabei!" Am Gartentor drehte sich Bert Buchinger noch einmal um. „Ach übrigens, wegen des Geschichtenerzählers. Ich habe da an Rinaldo Ringelstein gedacht! Mal sehen, ob wir *den* für unser Projekt begeistern können!"

Um mich herum wurde es zappenduster und ich fiel in eine tiefe Ohnmacht.

Sechs Wochen später lag der heiß ersehnte Brief im Briefkasten.

„Kommt, wir gehen mal rüber zu Tante Trude!" rief ich vergnügt.

„Au fein!" brüllte Berta. „Da kriege ich Kakau. Mit viiiel Schokolade drin!"

„Und Kuchen und Plätzchen!" fügte Erna hinzu. „Bei uns gibt's ja so was nur zu Weihnachten."

Trude grinste schon, als sie die Haustür öffnete.

Trude? Weißt du etwa schon wieder Bescheid? Isses möglich! Bestimmt hat sie wieder heimlich mit Ernst Eierhuber telefoniert!

„Na, ihr drei Süßen, kommt mal rein!" sagte Trude und schmunzelte übers ganze Gesicht. Es duftete bereits verdächtig nach Kakao und Kuchen.

„Trude, ich glaube, du weißt schon wieder, was ich dir erzählen will!" sagte ich vorwurfsvoll.

„Na, na, was denkst du denn von mir!" Sie lachte aus vollem Halse.

„Sagen wir mal, ich habe eine gewisse Vorahnung!"

„So so. Vorahnung! Und der frisch gebackene Kuchen? Auch Zufall?"

„Äh..., den habe ich für Ottokar gebacken."

„Ach nee! Und seit wann trinkt Ottokar Kakao?" Ich amüsierte mich über Trudes gespielte Unschuld. Ach Trude, du Goldstück! Bei dir fühle ich mich wie damals, vor fast dreißig Jahren, bei meinen Großeltern. Liebe, Kuchen und Kakao – so muss wohl das Paradies aussehen! Da können höchstens noch Kaviar mit Rinaldo Ringelstein oder die klebrigen Hustensaftschnuten von Erna und Berta mithalten! Ich drückte Trude mit der ganzen Inbrunst meines vor Liebe überlaufenden Herzens an meine Brust.

„Na, nu erzähl mal", sagte Trude und goss mir Kaffee ein.

Triumphierend hielt ich ihr den Brief unter die Nase. Trude wischte sich die Hände an ihrer Schürze ab und holte die zusammengefalteten Seiten heraus. Dann stand sie wieder auf und kramte ihre Lesebrille aus einer Schublade.

„So, aha,... Sehr geehrte Frau Kammer-Jäger..." Sie studierte aufmerksam den Brief. Ich schlürfte an meinem heißen Kaffee und beobachtete die Kinder. Berta war im ganzen Gesicht mit Kakao beschmiert und krümelte unter den Tisch.

„Berta benimmt sich wie das Krümelmonster!" bemerkte Erna vorwurfsvoll und nahm sich artig ein neues Stück Kuchen vom Teller.

Versonnen blickte ich die beiden an. Erstens war es nicht *meine* Küche, die da soeben verkrümelt wurde, und zweitens war heute sowieso der allerschönste Tag in meinem Leben! Ich sah also keinen Grund für erzieherische Maßnahmen und schlürfte genüsslich weiter an meiner Tasse.

„Mama, warum schimpfst du denn nich mit der Berta?" wollte Erna wissen.

„Genau!" pflichtete ihr Berta bei. „Ich bin nämlich böse. Du *musst* mit mir schimpfen, Mama!"

Ich lachte.

„Du sollst nich lachen!" Berta war eingeschnappt. „Du musst gaaanz laut schimpfen, so wie sonst!"

„Aber warum denn? Sei doch froh, wenn die Mama so zufrieden mit sich und der Welt ist", lenkte ich versonnen ein.

„Aber dann macht das Krümeln doch keine Spaß!" lamentierte Berta.

Trude legte den Brief auf den Tisch und lachte mich wieder an.

„Na, dann lernst du ja *endlich* deinen Rinaldo kennen! Herzlichen Glückwunsch."

„Stell dir vor, ich drehe mit Rinaldo einen Film! Wer hätte das noch vor einem halben Jahr gedacht!" Ich strahlte wie die Zahnarztfrau aus der Werbung, die Dank ihres Zahnarztgatten ihre Zähne immer mit der richtigen Zahnpasta putzt.

„Mama? Wer is'n Rinaldo?" fragte Berta neugierig.

„Das ist ein Schauspieler", erklärte Erna ihrer Schwester, „der vom Forsthaus Adlerau."

„Och, *der* alte Opa!" erwiderte Berta enttäuscht. „Ist der etwa dein neuer Verliebter?" Trude und ich lachten herzhaft.

„Nee, Schatz! Aber Rinaldo ist ein toller Mann!"

„Und hast du den etwa schon geküsst?" Berta grinste verlegen und bekam rote Bäckchen. „Aber ehrlich, Mama! Nich schwindeln!"

„Nein, Bertalein! Ich kenne ihn doch nur vom Fernsehen. Aber bald lernen wir ihn ja kennen!"

„Wir auch?" Berta machte große Augen.

„Natürlich nehme ich euch mit, wenn das Bommelbuch verfilmt wird."

„Und küsst du ihn dann mal?" Berta schaute mich erwartungsvoll an.

Ich strich ihr übers Haar. „Ich sage es dir, wenn's soweit ist! Okay?"

Erna verdrehte angewidert die Augen. „Küssen ist eklig! Der Dominik hat mir mal erzählt, dass sich Liebespaare die Zunge in den Mund stecken!"

„Iiiiiiiiiii!" Berta schüttelte sich und verzog angewidert das Gesicht. Trude hielt sich den Bauch vor Lachen: „Wenn ihr mal groß seid, macht ihr das auch und habt noch Spaß daran!"

„Ich nicht!" protestierte Erna. „Ich mache das höchstens mit einem, den ich nich leiden kann!"

Trude wischte sich die Freudentränen aus den Augen und kicherte: „So, ihr Zwei. Nun mal ab ins Wohnzimmer zu Onkel Ottokar, der spielt mit euch Mau-Mau!"

„Au fein!" Erna und Berta hüpften aus der Küche.

Trude goss uns Kaffee ein.

„Clementine, hast du eigentlich ein eigenes Bankkonto?"

Ich zuckte mit den Schultern. „Eigentlich nicht. Franz und ich haben ein gemeinsames Konto. Da hebe ich einfach ab, was ich für uns brauche."

„Clementine!" Trude schüttelte den Kopf. „Du musst dir schnellstens ein eigenes Konto eröffnen! Irgendwann sperrt er dir das Konto und was dann?"

„Du hast ja recht. Aber wenn schon, dann gehe ich auf eine andere Bank! Ein neues Leben – eine neue Bank!"

„Genau. Und außerdem werden bald die ersten Schecks von deinem Buch ins Haus flattern! Es wäre gut, wenn das Geld nicht auf das Konto von Franz ginge."

Ich nickte: „Okay. Morgen kümmere ich mich drum. Was meinst du, zu welcher Bank ich gehen soll?"

„Ja, die Auswahl ist da groß." Trude überlegte. „Weißt du, voriges Jahr hat doch neben dem Parkhaus so eine neue Bank aufgemacht. Ich glaube, die heißt S&S-Bank. Von der habe ich bisher nur Gutes gehört! Soll ganz modern eingerichtet sein und einen ausgesprochen guten Service bieten."

Das klang gut. „Ich werde mir die Bank mal anschauen. Ich habe da auch noch ein Sparbuch mir einer kleinen Erbschaft von meiner Oma. Vielleicht sollte ich das Geld richtig anlegen!"

Ach Trude, du bist wie eine Mutter zu mir. Isses möglich! Am liebsten würde ich dich adoptieren.

Ottokar spielte noch eine Weile mit den Kindern und Trude und ich tranken Kaffee und schwelgten in Phantasien über das bevorstehende Treffen mit Rinaldo.

„Clementine, ich glaube, du bist in den Ringelstein verliebt", sagte Trude mit ernster Miene.

„Hoffentlich verrennst du dich nicht in einen Traum und wirst dann enttäuscht!"

„So wie mit deinem Sandro!" fügte sie schmunzelnd hinzu.

Erschrocken schaute ich Trude an. „Woher weißt du..."

Trude lachte. „Der Buschfunk, Clementine!"

„Ob das noch mehr Leute wissen?" fragte ich besorgt.

„Keine Angst, ich weiß es von Berta. Sie hat mir die Geschichte vom kranken Weihnachtsmann erzählt und jedes zweite Wort war Onkel Sandro und so weiter!"

Ich atmete tief ein und aus.

„Diese Kinder! Die können aber auch nichts für sich behalten!"

Wir lachten beide.

Trude durchbohrte mich mit ihren Blicken. „Aha, also stimmt's doch. Da lag ich mit meiner Vermutung ja richtig!"

Ich seufzte und dachte an Sandro.

Trude schien meine Gedanken zu lesen. „Wo steckt denn dieser Sandro und wieso habt ihr euch eigentlich getrennt?"

Ich erzählte Trude die ganze Geschichte und sie lauschte aufmerksam. Nach zehn Minuten war ich fertig.

„Aber Gott sei Dank war *ich* in diesen Schuft *nicht* verliebt!" beendete ich meinen Bericht.

Trude schmunzelte. „Und weißt du, wo er zurzeit ist?"

„Keine Ahnung, irgendwo im Ausland."

„Und *wie* heißt der noch mal?"

„Sandro Sack. Ich glaube, er arbeitet auf irgendeiner Bank."

„Sack heißt der?" Trude kniff die Augen zusammen und überlegte.

„Kennst du ihn etwa?" Mein Herz klopfte plötzlich bis zum Hals.

„Nö, ich glaube nicht." Trude winkte ab. „Also denk dran, mach dir nicht so viel Hoffnung auf den Ringelstein!

„Auf Rinaldo? *Niemals*!"

Trude seufzte: „Clementine, du bist eine Tagträumerin. Wenn das mal gut geht!"

Ich öffnete eine der großen Glastüren der S&S-Bank und betrat die Schalterhalle. Staunend blickte ich mich um. In dem vom Tageslicht erhellten Raum standen riesige Palmen und Grünpflanzen zu kleinen Grüppchen angeordnet und hinter jeder dieser Oasen befand sich ein runder Glastisch, an dem die Angestellten jeweils einen Kunden bedienten. Der gesamte Raum war in verschiedenen Flieder- und Lilatönen gehalten, sogar die riesige Glaskuppel war mit sparsam verteilten, fliederfarbenen Mosaiken verziert. Der gesamte Raum vermittelte ein fernöstliches Ambiente. Leise plätschernde Springbrunnen im hellen Sonnenlicht und gedämpfte klassische Musik untermalten die gediegene Atmosphäre. Es gab keinerlei Schalter mit ellenlangen Schlangen und keine gelben Striche auf dem Teppich mit der Aufschrift „Bitte halten Sie Abstand!".

Während ich mich umsah, sprach mich eine junge Bankangestellte im fliederfarbenen Kostüm freundlich an.

„Kann ich Ihnen weiterhelfen?"

„Ja. Ich bin noch kein Kunde bei Ihnen, möchte aber gern einer werden."

„Herzlich willkommen!" Die Bankangestellte lächelte mich an. „Wie gefällt Ihnen unsere Bank?"

„Nun, ich bin angenehm überrascht!" gab ich ehrlich zu.

„Das ist die Idee unseres Juniorchefs. Wir wollen eine neue, kundenfreundliche Atmosphäre schaffen." Die fliederfarbene Angestellte brachte mich zu einer der Palmenoasen und bot mir Platz an. „Herr Schnabel wird Sie sofort bedienen!" entschuldigte sie sich. „Darf ich Ihnen unterdessen etwas zu Trinken anbieten? Einen Kaffe oder Cappuccino? Oder lieber Tafelwasser? Orangensaft? Sekt?"

Der freundliche Service beeindruckte mich.

„Sekt haben Sie auch?" fragte ich ungläubig und fügte lachend hinzu, „aber ich denke, ich möchte meine Geschäfte mit Klarsicht abwickeln. Bringen Sie mir doch bitte einen Cappuccino!"

Die fliederfarbene Lady entfernte sich lautlos und ich griff nach dem lilafarbenen Aschenbecher auf dem Glastisch. Zufrieden zündete ich mir eine Zigarette an, eine „Stirb langsam – light". Das war ein Überbleibsel aus der Zeit mit Sandro. Seitdem rauchte ich nur noch diese Marke.

„Musst du schon wieder qualmen!" schimpfte Angie.

Erlaube mal, das ist heute meine erste Zigarette!

„Du weißt, Rauchen schadet dem Teint!" belehrte sie mich.

„Clementine wird hier ausnahmsweise mal wie eine Dame behandelt, also darf sie sich auch so benehmen!" fauchte Beelzebub zurück.

Genau! Übrigens, wo habt ihr Zwei denn so lange gesteckt? Ich habe ja ewig nichts mehr von euch gehört!

„Och, seit du dich von Franz getrennt hast und so zielstrebig deinen Weg gehst, brauchst du uns ja nur noch sehr selten!" Angie schluchzte.

„Und da haben wir gedacht", fügte Beelzebub an, „wir brauchen auch mal Erholung von dir! Und so sind wir zwei in Urlaub gefahren."

Waaas? Ihr habt euch davongeschlichen ohne mir etwas zu sagen? Das ist aber fies!

„Der Urlaub war sowieso blöd!" schimpfte Angie.

Wo wart ihr denn?

Angie seufzte wieder. „Erst waren wir im Himmel, aber da sind wir nach zwei Tagen rausgeflogen, weil Beelzebub sich so unmöglich aufgeführt hat!"

„Quatsch! Ich habe lediglich ein bisschen Stimmung in den müden Haufen gebracht!" erwiderte Beelzebub und griente.

„Du hast die Harfen zertrümmert und stattdessen Elektrogitarren an die Engel verteilt! Außerdem hast du Whisky eingeschmuggelt und im Suff den Petrus mit 'Raubsau' betitelt! Dann hast du alleine sämtliche Mannavorräte ausgetrunken und den Thron vom lieben Gott mit Hirsebrei beschmiert!"

Das hast du alles getan? Ich muss mich ja schämen für dich!

„Na und? Nach dem Rausschmiss sind wir zu meiner Großmutter in die Hölle weitergefahren. Was denkst du, was Angie da alles gemacht hat!" verteidigte sich Beelzi.

„*Überhaupt* nichts Schlimmes!" protestierte Angie.

„Von wegen! Erst hat sie drei Tage und drei Nächte ununterbrochen auf meine Großmutter eingeredet, bis Angie sie zum Glauben bekehrt hatte! Jetzt ist Oma kein bisschen mehr boshaft, sondern liest die Bibel und singt den ganzen Tag unentwegt 'Halleluja'! Dann hat sie in der Hölle den Gruppensex abgeschafft und von den Teufelinnen Jungfräulichkeit bis zur Ehe verlangt! Und den Chef hat sie so bezirzt, dass er sich vor lauter Liebe seine Hörner zu einem Heiligenschein umgebogen hat!"

Angie kicherte leise hinter vorgehaltener Hand.

„Und nun sind wir wiedermal verstritten!" lamentierte Beelzebub. Ruhe jetzt!

Ein junger, gut aussehender Mann näherte sich mit großen Schritten meinem Tisch. Er trug einen sommerlichen, weißen Anzug mit einem fliederfarbenen T-Shirt drunter.

„Entschuldigen Sie vielmals!" begann er und lächelte mich an. „Normalerweise wartet bei uns niemand länger als eine Minute, aber ich habe gerade mit unserem Juniorchef in Singapur wegen einer wichtigen Angelegenheit telefoniert und die Verbindung war dauernd unterbrochen. Tut mir wirklich Leid!" Er sprach höflich und wirkte sehr ausgeglichen, genau wie die Dame, die mich in Empfang genommen hatte.

„Macht nichts", erwiderte ich großzügig, „derweil habe ich mich ein bisschen umgesehen."

„Und wie gefällt es Ihnen bei uns?" fragte der junge Mann artig.

„Toll, einfach geschmackvoll! Wenn der restliche Service genauso gut ist..."

„Wir geben uns die größte Mühe!" sagte er und ich glaubte ihm. Das war das erste Mal, dass ich einem Bankmensch vertraute. Meistens waren sie nur freundlich, solange man große Summen anlegte oder hohe Kredite abschloss, natürlich mit Bürgschaft! Aber wehe, man kam in Zahlungsschwierigkeiten! Dann wurde man herablassend und unmündig behandelt!

Leise, um nicht zu stören, stellte die fliederfarbene Angestellte meinen Cappuccino auf den Tisch. Hm, auch noch eine große Tasse und mit viel Sahne!

Während ich in meiner Tasse rührte, füllte der Bankangestellte ein kurzes Formular aus und legte ein Konto an. Dann besprachen wir die Möglichkeiten, die es gab, meine Erbschaft Gewinn bringend anzulegen. Nach einer halben Stunde waren wir fertig und verabschiedeten uns.

„Und grüßen Sie unbekannterweise Ihren Juniorchef mit dem guten Geschmack!"

„Das werde ich gern tun", antwortete er und gab mir seine Visitenkarte. „Ich freue mich auf eine gute Zusammenarbeit!"
Natürlich! Je reicher, desto freu!
Zufrieden trippelte ich über den lila Plüschflor in Richtung Ausgang.

Ein paar Tage später klingelte es an der Haustür.
Nanu? Wer konnte das sein? Es war der Postbote, der mir einen Brief in die Hand drückte. Aha. Ich unterschrieb ein Formular und schaute nach dem Absender: S&S-Bank stand da auf dem Stempel. Was die wohl wollen? Ich ging mit meiner Post in die Küche und öffnete das Einschreiben.
„Sehr geehrte Frau Kammer-Jäger!
Als neue Kundin unserer Bank dürfen wir Sie zu unserem vierteljährlichen Gewinnspiel einladen! Es gibt in jedem Quartal eine Menge toller Preise zu gewinnen. Hauptpreis ist immer eine Fernreise.
Bitte schicken Sie den Abschnitt mit der Losnummer umgehend an Ihre Filiale zurück, dann haben Sie die Chance auf Preise im Wert von fünfzigtausend Euro! Übrigens, der Hauptpreis in diesem Quartal – also unsere Fernreise - führt diesmal für drei Wochen nach Tibet und Nepal!"
Mein Herz machte einen Riesen-Sprung und klopfte wie wild. Nee, isses möglich! Eine Tibetreise – mein größter Traum!
Doch sofort fiel ich in eine tiefe Depression und knüllte den Brief zusammen.
Noch *nie* hatte ich etwas gewonnen! Noch nicht mal den Trostpreis, meistens eine Billigbrosche oder ein Schlüsselanhänger.
Wieso sollte gerade ich diese Tibetreise gewinnen! Nee, Clementine, das is' nich möglich! Ab in den Papierkorb, sonst freust du dich und steigerst dich rein und dann kriechst du eine nette Absage mit dem Hinweis, dass du es ja im nächsten Quartal wieder versuchen darfst! Dann geht's vielleicht in die Antarktis! Nee, nee, nich mit mir!

„Genau, was sollen die Spielereien!" rief Beelzebub dazwischen.
„Bald sind wir reich und können uns selbst eine Reise kaufen!"
Angie strich sich nachdenklich übers Kinn. Dann ging sie in den
Schneidersitz und schloss die Augen.

„Die spinnt wieder!" beschwerte sich Beelzi.

Wieso, was tut sie denn da?

„Meditieren oder wie das heißt. Rücksprache mit den Erzengeln halten, sagt sie. Völliger Blödsinn! Gleich wird sie dir raten das Spiel
mitzumachen! Aber hör lieber auf mich, damit fährst du besser!"

Inzwischen hatte Angie wieder die Augen geöffnet.

„Clementine?"

„Hm."

„Du sollst *doch* mitmachen! Der Gabriel hat mir eben was Wichti-
ges durchgefunkt!"

„Hör nicht auf sie!" drohte Beelzebub.

Angie beachtete ihn gar nicht. „Weißt du, der Gabriel hat mir gesagt,
falls du wirklich gewinnst, gäbe es bei dieser Reise eine äußerst
wichtige Begegnung!"

„Wer soll das schon sein", knurrte Beelzi, „vielleicht der Papst?"

Nee, der Papst nich, aber der Dalai Lama!!!

„Angie, ist es etwa der Dalai Lama?" fragte ich aufgeregt.

„Tut mir Leid, das weiß ich nicht. Das hat mir der Gabriel nicht sagen
wollen."

Natürlich! Der Dalai Lama! Wer sonst! Ich überlegte. Vielleicht sollte ich an diesem Spiel doch teilnehmen! Der Dalai Lama war es auf
jeden Fall wert! Ich holte den zerknitterten Brief aus dem Papierkorb
und strich ihn glatt. Dann füllte ich fein säuberlich die Zeilen aus und
klebte eine Briefmarke auf das Kuvert. Mit einem inbrünstigen Stoß-
gebet verabschiedete ich den Brief und warf ihn in den Briefkasten.
So, geschafft! Und nun Daumen halten!

In dieser Nacht träumte ich von meiner Reise. Ich stand im Schlaf-
anzug auf dem Flughafen, denn ich hatte meine Koffer vergessen.
Eine liebenswürdige Stewardess borgte mir eine Uniform vom Flugkapitän und lieh mir tausend Euro Taschengeld.

Wir landeten nach drei Tagen in Rom, von wo aus wir in einem zwei-
stündigen Marsch über die tibetische Grenze gelangten. Dort wurde
ich sofort von drei chinesischen Polizisten festgenommen und ins

Gefängnis geworfen. Als ich in meine Zelle geschubst wurde, saß da der Dalai Lama und aß gerade Spagetti Bolognese. Dann tranken wir Bruderschaft und er rasierte mir den Schädel kahl. Nun war ich ein echter buddhistischer Mönch!

Schweißgebadet wachte ich am nächsten Morgen auf und fasste mir vorsichtshalber auf den Kopf. Gott sei Dank! Alle Haare noch am Platze!

Drei Wochen später saß ich im Flugzeug nach Berlin. Eigentlich war es gar kein richtiges Flugzeug, so wie eine „Condor" oder eine „Albatros". Das niedliche Ding mit den zwei Flügeln glich eher einer fluglahmen Ente und ich wunderte mich, dass die Ente sogar zwei Flugkapitäne hatte. Dafür gab es aber keine Stewardess, die mit zierlichen Bewegungen Kaffee in Pappbechern austeilte und den Flugungeübten die Schwimmwesten erklärte. Na ja, Schwimmwesten wären zwischen Hof und Berlin auch ziemlich überflüssig, außer man befand sich in der Absturzphase gerade über Leipzsch und einem der berühmten Baggerseen. Aber Kaffee wäre wirklich das Mindeste gewesen, schließlich hat frau Durst und würde gerne vom panischen Zittern mal abgelenkt! Aber die Ente erhob sich auch ohne Stewardess dröhnend in den nebligen Septembcr-Morgen und scherte sich einen Dreck um meine Flugangst.

Bevor ich mich richtig in den mit Sicherheit bevorstehenden Absturz reinsteigern konnte, landeten wir auch schon in Berlin-Schönefeld. Ich rannte in meinem engen, knallroten Kostüm und den noch engeren, knallroten Lackpumps die Rolltreppe hinunter und übergab mich. Neben mir kniete ein dicker, älterer Herr am Boden und warf sich betend in Richtung Mekka aufs Rollfeld. Er hatte während des Fluges hinter mir gesessen und unentwegt gebrabbelt: „Wenn ich *den* Flug überlebe, werde ich Moslem. Allah steh mir bei!"

Nachdem mein Magen nicht mehr Achterbahn fuhr, trippelte ich unter Höllenqualen durch die Schalterhalle zum Taxistand.

„Zum Verlag Ernst Eierhuber, Straße der Wiedervereinigung Nummer...“

„Weiß schon Bescheid, Lady!“ unterbrach mich der unrasierte Taxifahrer und düste los.

Stöhnend befreite ich mich von meinen knallroten Lackschuhen und besah mir meine kirschgroßen Blasen an beiden Fersen.

„Aha, zu enge Schuhe an“, lachte der Taxifahrer, der mich im Rückspiegel ungeniert beobachtete.

„Nee, neue!“ sagte ich unfreundlich. Was gingen den Kerl meine Blasen und Hühneraugen an!

Er kramte im Handschuhfach und reichte mir eine Packung Pflaster. „Habe ich vorsorglich dabei“, grinste er, „wegen der Eitelkeit meiner weiblichen Fahrgäste!“

„Danke, sehr aufmerksam! Aber ehrlich gesagt, ein paar Birkenstocks wären mir jetzt lieber!“

Der unrasierte Taxifahrer lachte laut auf. „Tut mir Leid, damit kann ich nicht dienen. Aber ich könnte schnell an einem Schuhgeschäft anhalten und draußen auf Sie warten.“

Er bog in eine Seitenstraße ein und hielt vor einem kleinen Schuhladen. Ich sprang barfuß hinein und packte die erstbesten Pantoffeln aus rotem Samt mit einem dicken Plüschbommel obendrauf. Seufzend bezahlte ich.

Der Taxifahrer pfiff durch die Zähne, als ich wieder auf der Rückbank Platz nahm. „Madame Pompadour lässt grüßen!“

Ich schämte mich und schaute zum Fenster hinaus. Schau bloß nach vorn, du Stacheltier! Nachher, in Herrn Eierhubers Büro schlüpfe ich wieder in meine Pumps, ob du's glaubst oder nicht!

Das Taxi hielt vor einer eleganten Villa mit hohen Fenstern und einem imposanten Eingangsportal. Genau, Clementine. Hier passt du hin. Ehre, wem Ehre gebührt!

Hoch erhobenen Kopfes betrat ich die Eingangshalle und blickte mich nach einer Empfangsdame um. Doch keine Empfangsdame gab es nicht. Schade!

Wenigstens einen roten Teppich hätten sie für mich ausrollen können, passend zu meinem knallroten Kostüm und den knallroten Plüschpantoffeln. Eine gepanzerte Scheibe hinderte mich am Weitergehen. Rechts war ein kleiner Knopf mit einem Messingschild.

„Bitte drücken", stand da in Schnörkelschrift.

Wie originell. Ich drückte.

Eine hohe Piepsstimme erklang durch die kleinen Löcher unter dem Schild: „Ja bitte?"

Ich bückte mich und schrie in die Löcher, so laut ich konnte: „Kammer-Jäger! Ich habe einen Termin bei Herrn Eierhuber!"

„Sie brauchen sich nicht zu bücken", antwortete die Piepsstimme, „ich höre Sie auch so!"

Erschrocken schaute ich mich um. Na, das konnte ich vielleicht leiden! Man sieht niemanden, aber man wird gesehen! In der Ecke erspähte ich eine Videokamera. Ich schaute streng in die Kamera: „Hat Ihnen mein Hinterteil wenigstens gefallen?"

Ein Summton ertönte und ich öffnete die Tür. Da stand ich nun auf einem Gang mit unzähligen Türen und wusste wieder nicht weiter. Menschenfeindlicher Kasten, dachte ich und setzte mich auf einen Stuhl, der einsam und verlassen wie ich unter einer Palme stand. Komm her, Stuhl, ich leiste dir Gesellschaft! Dankbar gab der Stuhl unter meinem Gewicht nach.

„Hallo, Clementine! Willkommen im Club!" Ernst Eierhuber kam auf mich zu und lachte. „Sie sind wie immer eine Augenweide!" Wir drückten und knuddelten uns ein bisschen wie alte Freunde und gingen dann Arm in Arm in sein Büro.

Hach, was isser nett! Und so brüderlich! Isses möglich! Ein Mann der alten Schule! Und gleich so intim!

Ich ließ mich wie eine Königin auf dem Thron nieder, einem englischen Ledersessel, und war sehr zufrieden über die Begrüßung, die der Herr des Hauses mir angedeihen ließ.

„Entschuldigung Clementine, bitte setzen Sie sich doch *vor* den Schreibtisch!" forderte mich mein Verleger räuspernd auf.

Wie von der Tarantel gestochen, sprang ich auf. Gott, wie peinlich, ich dumme Nuss! Mit knallrotem Kopf, passend zu meinem knallroten Kostüm und den knallroten Pantoffeln setzte ich mich auf einen der drei Stühle vor dem Schreibtisch. Ernst Eierhuber nahm auf seinem Thron Platz.

„So Clementine, bevor Herr Buchinger kommt, möchte ich Ihnen gerne etwas anbieten. Einen Kaffee vielleicht?"

„Cappuccino! Äh, ich meine, falls das geht."

„Bei uns geht fast alles!" Ernst Eierhuber drückte ein Knöpfchen auf seinem Telefon.

„Ja bitte?" erklang wieder die Piepsstimme, zu der mit Sicherheit eine Sekretärin im kleinen Grauen mit Hornbrille und Haarknoten gehörte.

„Einen Cappuccino für Frau Kammer-Jäger und einen Kaffee für mich", bestellte mein Verleger und legte mein Bommelbuch vor uns auf den Tisch.

„Ich habe schon mit dem Buchinger gesprochen", fuhr Herr Eierhuber fort, „Sie sollen am Drehbuch mitarbeiten, wie ich es Ihnen damals versprochen hatte."

Ich nickte gespannt.

„Clementine, das Ganze wird mit den Dreharbeiten ungefähr vier Wochen umfassen. Aber hintereinander! Lässt sich das mit Ihren Kindern vereinbaren?"

„Kein Problem!" erwiderte ich aufgeregt, „Trude kümmert sich um die beiden."

„Und an den Wochenenden können Ihre zwei Töchter dann herkommen. Vielleicht bringen wir sie in der einen oder anderen Szene mit unter."

Die Tür ging auf und eine elegante Dame im Blümchenkleid und Evita-Frisur kam herein. Ein Hauch von Blumenwiese umnebelte ihre Erscheinung. „Ihr Cappuccino", piepste sie und stellte mir eine Tasse auf den Schreibtisch. „Und Entschuldigung wegen vorhin, ich wollte Ihnen nicht zu nahe treten!"

„Schon gut!" sagte ich verzeihend und schlug die Beine divamäßig übereinander. Schließlich bin ich ja nun jemand und muss auch mal großzügig zu meinen Untertanen sein. Sie konnte wahrscheinlich nichts dafür, dass sie bloß Sekretärin geworden ist und keine Schriftstellerin. Wohlwollend nickte ich.

„Ach übrigens, der Herr Buchinger ist draußen!" teilte sie ihrem Chef mit.

Ernst Eierhuber stand auf. „Na, dann rein mit ihm!" Er knöpfte sein Jackett zu.

Im selben Moment wurde auch schon die Türe aufgerissen und Bert Buchinger stürmte herein. Ich sprang auf und wir schüttelten uns die Hände wie zwei alte Freunde. Ich gehörte zu ihnen! Das war sonnenklar! Hier kommt Frau Clementine Kammer-Jäger. Soeben noch am Windeleimer und jetzt schon auf unserer Showbühne!

„Hallo Ernst! Hallo Clementine! Was glauben Sie, wen ich mitgebracht habe!" Bert Buchinger schob seine Zigarre in den anderen Mundwinkel und gab mir einen Kuss auf die Wange.

Du! Wenn du mir ein Loch in die Backe sengst, hau ich dich! Wir setzten uns und Bert Buchinger ließ einen Stuhl zwischen uns frei. Die Sekretärin steckte den Kopf zur Tür herein und strahlte wie ein Backfisch. „Ihr, äh..., Ihr Besuch ist da!"

„Wolle mer'n reilosse?" fragte mich Ernst Eierhuber und lachte so tief, dass ich glaubte, sein Zwerchfell unterm Jackett flattern zu sehen.

„Ei freilisch", rief Bert Buchinger und drückte seinen Zigarrenstummel in einer Grünpflanze aus.

Ich nickte gespannt und schaute dabei zufällig auf meine Füße. Ach, du Scheiße! Die Pantoffeln! Hastig griff ich nach der Tragetasche mit den Lackpumps – doch zu spät, die Tür ging auf und – *Rinaldo Ringelstein* betrat das Büro!!

Was heißt hier betrat – er schwebte! Und er lächelte dabei wie ein Engel! Mein Unterkiefer klappte herunter, und ich glotzte wie die dümmste Praline der Welt. Nee, isses möglich! Clementine, mach nu aba ma den Mund wieder zu! Geht nich! Mund bleibt offen! Zunge klebt fest! Spucke bleibt weg! Hirn wird porös! Gleich werd ich ohnmächtig...

Jetzt kam Rinaldo auch noch direkt auf mich zu und nahm meine zitternde Hand. Sanft deutete er einen Handkuss an und blickte mir tief in die weit aufgerissenen Augen.

Aus Angst vor einer drohenden Ohnmacht krallte ich meine künstlichen Fingernägel tief in das Polster meines Stuhls.

„Gestatten, Ringelstein", hauchte Rinaldo und drückte meine Hand noch fester.

Mein kalter Handschweiß tropfte auf Rinaldos weiße Gamaschen.

„Endlich lerne ich Sie kennen! Sie sind *noch* schöner, als der alte Gauner Eierhuber mir Sie beschrieben hat! Und außerdem sind Sie auch noch mindestens genauso talentiert! Ihr Buch über das kleine, süße Eichhörnchen..."

„Robbenbaby!" verbesserte mein Verleger.

Wegen mir kannst du „Hängebauchschwein" zu meiner Robbe sagen, Rinaldo! „... also über das Robbenbaby ist genial! Ein künstlerisches Meisterwerk! Ich bin beeindruckt!" Rinaldo setzte sich zwischen Bert Buchinger und mich.

Ich war auch beeindruckt! Dass ein Kinderbuch aus meiner Feder erwachsene Männer regelrecht in Ekstase versetzte, war schon beeindruckend genug! Aber Rinaldo Ringelstein an meiner Seite – das war unglaublich!

Da saß ich nun mit hochrotem Kopf, der deutschen Sprache nicht mehr mächtig und versuchte meine Plüschpantoffeln unter dem Stuhl zu verstecken!

Rinaldo nahm wieder meine Hand und tätschelte sie, dass der Handschweiß nur so spritzte. „Wir schaffen das schon, Clementine! Ich darf doch 'Clementine' sagen, oder?" Rinaldo blickte mich durchdringend aus seinen großen, blauen Augen an.

„Quak", quoll die Antwort dumm und breit aus meinem offenen Mund und ich nickte vorsichtshalber zur Bestätigung.

„Wie bitte?" Ernst Eierhuber beugte sich über den Schreibtisch. „Ist Ihnen nicht gut, Clementine? Sie sehen so blass aus – als ob Sie jeden Moment umkippen!"

Hast du 'ne Ahnung, Eierhuber! Aus meinen Ohren und meinen Nasenlöchern steigen giftgrüne Dämpfe, in meinen roten Pantoffeln steht der Angstschweiß, meine Atmung funktioniert schon seit fünf Minuten nicht mehr und Sie fragen mich, ob's mir nicht gut ist!

Rinaldo küsste mir wieder die Hand, diesmal aber richtig, und schaute mich besorgt an.

„Pissen!" zischte ich durch die Zähne und lächelte stolz, denn mir war ein Wort eingefallen, sogar ein deutsches!

Ernst Eierhuber klingelte seine Sekretärin über das Telefon mit den vielen bunten Lämpchen an.

„Zeigen Sie Frau Kammer-Jäger doch bitte die Toilette!"

Die Sekretärin schnappte mich unterm Arm und führte mich wie eine frisch Operierte den Gang entlang auf die Toilette.

Ich schloss mich im Klo ein und setzte mich heulend auf den Deckel.

Die Sekretärin blieb vor der Tür stehen und räusperte sich verlegen.

Scheinbar wusste sie nicht genau, was sie tun sollte, ohne konkrete Anweisungen ihres Chefs.

Zisch ab, ich muss nachdenken!

„Danke, ich schaff den Rest alleine!" rief ich durch die Tür und schluchzte.

Das laute Klacken ihrer Pumps auf den Steinfliesen verriet mir, dass sie gegangen war. Nee, isses möglich! Clementine, du trägst deinen Namen zu Recht! Wie kann man sich nur so anstellen!

Bestimmt sitzen die drei jetzt im Büro und beratschlagen, ob sie das Projekt nicht lieber wegen Unzurechnungsfähigkeit der Autorin fallen lassen sollen! Und den Rinaldo kann ich mir nun auch abschminken!

Ich gab mir eine Ohrfeige, dass es nur so von den Kacheln widerhallte.

„Die haste verdient!" pflichtete mir Beelzebub bei. „Dein Traummann atmet dieselbe Luft wie du, da brauchst du dich doch nicht anzustellen wie 'ne Blondine, wenn sie einen Eimer Wasser entsorgen soll!"

„Wieso?" mischte sich Angie neugierig ein. „Was hat denn das mit einer Blondine zu tun!"

„Na, die *kippt* den Eimer nicht aus, die *trinkt* den aus! Das war ein Witz, Angie, ein Witz! Na ja, bist ja selber 'ne Blondine..."

Beleidigt zog sich Angie zurück.

Kommt, das hilft mir jetzt auch nicht weiter! Ich muss überlegen, wie ich mein Benehmen von vorhin wieder gutmachen kann.

Beelzebub rieb sich nachdenklich die Hörner. Ich rieb mir nachdenklich die geohrfeigte Wange.

„Ich hab's!" Beelzi sprang auf. „Du machst einen auf Blondine! Das gefällt den Männern doch und es entschuldigt dein dämliches Benehmen von vorhin!"

Erlaube mal! Erstens bin ich eine dunkelhaarige Winterfrau und zweitens ist Rinaldo nicht so einer! Schließlich hat er vorhin noch meinen Intellekt und mein Talent bewundert!

Beelzi schüttelte sich grinsend: „Also um ein Bommelbuch zu schreiben, muss man nicht unbedingt dunkelhaarig sein. Das könnte sogar Angie!"

Entrüstet sprang ich vom Klodeckel auf.

„Ich werd's euch allen beweisen, dass der Rinaldo nicht so einer ist! Der mag Powerfrauen! Und als eine solche trete ich jetzt auch auf!"

Hoch erhobenen Kopfes verließ ich die Toilette und marschierte den Gang zurück in Richtung Büro. Vor der Tür hielt ich kurz inne und checkte sämtliche lebenswichtigen Körperfunktionen durch: die Atmung ging langsam und gleichmäßig, der Handschweiß war getrocknet und sprechen konnte ich auch wieder. Ich holte tief Luft und drückte auf die Klinke.

Alle drei schauten sich besorgt an, als ich eintrat. Ich steuerte meinen Platz an und setzte mich. „Was war denn los, Clementine?" Ernst Eierhuber schaute streng über seine Brillengläser.

„Nur ein kleiner Schwächeanfall", winkte ich ab und lächelte. „Die letzten Wochen habe ich Tag und Nacht an den neuen Bommelgeschichten geschrieben. Und dann der Flug heute Morgen! Eine Katastrophe!" Ich log gut.

„Sie dürfen sich nicht so überarbeiten", meinte Bert Buchinger und reichte mir eine Zigarette.

Rinaldo beugte sich zu mir herüber. „Ich mag selbstbewusste Frauen, die mitten im Leben stehen und das Steuer fest in der Hand haben. Aber eine Pause müssen Sie sich hin und wieder gönnen, meine Liebe!" Sieg! Sieg! Meine Masche hatte funktioniert.

„Ach wissen Sie, Herr Ringelstein", flötete ich zurück, „eine allein stehende Mutter mit zwei Kindern, einem großen Haus und einem Beruf, der Tag und Nacht ihr ganzes künstlerisches Talent fordert, darf sich einfach nicht hängen lassen!"

„Und es gibt gar keinen Mann in Ihrem Leben, der Ihnen etwas von der Last des Alltags abnehmen könnte? Jemanden, der Sie verwöhnt und auf Händen trägt?" fragte Rinaldo und schaute mir noch tiefer in die Augen.

Ich seufzte. „Nein, leider. Der Letzte hat mich so enttäuscht..."

„Wissen Sie was", rief Rinaldo begeistert, „erlauben Sie mir, dass ich Sie während der Dreharbeiten ein bisschen hege und pflege, so, wie es einer so wunderschönen Rose gebührt!"

Nee, isses möglich! Ich strahlte über alle vier Backen! Rinaldo Ringelstein hatte angebissen – und das schon am ersten Tag! Clementine, wenn das kein gutes Omen ist! Beschämt senkte ich den Kopf und nickte.

„So, wenn dann alles klar ist, lade ich die Herrschaften zum Essen ein!" Ernst Eierhuber lachte aus vollem Halse. Ob der was von meiner Schwärmerei für Rinaldo wusste? Schließlich hatte er ja den heißen Draht zu Trude!

„Ich kann leider nicht mitkommen", sagte ich traurig, „ich muss meinen Flieger nach Hof kriegen, wegen der Kinder."

„Schade!" hauchte Rinaldo in mein Ohr und mir lief es abwechselnd heiß und kalt den Rücken runter.

„Aber nächsten Montag geht's los", erinnerte Ernst Eierhuber an den Drehbeginn. „Clementine, ich rufe Sie Mitte der Woche an und sage Ihnen Ihr Hotel und die Flugverbindung."

Wir schüttelten uns die Hände und verabschiedeten uns herzlich.

Das war nun meine neue Familie! Mein Team! Und ich mittendrin! Clementine auf dem Weg nach oben... Im Moment war ich so glücklich, dass ich mich schon *ganz oben* fühlte!

„Soll ich Ihnen ein Taxi rufen?" fragte mich mein Verleger.

Rinaldo winkte ab. „Frau Kammer-Jäger fährt natürlich mit mir!"

Mein Herz klopfte wild.

„Und unser Essen? Sie entschuldigen, Clementine."

„Kein Problem! Ich komme in einer halben Stunde nach." Rinaldo reichte mir seinen Arm. „Wir wollen doch Fräulein Clementine nicht auch noch einer hektischen Taxifahrt aussetzen, wo sie so schon gesundheitlich etwas indisponiert ist. Nicht wahr, Clementine?"

Ich nickte heftig.

„Also, bis später!" Arm in Arm verließ ich mit meinem Traummann das Büro.

„Außerdem muss ja nicht jeder merken, dass Sie sich hühnereigroße Blasen gelaufen haben!" Rinaldo grinste verschmitzt.

Im Parkhaus steuerte Rinaldo auf einen dunkelgrünen Jaguar zu. Hoffentlich wache ich jetzt nicht plötzlich auf und merke, dass ich nur geträumt habe! Doch der Traum ging weiter. Rinaldo öffnete galant die Beifahrertür und half mir beim Einsteigen. Ja, er hob sogar meine Füße mit den hühnereigroßen Blasen in den knallroten Plüschpantoffeln eigenhändig und vorsichtig in seinen Wagen. Eine Geste absoluter Hingabe! Ich schmolz auf dem Beifahrersitz dahin. Und so ein Mann war unverheiratet! Na, was nicht ist...

❧   ❧   ❧

„Trude, Trude!" rief ich aufgeregt, „du wirst es nicht glauben!"
Trude, Erna und Berta stürmten mir im Hausflur entgegen.

„Mami, hast du uns was mitgebracht?" Berta knutschte mir den Lippenstift runter und hinterließ einen klebrigen Nachgeschmack. Ich gab den beiden ihre Geschenke und setzte mich zu Trude in die Küche.

„Also, hast du den Vertrag unterschrieben?" wollte Trude wissen.

„Trude, ich hätte *alles* unterschrieben, was mir der Eierhuber hingelegt hätte!" Strahlend erzählte ich von Rinaldo und meinen Erlebnissen in Berlin.

Trude schüttelte staunend den Kopf. „Na, dich muss es ja gewaltig erwischt haben! Jedes zweite Wort ist Rinaldo!"

„Ach Trude, wenn du wüsstest! Der Rinaldo ist einfach umwerfend! Genau wie im Forsthaus Adlerau: galant, charmant, verständnisvoll..."

„Und er ist Schauspieler! Clementine, das sind doch nur Rollen, die er da spielt!"

Entrüstet sprang ich auf. „Nee, wirklich Trude! In echt! Der ist genauso wie der Förster Drombusch! Und noch viel besser! Der verstellt sich nicht! Seine Liebenswürdigkeit ist umwerfend!"

„Du bist verknallt!" stellte Trude entsetzt fest.

Ich nickte und bekam einen roten Kopf.

„Wenn das mal gut geht!" Trude klopfte mir versöhnlich auf die Schulter.

„Übrigens, dein Franz hat angerufen!"

„Was will *der* denn!"

„Er sagte etwas von Scheidungspapieren. Er müsse sich mal mit dir zusammensetzen."

Ich seufzte. Dazu hatte ich gar keine Lust. Ausgerechnet jetzt, wo es mir so gut ging, tauchte Franz wieder auf und machte Ärger. Typisch! Wie früher!

„Clementine, ich glaube, dem Franz geht's nicht gut." Trude sah mich von der Seite an.

„Na und? Selber schuld! Was hab ich damit zu schaffen?"

„Clementine! Sei nicht so hartherzig! Schließlich ward ihr einige Jahre miteinander verheiratet! Vielleicht will er bloß mal mit dir reden."

Ich seufzte, Trude hatte natürlich recht. Aber meine Hochstimmung wollte ich mir deswegen nicht verderben lassen.

„Ich lade dich und Ottokar heute Abend zum Essen ein!" rief ich vergnügt und knuffte Trude in den Bauch.

„Was, einfach so? Zum Montag?" fragte Trude überrascht.

„Na klar! Schließlich gibt es ja was zum Feiern! Sollen wir zum Italiener gehen?"

Trude überlegte: „Ach, weißt du, Ottokar mag nicht so gerne Pizza. Ich glaube, er würde sich mehr über ein saftiges Steak freuen."

„Kein Problem. Ich ziehe rasch die Kinder um und dann können wir gleich losfahren."

Erna und Berta stürmten in ihre Zimmer, als sie die gute Nachricht hörten.

„Mama, ich hab aber wirklich nichts zum Anziehen!" maulte Erna und kramte lustlos in ihrem Kleiderschrank.

„Ich auch nicht!" zirpte es aus dem Nachbarzimmer.

Bei den beiden geht's ja früh los mit dem typisch weiblichen Problem. „Ja, dann zieht eben eure Schlafanzüge an und geht ins Bett, wenn ihr nichts zum Anziehen findet!" Lachend öffnete ich meinen Kleiderschrank. Der könnte auch mal ein paar neue Stücke vertragen! Ich zog mir Jeans und ein T-Shirt an.

Heute Abend wollte ich es gemütlich haben, sozusagen. Nach der Tortur mit den Pumps wären mir jetzt meine ausgedienten Tigerleggins und ein Paar Jesuslatschen am liebsten gewesen. Aber Winterfrau beweist neuerdings Stil und trägt auch im bequemen Jeansoutfit immer noch einen Hauch Noblesse mit sich herum.

Erna betrat das Schlafzimmer und strahlte.

„Um Gottes Willen, Kind! So kannst du unmöglich aus dem Haus!" Schmollend besah sich Erna im Spiegel. Sie hatte ein oranges T-Shirt, einen roten Rock, gelbe Strümpfe und pinkfarbene Sandalen an.

„Ach Mama!" Erna kullerten ein paar Tränen über die Backen. „*Alle* laufen doch so rum! Nur ich muss immer diese dämlichen Blusen anziehen!"

„Erna, nimm mir's nicht übel, aber du siehst aus wie ein Papagei. Bitte zieh dich um!" Ach, Clementine, denk doch an deine Kindheit und sei nicht so streng!

„Erna? Oranger Pulli und gelbe Strümpfe können bleiben! Aber bitte dazu die kurzen Jeans und Turnschuh!"

„Au fein!" Erna war einverstanden und zog sich rasch um.

Berta saß im Unterhemd vor ihrem Kleiderschrank und spielte mit zusammengerollten Söckchen Kaspertheater.

„Und du? Was magst du denn anziehen?" fragte ich Berta, die gerade den roten Söckchen eins hinter die Ohren gab.

„Du böser, böser Teufel!" schrie sie die roten Socken an und war ganz außer sich. „Gleich hole ich den Kasper, der sperrt dich ins dunkle Gefängnis!"

Ich griff ein Paar rosa Strümpfe und hielt sie Berta vor die Nase. „Die hier? Und dazu das neue Kleid von Tante Trude?"

Berta riss mir die Strümpfe aus der Hand. „Mama! Das ist doch die Prinzessin mit der goldenen Krone! Die kann ich doch nicht anziehen!"

„Ja, aber irgendwas müssen wir jetzt anziehen, sonst fahren die anderen ohne uns!" Sanft hob ich Berta vom Boden auf.

„Berda will aber lieber spielen!" schrie Bertalein und strampelte sich los. „Und Berda hat gar keinen Hunger!"

Mir tat es ehrlich gesagt auch Leid, sie so abrupt von ihrem Spiel wegzuholen, zumal es selten genug vorkam, dass Berta sich so intensiv und phantasievoll mit etwas beschäftigte.

„Ich will Pommes!" schrie Berta den eleganten Kellner an, als wir das „Bräustübl" betraten.

Der Kellner lächelte verkrampft und zeigte uns einen freien Tisch.

Ottokar setzte seine Lesebrille auf und studierte genüsslich die Karte. Dabei schmatzte er laut vor sich hin und rieb sich den Bauch.

„Da, schau ihn an, den alten Genießer!" lächelte Trude und zwickte mich in die Seite. „Ist er nicht liebenswert?"

Ich nickte zur Bestätigung und fing an zu träumen: Rinaldo und ich saßen im Speisezimmer an einem fünf Meter langen Esstisch und

dinierten. Unser Butler James reichte Rinaldo eine flache Kristallschale und zog sich unter tausend Bücklingen zurück. Rinaldo fingerte sich unbeholfen im Mund herum und dann legte er seine Dritten in die Kristallschale. Dabei grinste er mich verliebt an und zeigte
seine nackten Zahnfelgen.

„Möchtöchst du ötwas Suppö, Ma Chörrie?" nuschelte er aus seinem
zahnlosen Mund und schielte dabei in meinen Ausschnitt.

Angewidert legte ich mir meine Serviette aufs Dekolleté. „Nein,
danke!"

„Isch össe möine Suppö nischt! Nöin, möine Suppö öss isch nischt!"
äffte Rinaldo mich nach und schlug sich vor Lachen auf die zittrigen
Knie.

Alter Tattergreis! Außer Grabschen und Glotzen läuft doch sowieso
nichts mehr bei dir! Und ich stehe in der Blüte meiner Jahre!

Rinaldo winkte nach dem Butler und flüsterte ihm etwas ins Ohr.
Daraufhin kam dieser an meine Seite des Tisches gelaufen und räusperte sich. „Der gnädige Herr meint, die gnädige Frau sollen einmal
vom norwegischen Wildlachs probieren." Er räusperte sich wieder.
„Der gnädige Herr meint, in diesem Fisch wäre viel Phosphor, äh,...
das wäre gut für die Potenz..."

„Sagen Sie bitte meinem Mann, sein Schniedel soll nicht *leuchten*,
sondern *stehen*! Er sollte also lieber vom Salat kosten!"

„Wie meinen gnä' Frau?" James sah mich unsicher an und fummelte nervös an seinen blank polierten Silberknöpfen herum.

„Den Selleriesalat meine ich!"

„Ach so. Gnä' Frau entschuldigen meine Unwissenheit!"

„Ja ja, man entschuldigt..."

„He! Clementine! Was du bestellen möchtest..." Trude fuchtelte mit
einer Hand vor meinen Augen herum. „Bist wohl wieder im Traum-
land?"

Der elegante Kellner klopfte mit dem Kugelschreiber demonstrativ
auf seinem Bestellblock herum. „Soll ich später noch mal..."

„Nein, nein, is' schon gut. Ich nehme das Pfeffersteak mit jungen
Böhnchen."

Der Kellner nickte und marschierte zum Nachbartisch.

„Jedes Böhnchen gibt ein Tönchen!" lachte Ottokar und fing sich
einen strafenden Blick von seiner besseren Ehehälfte ein.

„Lass mich doch!" Ottokar warf seiner Trude einen Handkuss zu. „Ich liebe nun mal gutes Essen, einen guten Wein und kesse Mädchen um mich herum."

„Onkel Ottokar", rief Erna ausgelassen, „guck mal, was ich kann!" Sie sprudelte Luft in ihren Apfelsaft, dass es nur so spritzte. „So pinkelt ein Eskimo!"

„Genau!" rief Berta und tat es ihrer Schwester nach. „So pinkelt eine Eskimoprinzessin!"

„Wollt ihr wohl damit aufhören?" Erschrocken schaute ich mich nach den anderen Gästen um.

„Lass sie doch", prustete Ottokar und sprudelte ebenfalls in sein Glas. Dabei tropfte er sich den Rotwein auf sein weißes Hemd.

„Ottokar! Nun ist es aber genug!" Trude gab ihm einen Klaps hinter die Ohren. „Sei doch den Kindern ein Vorbild und benimm dich!"

Ottokar besah sich den Klecks auf seiner Brust und schmollte. „Kann man sich nicht mal in Ruhe einen Fleck aufs Hemd machen!" maulte er.

Jetzt musste auch Trude lachen. „Männer! Kindsköpfe!"

Der Kellner brachte unser Essen und lächelte plötzlich ganz freundlich. „Sagen Sie, sind Sie nicht die Frau Kammer-Jäger?"

Erstaunt nickte ich. Isses möglich! Clementine, nu hast du's aber geschafft, wenn sogar wildfremde Kellner dich kennen...

„Meine Frau", er wies auf ein zierliches Persönchen hinter der Theke, „meine Frau hat mich gebeten, dass ich Sie frage, ob Sie nicht in das Bommelbuch unseres Sohnes eine kleine Widmung schreiben könnten!"

„Natürlich mache ich das!" rief ich erfreut.

Der Kellner kam mit seiner Frau im Schlepptau zurück und legte vorsichtig ein Bommelexemplar vor mich auf den Tisch.

„Für wen soll denn die Widmung sein?" fragte ich artig. Ich hatte zwar noch nicht viel Übung in solchen Dingen, aber einen Hofknicks lernt man ja wohl auch nicht an einem Tag.

„For'n Kai-Riedischer", strahlte die zierliche Mama und drückte mir einen Tintenkiller in die Hand.

„Mit'm Killer darf man aber nich schreiben!" plärrte Erna.

„Erna, bitte rede nicht dazwischen, wenn ich mich mit Erwachsenen unterhalte!"

Schlimm, diese Kinder! Bringen einen immer dann in Verlegenheit, wenn man mit einem potenziellen Kunden verhandelt. Clementine, steck sie in ein Internat!

„Och, lassen Se doch die Sießen! Dor Kai-Riedischer darf ouch ni midm Giller schreihm." Die zierliche Mama vom Kai-Riedischer tätschelte Erna's Haupt.

„Was hat *die* gesagt, Mama?" flüsterte mir Bertalein ins Ohr. „Die spricht aber komisch!"

„Nuwar, mei Gudste, die Dante sprischt ausländ'sch!" Sie lachte scherzhaft und hielt sich dabei mit der Hand den kariösen Mund zu.

„Wo wohnst du denn?" fragte Berta neugierig. „In Afrika?"

„No, da gugge nur, Männe, een uffgewäckdes Gind! Dor Kai-Riedischer is ouch schonn so altkluch. Niwar, de Sachsen sinn halt ä ceschenart'sches Velkschen. En Gaffee wolln'se sieße unn heeße unn außerdäm ham'se de scheensten Fraun! Isses ni so, Männe?"

Während sie schnatterte und schnatterte, schrieb ich die Widmung ins Buch: Für Kai-Rüdiger – alles Gute für Deinen Lebensweg!

„Och, scheen ham'se das geschriem. Dor Kai-Riedischer werd sich frein. Viel'n Dank ouch!" Kai-Rüdigers Mama zog mir das Buch unter den Händen weg und stürmte in Richtung Tresen.

„Was war denn das für eine?" wunderte sich Erna.

Ottokar lachte: „Die kommt aus Sachsen, wo die hübschen Mädchen auf den Bäumen wachsen."

„Da muss ich dir ausnahmsweise Recht geben!" pflichtete ich Ottokar bei und machte ein geheimnisvolles Gesicht.

„Wieso, auf was spielst du denn an, Clementine?" Trude hatte meinen Blick bemerkt.

„No, isch bin doch ouch in Leipzsch geborn!" kicherte ich und amüsierte mich über die verdutzten Gesichter.

„In echt, Mama?" fragte Erna tief betroffen.

Der Auftritt der sächselnden Kellnersfrau hatte scheinbar einen bleibenden Schaden hinterlassen. Alle schauten mich gespannt an.

„In echt! Ich bin ein waschechtes Sachsenmädel!" rief ich fröhlich.

Ottokar grinste. „Daher also die Schönheit! War mir gleich so verdächtig."

Jetzt lachten auch Trude und Erna, nur Berta verstand offensichtlich nichts.

„Ich denke, du bist im Krankenhaus geboren, Mama!"
Trude spritzten die Freudentränen waagerecht aus den Augen.
„Nu freilsch! Im Sangt Georsch, wenn mor neigommt, links!"

Das Hotel, in das mich Ernst Eierhuber für die Dauer der Dreharbeiten einquartiert hatte, lag in einer ruhigen Seitenstraße unweit von den Filmstudios. Es war zwar nicht so fürstlich, wie ich es mir ausgemalt hatte, aber dafür wohnten hier auch Bert Buchinger und *Rinaldo*, was die Enttäuschung über den mangelnden Komfort bei weitem aufwog!

„Sagen Sie, welches Zimmer hat denn der Herr Ringelstein?" fragte ich den netten, älteren Herrn an der Rezeption.

„Nummer 24, gleich neben Ihnen, Frau Kammer-Jäger."

„Ach was! Dankeschön." Zufrieden drehte ich mich um und wollte gerade zum Fahrstuhl gehen, da betrat Rinaldo das Hotel. Er winkte mir zu, als er mich sah und stellte seinen Koffer ab.

„Hallo, Clementine! Wie geht es Ihnen?"

Mein Herz klopfte schon wieder verdächtig schnell und meine Atmung ging in ein wildes Hecheln über, so wie damals bei Bertas Geburt, als ich die Presswehen veratmen musste.

„Sehr gut!" stöhnte ich und hielt mich an der Wand fest.

Rinaldo zog seine weißen Lederhandschuhe aus und nahm meine eiskalte Hand. Dann hauchte er mir einen derart erotischen Handkuss darauf, dass ich fast einen Orgasmus bekam und mit einem Seufzer zu Boden sank.

Rinaldo hiefte mich mit aller Kraft wieder hoch und lehnte mich gegen einen Ständer mit Ansichtskarten.

„Clementine, ist Ihnen nicht gut?" fragte er besorgt.

„Doch, doch, es geht schon wieder." Ich schlug die Augen auf und sah in seine. Der tiefste, blaueste See der Welt hätte nicht geheimnisvoller und magischer auf mich wirken können wie diese stahlblauen Augen von Rinaldo.

„Clementine, langsam mache ich mir ehrlich Sorgen um Sie! Das ist nun schon der zweite Schwächeanfall, seit wir uns kennen." Rinaldo reichte mir seinen Arm und drückte auf den Fahrstuhlknopf.

„Ich glaube, es ist nur Hunger", log ich und tätschelte demonstrativ meinen leeren Bauch.

„Na, wenn's weiter nichts ist!" lachte Rinaldo. „Dem kann abgeholfen werden!"

Die Fahrstuhltür öffnete sich und wir betraten den leeren Aufzug.

„Mensch, schmeiß dich an ihn ran, die Gelegenheit ist günstig!" zischte Beelzebub mir ins Ohr.

„Wie bitte?" fragte Angie entrüstet. „Wir benehmen uns damenhaft und nicht lasterhaft! Schließlich lieben wir es traditionell und warten darauf, dass der Herr den Anfang macht!"

„Na, da kannste lange warten...", Beelzebub winkte enttäuscht ab.

Rinaldo drückte den Knopf für das dritte Stockwerk. Ich zitterte vor lauter Anspannung so stark, dass meine Knie klappernd aneinanderschlugen. Und das Schlimmste, ich hatte das Gefühl, dass ich gleich jegliche Kontrolle über meine gute Kinderstube verlieren würde. Ich mit Rinaldo allein im Fahrstuhl! Das war wie eine tickende Zeitbombe! Wenn nicht gleich die verdammte Fahrstuhltür wieder aufgeht, dachte ich, reiß ich mir die Klamotten vom Leib! Oder ich beiße Rinaldo in den Po!

Kling! Der Aufzug blieb stehen und die Tür öffnete sich. Gott sei Dank, meine Sicherungen im Oberstübchen hatten die enorme Hochspannung ausgehalten.

Ich lächelte Rinaldo etwas unbeholfen an.

„Clementine, was halten Sie davon, wenn wir zwei zusammen frühstücken gehen!"

Genau. Wo er mich doch verwöhnen wollte! Gute Idee! Lad mich mal ein! „Fein", sagte ich betont nüchtern. „Wann und warum?"

„Wieso warum?" Rinaldo schaute mich fragend an.

„Äh, ich meine wann und wo!" Dabei wurde ich puderrot.

„In einer halben Stunde unten an der Rezeption!" Rinaldo schaute auf die Uhr und lächelte mir dann viel versprechend zu. „Ich kenne da so ein schnuckeliges Café..."

Na klar! Wo er doch ein schnuckeliges Café kennt! Und ich habe sowieso Cappuccino-Durst! Isses möglich! Mit Rinaldo Cappuccino trinken! Clementine, Hut ab, bist in der kurzen Zeit schon sehr weit gekommen!

Rinaldo schloss sein Hotelzimmer auf. Ich spähte ihm neugierig über die Schulter.

„Kann ich Ihnen helfen, Clementine? Brauchen Sie mich noch?" fragte er höflich.

„Ich, äh..., ich würde gern Ihr Zimmer sehen, wenn Sie nichts dagegen haben!"

„Ja, wenn Sie möchten." Rinaldo hielt mir galant die Tür auf.

Aha, das Bett steht an der Wand zu meinem Zimmer! Das war alles, was ich wissen wollte.

„Danke. Also, ich gehe mich jetzt umziehen. Wir sehen uns dann in einer halben Stunde." Ich ließ den verwunderten Rinaldo stehen und beeilte mich in mein Zimmer zu kommen.

Nee, isses möglich! Mein Bett stand nicht an der Wand, wo sich das von Rinaldo befand. Also musste ich Möbel rücken. Ich schob den Tisch beiseite und den riesigen Kaktus, dann rutschte ich die zwei Sessel in die andere Zimmerecke und spuckte in die Hände.

So, Bett, nun zu dir! Jetzt machen wir mal ein Ehebett aus dir und deinem Kollegen da drüben und die Wand dazwischen denken wir uns einfach weg! Wozu haben wir schließlich Phantasie? Doch nicht nur zum Schreiben von Kinderbüchern!

Das Bett schurbelte ächzend und knarrend über die Dielen, so dass ich Angst hatte, das ganze Hotel könnte es hören. Fertig! Jetzt konnte ich Seite an Seite mit meinem Rinaldo schlafen, da war nur noch diese lächerliche Wand dazwischen.

Ich hechtete mich aufs Bett und drückte mein Ohr an die Wand. Nichts. Alles mucksmäuschenstill.

Plötzlich klopfte es laut an meine Tür. Ich schaute erschrocken auf die Uhr. Rinaldo! Die halbe Stunde war rum!

„Clementine, wie sehen Sie denn aus! Haben Sie etwa unsere Verabredung vergessen?" Rinaldo strich mir liebevoll eine schweißnasse Strähne aus der Stirn.

Schwitzend blies ich mir die restlichen Strähnen aus dem Gesicht: „Tut mir Leid, ich habe meine täglichen Aerobicübungen gemacht. Dabei habe ich wahrscheinlich die Zeit verbummelt. Aber Sie wollten doch unten auf mich warten?"

Rinaldo zwinkerte mir zu: „Wo wir nun schon Tür an Tür wohnen...
Übrigens, stehen Ihnen gut, Ihre Aerobicübungen! Jetzt haben Sie
wenigstens mal rote Bäckchen."
Ich lachte gekünstelt. „Ja, ja, ich geb's mir auch immer ordentlich!"
Sanft schob ich Rinaldo zur Tür hinaus. „In zehn Minuten bin ich
unten!"
Rinaldo warf mir einen Handkuss zu und schnurrte: „Also bis gleich,
und lassen Sie mich nicht so lange warten! Übrigens, Sie sind die
erste Frau, die ich kenne, die im Hosenanzug turnt." Rinaldo verschwand im Fahrstuhl.
Eine halbe Stunde später saßen wir im Taxi. Das schnuckelige Café
war nicht weit vom Hotel entfernt. Wir setzten uns an einen Tisch,
der etwas versteckt hinter einer Gruppe von Grünpflanzen stand.
„Nein, der Herr Ringelstein!" rief die Kellnerin entzückt und zupfte
sich ihr Miniröckchen zurecht. „Könnte ich bitte ein Autogramm
haben?" Rinaldo zückte einen Kugelschreiber und einen Stapel
Autogrammkarten und schrieb dem jungen Ding ein nettes Verschen
hintendrauf.
„Eine Flasche Champagner hätten wir gern, aber vom Feinsten!"
„Selbstverständlich, Herr Ringelstein!" zwitscherte die Kellnerin
und ihre Augen leuchteten wie zwei Glühbirnen.
Ach nee, ich will doch Cappuccino! Schampus mag ich nicht, ist so
sauer und man muss ständig rülpsen!
„Sie mögen doch Champagner zum Frühstück, Clementine?"
„Ich ernähre mich sozusagen von Champagner!" gab ich an. „Meis-
tens putze ich mir morgens schon die Zähne damit."
Rinaldo bestellte uns ein Frühstück mit Kaviar und Lachs. Die jun-
ge Kellnerin rannte eilig hin und her, um nur ja alles richtig zu
machen. Dabei strahlte sie wie ein frisch verliebter Backfisch.
Ich strahlte auch. Kaviar mit Rinaldo, so hatte ich es mir in meinen
Träumen immer ausgemalt!
Rinaldo besah sich die Frühstücksplatte, die außer den teuren Lecke-
reien auch noch Konfitüre und einen winzigen Klecks Honig auf-
wies. Er stutzte und winkte die Kellnerin heran.
„Sagen Sie, ich wusste gar nicht, dass Sie auch eine eigene Biene
halten!" sagte er zu der verdutzten Bedienung und zeigte dabei auf
das Honigkleckschen.

„Wiesooo?" Das unerfahrene, platinblonde Persönchen gaffte auf den Teller.

„Ich meine, gibt's den Honig auch in ganzen Portionen?"

„Ach so. Entschuldigung, ich bringe eine größere Schale." Sie trabte mit knallrotem Kopf ab.

„Lassen Sie es sich schmecken!" forderte mich Rinaldo auf und packte sich den Teller voll.

Ich nickte und nippte am Schampus. Igitt!

Nun soll ich auch noch essen, wo sich doch tausende Schmetterlinge in meinem Bauch breit gemacht haben und ich niemals nichts mehr essen kann! Verliebt sein ist himmlisch! Und gut für die Figur!!!

Rinaldo stopfte sich einen Esslöffel voll Kaviar in den Mund und schmatzte lautstark. Niedlich! Ein Mann mit klitzekleinen Schwächen! Eben ein lebendiger Mensch!

„Bei Franz hat's dich aber schon sehr gestört!" empörte sich Angie.

Das war ja auch was völlig anderes! Rinaldo ist auch schmatzenderweise noch entzückend.

„Erzählen Sie mir ein bisschen über sich", forderte er mich mit vollem Mund auf. „Ich würde gerne alles über Sie wissen!"

„Och, da gibt's nicht viel zu berichten", sagte ich bescheiden. „Das meiste wissen Sie ja schon!"

Rinaldo schob sich ein ganzes Croissant in den Mund. Erstaunlich! Was ein Appetit! Eben ein richtiger Mann...

„Na ja, wenn Sie mir nichts erzählen, plaudere ich eben ein bisschen über mich. Ich habe ja die ganz große Karriere gemacht, wie Sie sicher aus der Presse wissen, sozusagen vom Tellerwäscher zum Millionär!"

Isses möglich! Millionär isser auch schon! Passt sehr gut.

„Geld ist aber nicht das Wichtigste!" schnatterte Angie dazwischen.

„Nun, einen Millionär würde ich grundsätzlich nicht von der Bettkante schubsen, gell?" Beelzebub blinzelte mich listig von der Seite an.

„Schauen Sie...", schmatzte Rinaldo mit vollem Mund, „aufgewachsen bin ich ja in Hessen, hört man aber nicht mehr, gell?"

„Keine Spur! Sie sprechen ein astreines Hochdeutsch!" lobte ich Rinaldo.

Ich quälte mir den Schampus runter und lutschte an einem Salatblatt, welches zur Garnierung gedacht war und rein räumlich gesehen den Kaviar vom Honigklecks trennte.

„Mein Vater war Beamter und meine Mutter Musiklehrerin. Sicher habe ich meine künstlerische Begabung von ihr geerbt." Rinaldo senkte bescheiden seinen Blick.

„Und wo sind Sie denn aufgewachsen?" fragte ich neugierig.

„Ach, das ist ein winziges Dorf, das kennen Sie bestimmt nicht, Clementine."

Ich nickte verständnisvoll. Was ein Mann! Kommt aus so einem kleinen Kaff und hat so eine Karriere gemacht!

„Ja, und dann habe ich nach der Schule..." fuhr Rinaldo fort.

„Sicher haben Sie Ihr Abitur mit Bravour bestanden!" platzte ich hinein. „Abitur? Nein, ich habe die Volksschule absolviert! Wer braucht denn heute noch Abitur! Wenn ich an meine ehemaligen Mitschüler denke, die Abitur gemacht haben... Keiner von denen hat's nach dem Abitur so weit gebracht wie ich! Der eine ist Anwalt, der andere Frauenarzt – denken Sie, die kennt jemand?"

Das leuchtete mir ein. Schließlich habe ich Abitur und mich kennt keine Sau! Noch nicht... Von ein paar Bommel lesenden Kellnern mal abgesehen! Meine Augen leuchteten auf. „Also sind Sie nach der Schule auf die Schauspielschule gegangen!"

„Ach, woher!" Rinaldo lehnte sich entspannt zurück und puhlte sich mit einem Zahnstocher den Kaviar aus den Zahnlücken. „Ich habe Maurer gelernt."

Nee, isses möglich! Vom Maurer zum Millionär! Tolle Leistung!

„Und da haben Sie einem bekannten Regisseur oder Schauspieler ein Eigenheim gebaut und sind so entdeckt worden!"

Rinaldo lachte laut und zog dabei den Mund breit, so dass man die Kaviarkrümel wie Fliegenschisse zwischen seinen blendend weißen Zähnen leuchten sah.

„Ich bin dann ein paar Jahre später erst einmal zur Fremdenlegion gegangen." Rinaldo schaute sich seinen Zahnstocher mit den Kaviarkrümeln an und leckte ihn dann genüsslich ab.

Zur Fremdenlegion! Ein richtiger Mann! Und ein Held! Und wahrscheinlich auch noch verwundet, der Arme! Sicher hat er schwer gelitten und ich war nicht bei ihm!

„Ach, Sie Ärmster! Ich griff instinktiv nach Rinaldos Hand. „Da haben Sie wohl auch in Vietnam gekämpft?"

„Nö, eigentlich nicht." Rinaldo zog seine Hand zurück und räusperte sich. „Ich war wegen einer schweren Krankheit nicht mit an der Front. Ich war im Stab beschäftigt."

Ach Gott, sicher hatte sich der Gute Malaria oder die Schwarzen Blattern im Dschungel eingefangen, womöglich noch Typhus!

„Ich war nicht in Vietnam", fügte er hinzu, „wir waren damals in Algerien."

Was konnte man denn in Algerien für Krankheiten kriegen? Meine grauen Gehirnzellen arbeiteten fieberhaft.

„Im Stab, alle Achtung! Da waren Sie bestimmt der Stabschef oder zumindest seine rechte Hand."

Rinaldo goss mir Champagner nach und schüttelte dabei heftig den Kopf. „Glauben Sie, Clementine, ich wollte für die Massaker unter der Bevölkerung verantwortlich sein?"

Nö, natürlich nicht! Wie konnte ich nur so etwas denken von meinem Rinaldo!

„Ich war für das Essen im Hauptquartier zuständig, allerfeinste französische Küche!" Rinaldo pfiff durch die Zähne, so dass die letzten Kaviarkrümel auf meiner Bluse landeten.

„In echt?" Ich träumte davon, wie Rinaldo nur mit einer Schürze bekleidet in unserer Küche stand und neue Trüffelgerichte kreierte. Auf der Schürze stand „Papa hilft gern".

„Sie sind ja ein richtiges Multitalent!" rief ich anerkennend und schnappte wieder nach Rinaldos Hand. „Kochen können Sie also auch noch!"

„Wieso kochen?"

„Na, die französische Küche!" Gott, was hatter 'ne lange Leitung! Süß! Ich liebe Männer mit verzögerter Gangschaltung. Die sind nicht so abgebrüht.

„Ich habe eigentlich nicht direkt gekocht..." erwiderte er zögernd.

„Ach."

„Ich habe mehr so die Vorarbeit geleistet."

Nee, isses möglich! Ein Mann, der ein ausführliches Vorspiel liebt! Göttlich! „Und was haben Sie denn nun zum Essen beigetragen?" Ich ließ nicht locker.

Rinaldo war das sichtlich peinlich und er stocherte nervös mit seinem Zahnhölzchen im Mund herum. „Ich habe Kartoffeln geschält..." sagte er zaghaft und wurde rot.

„Kartoffeln?" Nun ja, warum eigentlich nicht! Wenn ich mir's richtig überlege, ist das sogar ein weiterer Pluspunkt, denn Rinaldo war sich offensichtlich für nichts zu schade. Außerdem kann er mir dann das Kartoffeln schälen abnehmen.

Franz hatte niemals nur eine Kartoffel geschält! Ach, was sage ich, der weiß wahrscheinlich nicht einmal, wie eine aussieht! Franz gehört zu der Sorte Männer, die meinen, Bratkartoffeln wachsen auf Bäumen und fliegen von selbst auf den Teller!

Herrlich! Ich träumte bereits wieder von Rinaldo, der nur mit der „Papa hilft gern"-Schürze bekleidet den Kartoffelschäler über die „Festkochenden" sausen ließ, während ich im Morgenrock am eigens für mich gedeckten Kaffeetisch saß, eine Zigarette rauchte und ihm die neuesten Kolumnen aus der „Klatsch und Tratsch" vorlas.

„Aber warum sind Sie denn dann zur Fremdenlegion gegangen? Kartoffeln schälen kann man doch auch in Deutschland."

„Clementine, du Knalltüte, das war aber nicht sehr taktvoll!" Beelzebub warf mir einen strafenden Blick zu.

Ich biss mir auf die Zunge. „Äh, ich meine, wo Sie doch so krank waren..."

„Die Krankheit habe ich erst in Algerien bekommen." Rinaldo hatte meine indiskrete Bemerkung ganz gentlemanlike weggesteckt.

„Was Ansteckendes?"

„Clementine, Sie sind aber neugierig! Ich hoffe, Sie arbeiten nicht heimlich für die Presse!" Rinaldo lachte herzhaft. Dabei bleckte er wieder sein persilweißes Gebiss und entblößte einen Kaviarkrümel, der tapfer zwischen seinen ebenmäßigen Schneidezähnen die Stellung hielt.

„Ich hatte damals eine sehr seltsame Krankheit", fuhr Rinaldo beschwipst fort.

Ich glaube, er goss sich schon das sechste Glas Schampus ein. Gespannt schaute ich ihn an.

„Immer, wenn ein Einsatz kurz bevor stand, bekam ich so eine eigenartige Darmgeschichte..." Rinaldo schluchzte.

Ach, der Ärmste! Bestimmt hatte er die Ruhr! Und niemanden, der ihn gepflegt hat! Und dann ließen diese Brüder den todkranken Mann auch noch Kartoffeln schälen und für sich kochen! Pfui is' das! Ich schluchzte mit.

Rinaldo! Das hast du bestimmt nur überlebt um in meinen Armen Ruhe zu finden! Morgen schreibe ich an die Französische Fremdenlegion und bitte sie um Stellungnahme. Schließlich muss der Verantwortliche bestraft werden!

„Ja, ja", seufzte Rinaldo, „ und so kam ich zur Schauspielerei..."

„Ach was!"

„Ja, die Krankenbaracke probte irgendwann mal ein kleines Theaterstück zum Nationalfeiertag ein..."

„Und da sind Sie endlich entdeckt worden!" rief ich versöhnt. Also kein Brief an die Fremdenlegion. Schließlich haben wir nun der Fremdenlegion die Entdeckung Rinaldos zu verdanken!

„Ja, entdeckt worden bin ich von dem bekannten französischen Regisseur Baron Pornoböff. Der hat mir auch meine erste Filmrolle besorgt."

Rinaldo schaute auf die Uhr. „Clementine, jetzt haben wir uns aber verplaudert! Schon halb zwölf! Man erwartet uns im Aufnahmestudio!" Er winkte die Kellnerin heran und bezahlte die Rechnung. Schade, wo ich ihn doch noch über seinen ersten Film ausquetschen wollte! Na ja, vielleicht später.

„Hallo? Clementine? Hier ist Trude!"

Ich ließ mich mit dem Telefon auf mein Hotelbett fallen.

„Trude, toll, dass du anrufst! Wie geht's den Kindern?"

„Prima!" trällerte Trude. „Erna hat in der Mathearbeit eine Zwei geschrieben und Berta hat ein blaues Auge."

„Waaas? Hoffentlich ist nichts Schlimmes passiert?" fragte ich erschrocken. Trude lachte. „Nö, Bertalein hatte nur Streit mit Patrick Gugelhupfer."

„Dem verhaue ich seinen kleinen Popo, wenn ich wieder daheim bin!" schimpfte ich. „Übrigens, ich komme morgen Nachmittag mit dem Zug. Kann Ottokar mich vom Bahnhof abholen?"

„Na klar! Wie war denn die erste Woche?"

„Himmlisch! Wir haben bereits zwei Folgen abgedreht."

„Und Rinaldo Ringelstein?" fragte Trude kichernd.

„Er ist noch himmlischer! Weicht mir kaum von der Seite! Aber das erzähle ich dir morgen alles!"

„Also dann, bis morgen!" Trude kicherte schon wieder.

„Tschüss, Trudchen!" Ich schmatzte einen dicken Kuss in den Hörer. „Der ist für dich und die Kinder!"

„Meine Rasselbande!"

Berta hüpfte an mir hoch und drückte mich ganz fest. Ich schnupperte an ihren Haaren. Hm, Babygeruch, wie Honig und Jasmin! Das hatte mir die ganze Woche gefehlt!

„He, ihr zwei Schmusetanten! Kommt doch erst einmal ins Haus!" Ottokar trug meinen Koffer ins Schlafzimmer und zog sich dann diskret zurück.

„Ihr habt euch sicher viel zu erzählen", meinte er.

„Was ein verständnisvoller Mann, dein Ottokar!" Ich gab Trude zur Begrüßung einen Kuss.

„Nee, nee, die Sportschau!" meinte Trude und deckte den Tisch.

„Wo ist denn Erna?" fragte ich Trude und schob mir eine Schillerlocke in den Mund. Seit geraumer Zeit war ich sehr auf den Erhalt meiner Traumfigur bedacht, aber bei Schillerlocken wurde ich immer noch schwach.

„Erna ist im Ballett."

„Wooo?" Ich musste mich verhört haben. Ausgerechnet Erna, die lieber mit Jungen spielte und in kein Kleid zu zwingen war.

„Ja, seit Montag geht Erna zum Ballettunterricht." Trude grinste.

„Aber wieso denn bloß..."

Trude lächelte geheimnisvoll: „Sie hat einen neuen Freund. Und der hat gesagt, er mag nur Mädchen, die Röcke tragen und zum Ballett gehen."

„Sag bloß! Den muss ich mir ansehen! Scheint ja ein Pracht-Exemplar zu sein!" Wir lachten und setzten uns an den Kaffeetisch.

„Nun erzähl mal!" Trude schaute mich gespannt an.

Ich erzählte ihr von den Drehtagen, der gemeinsamen Arbeit am Drehbuch und natürlich von Rinaldo. Ich glaube, ich erzählte eigentlich nur von Rinaldo!

Trude lauschte gespannt und grinste ab und zu verstohlen.

„Und wart ihr schon, äh..., ich meine, habt ihr schon..." Sie lief rot an wie eine Tomate.

Ich seufzte. „Nein, natürlich nicht! Rinaldo ist ein absoluter Gentleman." Eigentlich war er mir fast *zu* anständig! Schließlich kochte und brodelte es in mir wie in einem Vulkan.

„Bestimmt ist der heimlich verheiratet!" Angie kämmte traurig ihr langes güldenes Haar. „Das hat man bei Prominenten öfter! Die werden in der Presse als ledig hingestellt wegen der weiblichen Fans."

„Quatsch, verheiratet!" Beelzebub klopfte sich vor Lachen auf die behaarten Schenkel. „Der hat in jeder Stadt eine andere! Und Clementine nietet er auch bald um! Die ist nämlich reif! Sozusagen überreif, wie Fallobst!"

Ich bitte um mehr Disziplin! Keine üblen Nachreden, was Rinaldo betrifft! „Ach Trude, ich wollte, er hätte mich wenigstens einmal geküsst in der ganzen Woche!"

„Hat er nicht?" fragte Trude verwundert.

„Nee, hatter nich!" Ich stützte den Kopf in die Hände und träumte von Rinaldo.

Trude war sichtlich erleichtert. Sie sprang auf und holte einen Brief aus dem Wohnzimmer. „Hier!" Trude gab mir den Brief. „Ein Einschreiben. Ich habe es für dich angenommen und unterschrieben. Ich hoffe, es ist dir recht!"

„Natürlich ist es mir recht! Du bist doch bei mir wie zu Hause!" Ich gab Trude wieder einen Schmatz.

„S&S-Bank" stand auf dem Absender. Ich öffnete den Brief.

Trude nippte verstohlen an ihrem Kaffee.

„Und?" fragte sie beiläufig. „Hoffentlich nichts Ernstes?"

„Doch!" schrie ich und sprang auf den Stuhl. „Ich habe die Tibet-reise gewonnen!" Ich hüpfte auf dem Stuhl herum und heulte laut vor Freude.

„Ernsthaft?" fragte Trude und strahlte. Sie holte ihre Brille aus der Schürzentasche und las den Brief. „Ich glaub es nicht!" stammelte sie und legte ihre Brille beiseite. Dann kletterte Trude auf ihren Stuhl und heulte mit.

Berta kam in die Küche gelaufen und starrte uns entsetzt an.

„Mama? Habt ihr Bauchweh?"

„Nein, wir haben nur gewonnen!" schluchzte Trude und schnaubte sich geräuschvoll die Nase.

„Und tut das weh?" fragte Berta, die immer noch fassungslos zu unseren Füßen stand und abwechselnd zu Trude und mir nach oben blickte.

Trude wurde als erste wieder normal und stieg vom Stuhl. „Komm, Clementine, wir trinken lieber einen Schnaps!" Sie holte einen sech-zigprozentigen Blutwurz aus der Abstellkammer und goss uns ein.

Berta war wieder ins Wohnzimmer gelaufen. Wahrscheinlich zog sie ihre Zeichentrickschau unserem Trauerspiel vor.

„Auf Ex!" Wir kippten den Blutwurz hinter und schüttelten uns dann gewaltig. Der brannte wie das Höllenfeuer.

„Ich fass es nicht, ich fass es nicht", stammelte ich immer wieder und starrte auf den Brief. „Hier steht: Herzlichen Glückwunsch! Wir freuen uns Ihnen mitteilen zu dürfen, dass Sie unseren Hauptpreis gewonnen haben – eine dreiwöchige Studienreise nach Tibet! Sie werden von einem Studienführer und einem Kamerateam begleitet, da wir diese Reise, Ihr Einverständnis vorausgesetzt, in unserer ört-lichen Presse dokumentieren wollen..."

Trude nahm mich in den Arm und schluchzte: „Alles wird gut!"

„Wieso wird? Alles *ist* gut! Was meinst du, ob Rinaldo mitkommt, wenn ich ihn frage?"

Trude las sich den Brief noch einmal aufmerksam durch und schüt-telte dann bedenklich den Kopf. „So wie ich das verstehe, ist diese Reise nur für *eine* Person, also für dich." Sie nahm die Brille wieder ab und hielt mir den Brief hin. „Tatsächlich! Aber mit Studienfüh-rer... Na ja, eigentlich bin ich froh, dass ich alleine fahren kann. Obwohl, das mit dem Kamerateam passt mir gar nicht."

„Warum denn? Das ist doch die beste Reklame für dich: Die Kinderbuchautorin Clementine Kammer-Jäger auf den Spuren des Dalai Lama..." Trude malte einen Bogen in die Luft.

Wir lachten und tanzten durch die Küche wie zwei Teenager.

„Mein Gott, alle meine Träume haben sich erfüllt und das in so kurzer Zeit!"

Ich wirbelte Trude im Kreis herum, bis sie keuchte.

„Aufhören, mir wird schwindelig!" Trude plumpste auf die Eckbank und wischte sich die Freudentränen aus den Augen. „Und wann soll es losgehen?"

Ich las noch einmal aufmerksam den Brief. „Du, genau in vier Wochen! Fünf Tage nach Beendigung der Dreharbeiten! Das wird aber knapp." Stöhnend ließ ich mich neben Trude fallen. „Stell dir mal vor! Beinahe hätte es nicht geklappt!"

Trude winkte ab: „Ach was, da hätten wir halt den Reisetermin geändert!"

„Wie bitte?"

„Äh, ich meine, da hätte die Bank eben die Reise verschoben!" Trude stotterte verlegen und machte eine unwirsche Handbewegung. „Nun sei mal froh, dass es geklappt hat, und mache dir keine Sorgen über 'hätte und wäre'! Es passt doch alles, oder?"

Ich nickte.

„Aber dann hast du die Kinder ja noch drei Wochen länger am Hals!"

„Was? Das glaubst auch nur du! Meine zwei Lieblinge! Und dann am Hals!" Trude regte sich ein bisschen künstlich auf um mir die Bedenken zu nehmen.

„Ach Trude, womit habe ich so viel Glück verdient! Erst du, dann Rinaldo und nun auch noch die Tibetreise!"

Ich legte meinen Kopf an Trudes Schulter und schaute versonnen zum Fenster hinaus. Die Birke im Vorgarten hatte schon gelbe Blätter und die Natur bereitete sich langsam auf den großen Winterschlaf vor. Nur mir war es nicht nach Winterschlaf zumute. Ich hatte heftige Frühlingsgefühle, spann zarte Sommernachtsträume und war noch Lichtjahre vom Altweibersommer entfernt.

∼ ∼ ∼

„Nach Tibet? Na, dann herzlichen Glückwunsch!" Ernst Eierhuber schüttelte mir die Hand.

Ich hatte am Montagmorgen gleich dem gesamten Drehteam die Neuigkeiten erzählt. Alle freuten sich mit mir. Rinaldo setzte sich neben mich und legte den Arm um meine Schulter.

„Eigentlich wollte ich Sie zu dieser Reise einladen", hauchte ich ihm verheißungsvoll ins Ohr. „Aber die Reise ist leider nur für eine Person!"

„Tibet? In diese Kälte? Nein, das wäre sowieso nichts für mich! Ich mag es lieber heiß und trocken. Außerdem stundenlang von einer Moschee in die andere laufen..."

„Tempel", verbesserte ich ihn. „In Tibet gibt es nur buddhistische Tempel. Moscheen gibt es im Orient." Ich biss mir auf mein vorlautes Mundwerk.

Rinaldo machte ein verächtliches Gesicht. „Egal, ob nun Moscheen oder Tempel. Ich schippere lieber mit meiner Yacht von einem Hafen zum anderen und genieße das Leben. Vielleicht nehme ich dich das nächste Mal mit. Da wirst du dein Tibet aber vergessen!" Rinaldo gab mir einen Kuss auf die Wange.

Erschrocken fasste ich mir an die eben liebkoste Stelle. Er hat mich geküsst! Und geduzt! Ich wurde knallrot und mein Herz fing wie wild an zu schlagen.

Einige Leute vom Team grinsten und drehten sich dann diskret zur Seite.

„Das war ein Bruderschaftskuss. Den sollten wir heute Abend begießen! Sagen wir um acht in meinem Hotelzimmer?" Rinaldo stand auf und nahm seinen Platz als Geschichtenerzähler vorm Kamin ein.

„In Ordnung", stotterte ich verlegen und strahlte.

Wir drehten die Anfangsszene der dritten Folge ab und gingen dann gemeinsam zum Mittagessen.

Anschließend machte ich einen Bummel durch die Geschäfte und kaufte mir ein paar schicke Sachen für die Tibetreise. Aber keine knallroten Lackpumps, sondern feste Wanderstiefel, eine warme Jacke und ein paar dicke Pullis.

Anschließend beeilte ich mich wieder ins Hotel zu kommen. Ich wollte noch ausgiebig baden, pudern, föhnen, schminken und stylen und mich auf den Abend mit Rinaldo einstimmen.

Auf meiner Spiegeltoilette standen diverse Duftfläschchen. Ich entschied mich für „Haschmich" und stäubte die halbe Flasche auf Hals, Haar und Busen. Na, wenn das keine Wirkung hat!

Dann quälte ich mich in ein gepanzertes, schwarzes Mieder und befestigte mühevoll die Strümpfe an den Bändchen. Uff. Geschafft! So was konnte sich nur ein Mann ausgedacht haben, als Folter oder sadistische Rache! Das schwarze, hoch geschlossene Kleid mit dem Spitzeneinsatz hatte ich mir eigens für diesen, schon lang erwarteten, denkwürdigen Abend gekauft.

Ich drehte mich ein paar Mal vor dem winzigen, halb blinden Spiegel im Bad. Obenrum war es perfekt – nur unten sah ich mich nicht. Ich probierte es mit dem glänzenden Wasserhahn der Badewanne, mit einem Taschenspiegel und mit dem Silbertablett, wo die Flasche Sekt draufstand, die ich mir zwecks Auflockerung bestellt hatte. Vergebens, nirgends konnte man sich richtig anschauen. Zum Schluss kletterte ich auf den Badewannenrand. Nun sah ich wenigstens meine Knie. Ich gab auf. Wird schon alles gut sitzen.

Punkt acht klopfte ich nervös an Rinaldos Hotelzimmer.

Er öffnete mir und strahlte mich an. „Clementine! Komm doch herein! Gott, was siehst du wieder toll aus!"

Aufgeregt betrat ich sein Zimmer.

Auf dem Sofa saß eine gut aussehende Dame, so Mitte vierzig, und lächelte mich an. „Das ist Frau Kitekat von der Zeitschrift 'Ein Herz für Frauen'. Sie möchte mich interviewen und ein paar Fotos von uns machen. Du hast doch nichts dagegen?" Rinaldo holte drei Sektkelche aus seiner Hausbar und goss Champagner ein.

„Nein, natürlich nicht", stotterte ich verwirrt und setzte mich auf den Sessel gegenüber. Dabei versuchte ich möglichst unbemerkt mein kurzes Kleid über die Strapse zu ziehen.

„Es freut mich, dass ich Sie kennen lerne!" säuselte Frau Kitekat zuckersüß und griff mit ihren langen roten Krallen nach einer Packung „Dromedar". Geziert steckte sie eine Zigarette in den Mund und schaute Rinaldo herausfordernd an. Der sprang sofort mit dem Feuerzeug zu ihr hinüber und gab ihr galant Feuer.

„Sie haben sozusagen den Stoff für diesen Kinderfilm geliefert, meine Liebe, wie hieß das Buch doch noch mal?" Hilfe suchend blickte sie Rinaldo an.

„Bommel, das Robbenbaby – und ich habe es *geschrieben* und *illustriert!"*

„Ja, ja, das meinte ich natürlich. Und Sie, Herr Ringelstein? Wie sind Sie auf die Idee gekommen, so eine, na sagen wir mal, recht einfach strukturierte Geschichte mit Ihrem schauspielerischen Können zum Leben zu erwecken?" Sie lächelte Rinaldo noch süßer an und beachtete mich gar nicht. Was? Einfach strukturiert? Gleich hau ich dir eine vor'n Latz, du Katzenfutter!

„Ach, wissen Sie, Frau Kitekat, das ist so. Die meisten meiner unzähligen weiblichen Fans haben doch Kinder..."

Frau Kitekat nickte.

„Viele zuckersüße, kleine Kinderlein!" fuhr Rinaldo fort. „Und da dachte ich, ich wäre es meiner Fangemeinde schuldig mal etwas für ihre lieben Kleinen zu machen!"

Die Kitekat klatschte begeistert Beifall. „Bravo, Herr Ringelstein, bravöchen!"

Rinaldo lächelte huldvoll. „Und meine Kollegin Clementine, also Frau Kammer-Jäger, die hat nun das Drehbuch geschrieben und unterstützt mich tatkräftig bei meiner Arbeit."

Ach, was de nich sachst! Ich beobachtete den schmalzigen Schlagabtausch der beiden mit einer gewissen Eifersucht.

„So, sehr schön", stellte die Reporterin nüchtern fest. „Aber was unsere Leserinnen nun brennend interessieren würde – wie geht es denn nach Abschluss der Dreharbeiten weiter, ich meine so privat?"

Rinaldo stellte sich hinter meinen Sessel und legte beide Hände auf meine Schultern. Ein wohliger Schauer rieselte mir den Rücken hinunter. „Nun, wissen Sie." Rinaldo räusperte sich etwas. „Clementine und ich sind uns während der Dreharbeiten sozusagen menschlich näher gekommen."

Nee isses möglich! Hatte ich mich doch nicht geirrt! Aber dass er das gleich öffentlich macht! Das hat doch nun wirklich Zeit!

„Ich denke, ich werde nach den äußerst anstrengenden Dreharbeiten erstmal eine zweimonatige Pause einlegen und mich auf meiner Yacht erholen. Höchstwahrscheinlich ist..." hier legte Rinaldo eine Pause ein, „... dass Clementine diese Zeit mit mir auf meiner Yacht verbringen wird! Vielleicht werden wir sogar über neue gemeinsame Projekte nachdenken!"

Bumm. Das war's. Ich mit Rinaldo auf der Yacht. Ich rang nach Luft.

Angie rieb sich die Hände: „Der will dich heiraten. Eine Braut ganz in weiß und dann in einer kleinen, schnuckeligen Kirche..."

„Wart's ab!" Beelzebub drehte die Hand abwägend hin und her.

Und meine Tibetreise? Hä? Die vergesst ihr wohl alle?

Frau Kitekat drückte ihren Zigarettenstummel im Aschenbecher aus und schaltete das Diktiergerät ab. „So, jetzt machen wir noch ein paar nette, klitzekleine Fotos für unsere lieben, lieben, lieben Leserinnen!" Sie kramte in ihrer Handtasche und holte einen Fotoapparat heraus.

„Ich weiß nicht...", wandte ich mich Hilfe suchend an Rinaldo. „Eigentlich möchte ich das lieber nicht."

„Ach was, stell dich nicht so an. Das ist gut fürs Image! Im Nu bist du berühmt und kannst dich vor Aufträgen nicht mehr retten!"

Ich ließ mich zu drei Schnappschüssen auf der Couch überreden.

Frau Kitekat seufzte: „Leider muss ich Sie nun verlassen, ich habe noch einen anderen Termin im Palasthotel. Der 'Pullerprinz', Sie wissen schon... Hoffentlich ohrfeigt er mich nicht wieder, wenn er voll ist!"

„Schade, wir haben uns eben so nett unterhalten!" schleimte Rinaldo.

Ich kochte vor Wut. Sie küssten sich zum Abschied dreimal auf die Wangen und dann brachte Rinaldo die Schnepfe endlich zur Tür.

Frau Kitekat drehte sich doch tatsächlich noch einmal zu mir um und nickte.

„Miau!" rief ich ihr hinterher und schmollte.

Rinaldo schloss die Tür und kam zurück an den Tisch. Er gähnte ziemlich heftig und rieb sich die Augen.

„Ach, Clementine, ich glaube fast, der Sandmann war da", sagte er und lachte. „Morgen früh müssen wir zeitig raus, ich denke, ich gehe jetzt ins Bett!"

Aber doch nicht alleine! Und nicht ohne mich! Du kannst mich doch nicht so einfach rauswerfen!

Rinaldo tätschelte mir die Wange und zog mich sanft nach oben.

Na also! Und ich dachte schon...

„Wir werden besser unsere Bruderschaftsfeier auf einen anderen Abend verlegen." Rinaldo schob mich zur Tür.

„Na dann..." stotterte ich, „also bis morgen!"

In meinem Zimmer riss ich mir meine verführerischen Klamotten vom Leib und fluchte lautstark vor mich hin.

Das kann er doch nicht mit mir machen! Nich mit Clementine Kammer-Jäger, der aufstrebenden Kinderbuchautorin! Trude, warum bist du nicht bei mir! Heulend warf ich mich aufs Bett und zerfloss in Selbstmitleid. Nie wieder Strapse! Nie wieder „Haschmich"! Und nie wieder einen Mann!

Am nächsten Morgen sah ich ziemlich verquollen aus.

„Toll siehst du heute wieder aus!" begrüßte mich Rinaldo und legte die Arme um meine Taille. „Wie du das nur immer machst..."

Wirklich? Echt? Meine Stimmung heiterte sich schlagartig auf.

„Tut mir Leid wegen gestern. Aber ich hatte den Termin mit der Reporterin völlig vergessen! Und danach war ich wirklich erschöpft, Clementine!"

Ich nickte verständnisvoll und kuschelte mich enger in Rinaldos Arme. Ernst Eierhuber grinste zu uns herüber und drohte scherzhaft mit dem Zeigefinger.

„Los jetzt! An die Arbeit, Ihr Turteltäubchen!" Bert Buchinger winkte Rinaldo vor die Kamera.

„Aber wir holen unseren Abend nach, versprochen?" hauchte Rinaldo mir ins Ohr, so dass sein heißer Atem meinen Hals streifte. Mir jagte es wollüstige Schauer über den Rücken und ich nickte noch heftiger.

Ich verzieh ihm den gestrigen Abend! Und wie ich verzieh! Kann ja schließlich jedem mal passieren, dass man müde ist... Schuld hatte sowieso nur diese blöde Schnepfe mit ihrem Interview!

Ich setzte mich auf meinen Platz neben Bert Buchinger und schaute zu, wie Rinaldo mein Buch aufschlug und dann die Kinder zu seinen Füßen begrüßte.

Sicher war er ein toller Vater!

Ich dachte an den Nachmittag im Kastanienpark mit Sandro und den Kindern und seufzte. Selten hatte ich mit Berta und Erna so viel Spaß gehabt. Sandro hätte bestimmt auch einen superguten Papi abgegeben! Und ein himmlischer Liebhaber war er sowieso – der Beste, den ich je hatte! Ach Sandro, warum hast du mich damals so schändlich hintergangen? Aus uns wäre vielleicht was geworden... Aber jetzt hatte ich ja meinen Rinaldo!

„Clementine!" Ernst Eierhuber riss mich aus meinem Traum.

„Ja?"

„Wo sind Sie denn mit Ihren Gedanken?" Mein Verleger grinste mich an. Ich wurde rot und räusperte mich verlegen.

„Wir müssen noch klären, wann Ihre Töchter kommen können. Sie wissen schon, ich hatte Ihnen doch versprochen, dass sie mal mitdrehen dürfen."

„Berta und Erna freuen sich schon riesig! Aber dieses Wochenende klappt es leider nicht. Berta und Erna fahren mit ihrem Vater zur Oma. Wie wäre es mit dem nächsten?"

Ernst Eierhuber schaute in seinem Terminplan nach.

„Okay, dann drehen wir nächstes Wochenende durch. Ist mir eigentlich ganz recht, denn so werden wir zwei Tage eher mit den Dreharbeiten fertig."

Ernst Eierhuber reichte mir eine Schachtel Pralinen.

„Hm, 'Torero Marche', meine Lieblingsschokolade! Ich geb mir die Kugel!" Ich steckte mir eine der sündigen Kugeln in den Mund und schmatzte genüsslich.

Eigentlich war ich ja noch immer auf Diät und aß nur Quark und Obst. Quark enthält zumindest keinen Zucker und sehr wenig Fett. Schokolade dagegen enthält Unmengen an Fett und Zucker, besonders die goldenen Kugeln, welche die Byzantiner Königsnüsse beinhalten! Wahnsinnig viele Kalorien stecken in diesen unscheinbaren Gebilden, die einen anlachen, als ob sie kein Wässerchen trüben können! Dabei sind es richtige kleine Kernkraftwerke! Ich habe mal gehört, dass man mit einer solchen Packung eine mittlere Großstadt zwei Stunden lang mit Strom versorgen kann! Es gibt natürlich auch eine ganze Reihe von fürchterlich gesunden Nahrungsmitteln ohne Kalorien wie Gurken, Sellerie oder Spinat. Leider enthalten sie keine Byzantiner Königsnüsse und werden nicht vom eigenen Butler im Hubschrauber eingeflogen! Man kann also sagen, diese bedauerlichen Nahrungsmittel haben keinen Stil! Deshalb erscheinen sie auch äußerst selten auf meinem Speiseplan. Da ich nun aber unbedingt abnehmen wollte, musste ich mich dem neuesten Stand der Ernährungswissenschaften beugen und in den sauren Apfel beißen.

Das heißt, ich biss eigentlich nur noch in saure Äpfel und in sauren Quark. Zwischendurch hatte ich schon überlegt, ob ich nicht mit Essen ganz aufhören sollte, eine wirklich todsichere Methode. Aber dann fiel mir ein, dass ich als tote Schriftstellerin nur noch sehr wenig neue Bücher schreiben konnte, sozusagen fast gar keine. Und den Ruhm konnte ich auch nicht mehr ernten und der war doch so wichtig! Lieber dick und erfolgreich, als dünn und arm.

Also entschloss ich mich zu einer Radikalkur, die mich gerade so noch am Leben erhielt, denn eine tote Autorin ist keine gute Autorin. Quark und Obst – eine wirkliche Geheimwaffe gegen die Pfunde! Wenn da nur nicht die tägliche Tafel Schokolade gewesen wäre! Aber schließlich hatte ich doch in den letzten Monaten damit erfolgreich abgenommen, sogar dreißig Pfund! Aber ohne Schokolade hätte es wahrscheinlich nur drei Monate gedauert und nicht neun. Beim Anblick von Schokolade und Schillerlocken hatte es immer mal wieder ein paar herbe Ausrutscher gegeben. Na ja, man gönnt sich ja sonst nichts!

Ernst Eierhuber hielt mir schon wieder die Schachtel unter die Nase. „Bitte, bedienen Sie sich!"

Ich bediente mich, das heißt, ich aß alle Kugeln auf. Clementine, schäm dich! Pfui is' das!

Beelzebub streichelte sich zufrieden über sein Bäuchlein. „Endlich mal was Gescheites!" beklagte er sich. „Die letzten Wochen habe ich schon überlegt, ob ich nicht ausziehen soll!"

Angie lachte: „Hat dir ganz gut getan, die Diät. Jetzt siehst du wenigstens wieder aus wie ein Mann!"

Beelzebub fühlte sich geschmeichelt. Er drehte und wendete sich und zog dabei den Bauch ein.

„Aber ein Schnitzel wäre auch nicht übel! So mit Pommes und Salat!" Das ist zu viel! Heute gibt's nur noch einen halben Becher Quark – nach dem Ausrutscher eben!

„Und wenn wir vielleicht den Salat weglassen", fragte Beelzi, „und nur das Schnitzel und die Pommes frites essen?"

Mir lief das Wasser im Munde zusammen. Deshalb versuchte ich mich auf die Geschehnisse vor der Kamera zu konzentrieren.

Nach Drehende kam Rinaldo zu mir und lud mich zum Essen ein. Alle guten Vorsätze schmolzen wie Schnee in der Sonne. Mein Herz hüpfte vor Freude und Beelzebub auch.

Rinaldo öffnete mir die große Flügeltür und nickte dem Kellner zu. Dieser nahm mir stumm den Mantel ab und wies dann auf einen kleinen Tisch mitten im Restaurant.

Rinaldo schritt hoch erhobenen Hauptes vor mir her und grüßte diverse Damen und Herren, die sich nach uns umdrehten und in freudige Entzückung verfielen, als sie Rinaldo erkannten.

„Findest du nicht, dass wir hier ziemlich auf dem Präsentierteller sitzen?" fragte ich vorsichtig an. Ich fühlte mich nicht sonderlich wohl zwischen all den Dämchen und Herrchen mit Hütchen und Pudelchen, die zu Rinaldo herüberwinkten.

„Das ist mein Stammtisch!" erwiderte Rinaldo lachend und ließ keinen Zweifel daran entstehen, dass wir hier bis in alle Ewigkeit sitzen bleiben würden.

Also fügte ich mich ins Unabänderliche.

„Brav, Clementine!" flüsterte Angie und strickte zufrieden an ihren Ärmelschonern weiter. Ich glaube, die waren für Beelzebub. Armer Teufel!

„Ist es nicht toll hier?" fragte Rinaldo begeistert. „Ein Ambiente wie es Königinnen gebührt!" Er nahm meine Hand und hauchte einen Kuss darauf.

Nee, isses möglich! Der Abend schien viel versprechend zu werden! Ich verzieh ihm den Affenkäfig in der Mitte des Zoos.

Der Ober brachte uns die Speisekarte und zog sich dann dezent zurück.

„Gibt's hier keinen Quark?" fragte ich Rinaldo.

Der lachte amüsiert: „Guter Scherz! Du bist köstlich, Clementine!" Ich fand das gar nicht komisch und versuchte die Speisen zu entziffern.

„Ich nehme Cream de Pavillon mit Böff de Canalisation und zarten Bourg en bresses, das klingt nach wenig Kalorien."

„Eine vortreffliche Wahl! Dies zeigt mir deinen außerordentlichen Geschmack und die Treffsicherheit deiner gewagt gemischten Stilrichtungen!" Rinaldo war begeistert. „Ich nehme dasselbe!"

Ich war überrascht, denn ich wusste noch gar nichts von meinen vielfältigen Talenten, geschweige denn, was ich da bestellt hatte.

Der Ober brachte eine Flasche Schampus und zwei Gläser. „Die Damen vom Tisch Elf fragen an, ob sie vielleicht ein Autogramm bekommen könnten?" Der Ober trug seinen Wunsch flüsternd vor, aber doch so taktvoll, dass ich es mit anhören konnte.

„Wie viele sind es denn?" fragte Rinaldo gelassen und zog einen Stapel Autogrammkarten aus der Jacke.

„Acht, Herr Ringelstein, falls es Ihnen nichts ausmacht."

„Na besser, als wenn die Damen unseren Tisch stürmen, nicht wahr, Liebling?"

„Gott bewahre, Herr Ringelstein!" Der Ober schlug die Hände demonstrativ zusammen. „Sie kenne doch unsere Abmachung – Autogramme ja, Belästigungen nein!"

„Genau", erwiderte Rinaldo und drückte dem Ober die Karten in die Hand. Dann winkte er zu den acht Damen hinüber, die uns begeistert zuprosteten. Eigentlich prosteten sie mehr Rinaldo zu, ich fing nur neidische Blicke ein.

Rinaldo nahm wieder meine Hand und küsste sie, diesmal richtig. Ich fiel fast in Ohnmacht, schließlich hatte er mich gerade 'Liebling' genannt.

„Schön, dass wir hier zusammen sitzen. Und nun können wir endlich Bruderschaft trinken!" Rinaldo hob sein Glas und wir stießen an. „Und jetzt der Kuss!" Er beugte sich über den Tisch und machte einen spitzen Mund.

„Hier – vor allen Leuten?" fragte ich ungläubig.

„Natürlich, soll doch jeder sehen, wie gern wir uns haben!" Rinaldo lachte herzerweichend.

Mit klopfendem Herzen schloss ich meine Augen und bot meinen Mund zum Verbrüderungskuss an. Dabei öffnete ich leicht die Lippen und hielt meine Zunge bereit.

Lieber Gott mach, dass es *der* Kuss meines Lebens wird!

Rinaldo drückte mir ein Küsschen auf die Lippen und zog sich danach sofort zurück, noch bevor ich ihm meine Zunge ans Zäpfchen schieben konnte.

„Was, das war alles?" fragte ich enttäuscht und öffnete wieder die Augen.

„Aber Clementine, doch nicht vor den Leuten!" Rinaldo schüttelte den Kopf.

„Ach so", erwiderte ich beschämt.

„Den Rest holen wir später nach!" flüsterte Rinaldo und rollte dabei geheimnisvoll mit den Augen.

Aufgeregt nickte ich und dachte an mein schwarzes Mieder, das ich vorsichtshalber unter dem Hosenanzug trug. War doch gut, dass ich es nicht vor Wut in den Müll geworfen hatte.

Während des Essens erzählte Rinaldo sehr viel von der Serie „Forsthaus Adlerau" und ich lauschte gebannt.

Um elf Uhr bezahlte Rinaldo endlich die Rechnung und wir schlenderten gemütlich durch die feuchtkalte Nacht zum Hotel zurück. Je näher wir kamen, desto aufgeregter wurde ich. Diese Nacht sollte in die Geschichte eingehen! Clementine Kammer-Jäger im Hotelbett von Rinaldo Ringelstein! Das würde Schlagzeilen geben...

Der Portier kam uns aufgeregt entgegen, als wir die Hotelhalle betraten. „Herr Ringelstein, Herr Ringelstein!" rief er ganz außer sich und fuchtelte wild mit den Armen herum.

„Ist was passiert?" fragte Rinaldo erschrocken.

„Tut mir Leid, aber ich konnte Sie nicht eher erreichen! Ich wusste ja nicht, wohin Sie und Frau Kammer-Jäger..."

„Was ist denn nun passiert?" fragte Rinaldo ungehalten.

Der Portier räusperte sich und sprach plötzlich ganz leise. „Ihre Mutter... Das Krankenhaus in Wiesbaden hat angerufen... Ihr geht es wohl sehr schlecht."

Rinaldo stürzte an die Rezeption und wählte hastig die Nummer, die der Portier auf einen Zettel gekritzelt hatte. Ich stand zitternd daneben und bangte mit. Aber ich bangte nicht nur um das Leben von meiner zukünftigen Schwiegermutter, sondern auch um unseren Verbrüderungsabend.

„Was? Schlaganfall?... Wie schlimm ist es denn?... Ich komme sofort! Mit der nächsten Maschine!" Rinaldo legte den Hörer auf und starrte traurig vor sich hin.

„Und? Wie geht es ihr?" fragte ich zaghaft und zupfte den in Gedanken versunkenen Rinaldo am Ärmel.

Der schreckte auf und sah mich an. „Schlecht, sehr schlecht... Sie liegt im Sterben... Ich muss sofort nach Wiesbaden!"

Der Portier rief den Flughafen an und buchte die nächste Maschine.

„Sei mir nicht böse, Clementine, aber ich muss mich noch etwas hinlegen. Der Flug geht ja schon in vier Stunden."

Verständnisvoll nickte ich und drückte Rinaldo fest an mich. Doch der war mit seinen Gedanken ganz woanders. Wir gingen langsam die Treppen hinauf bis vor unsere Hotelzimmer.

„Hoffentlich ist es nicht so schlimm, wie die Ärzte denken", sagte ich und streichelte Rinaldo übers Haar.

„Mach's gut, Clementine, ich weiß noch nicht, wann ich zurück bin. Aber ich rufe bei Ernst Eierhuber an. Der kann dir dann Genaueres sagen. Und...", Rinaldo nahm mich in den Arm und gab mir einen zärtlichen Kuss auf die Stirn, „dann gehen wir noch mal zusammen aus, ja?"

Dann ging jeder in sein Zimmer. Ich lag noch lange wach und lauschte an der Wand um wenigstens Rinaldos Atem zu hören. Mein Herz klopfte laut und ungeduldig und ich fragte mich, warum das Schicksal die Erfüllung meiner Sehnsüchte so hartnäckig verhinderte.

Am Freitag fuhr ich nach Hause. Wir hatten noch ein paar Szenen ohne Rinaldo gedreht und die letzten drei Teile der Bommelserie vorbereitet. Ernst Eierhuber hatte uns mitgeteilt, dass wohl vor Ende der nächsten Woche nicht damit zu rechnen sei, dass Rinaldo nach Berlin zurückkehrte.

Trude begrüßte mich gewohnt herzlich und fragte mich gleich über meine Fortschritte mit Rinaldo aus. Sie war sichtlich zufrieden, dass immer noch nichts „Ernstes" zwischen uns passiert war.

Am Samstag früh kam Franz um die Kinder abzuholen. Thekla hatte Geburtstag und ich hatte ihm erlaubt die Kinder mit nach Quickborn zu nehmen.

„Toll siehst du aus!" begrüßte er mich und musterte mich langsam von oben nach unten.

„Hier!" Franz drückte mir die neueste Ausgabe von „Ein Herz für Frauen" in die Hand. „Die habe ich soeben am Kiosk gekauft. Machst ja super Fortschritte in Bezug auf berühmte Männer! Sogar mit Strapsen lässt du dich schon in aller Öffentlichkeit vorführen!"

Ich riss ihm die Zeitschrift aus der Hand und schaute mir entsetzt das Titelblatt an. Da saß ich mit feuerrotem Kopf neben Rinaldo auf der Couch und grinste dümmlich ins Objektiv. Mein Kleid war trotz aller Bemühungen verrutscht und ließ zwei Zentimeter nackten Fleisches oberhalb des Strumpfes blitzen. Ich schämte mich zu Tode. Hatte die alte Schnepfe doch ein Foto ausgewählt, das ziemlich unmissverständlich die Situation offenbarte!

Darunter stand in Fettschrift: „Rinaldo Ringelstein und seine neueste Eroberung"!

„Na und? Werd man bloß nicht neidisch!" fauchte ich Franz an.

„Neidisch?" Franz lachte schallend. „Flora trägt Tag und Nacht Strapse für mich! *Du* hast das ja nur die ersten drei Wochen unserer Beziehung getan!"

„Na, dann hast du ja alles Glück der Welt", erwiderte ich schnippisch. Ich rief Erna und Berta und setzte die beiden ins Auto.

„Übrigens, fährt Flora auch mit?" Das hatte mich die ganze Zeit beschäftigt.

„Nö, die hat wichtige Kundentermine."

Dacht ich mir's doch. Flora drückt sich vor solchen Besuchen gar zu gerne.

„Trude hat mir gesagt, du hättest mich vor kurzem sprechen wollen?"

„Ach so, da ging es eigentlich nur ums Sorgerecht für Berta und Erna."

Erschrocken schaute ich Franz an. Der bemerkte es und grinste.

„Kannst beruhigt sein! Flora und ich haben uns entschlossen, aufs Sorgerecht zu verzichten!"

Erleichtert atmete ich auf. „So, habt ihr das beschlossen! Wie großzügig!"

„Ja, wir wollen nämlich eigene Kinder haben!" fügte Franz hinzu.

„Dafür ist Flora doch viel zu alt!"

„Keinesfalls, die ist noch sehr gut beieinander!" Franz zündete sich eine Zigarette an.

„Und rauch nicht im Auto, wegen der Kinder, bitte! Auch wenn es scheinbar nicht deine *eigenen* sind!"

„Ja, ja!" Franz zog noch einmal und trat dann die Zigarette aus.

„Übrigens, es gibt eine neue Methode, wie man bei alten Frauen die fruchtbaren Tage berechnen kann... Nur, damit es auch mit eurem Nachwuchs noch in diesem Leben klappt... Man schreibt auf einen Zettel Weihnachten und auf einen anderen Zettel Ostern, mischt die beiden Zettel dann gut durch und zieht einen davon. Dann hast du den fruchtbaren Tag!"

Franz zeigte mir einen Vogel und stieg ins Auto ein.

„Tschüss, Bertalein! Tschüss, Ernalein! Seid schön brav und lasst euch nicht aushorchen von der lieben Oma! Und falls sie sich nach mir erkundigt, sagt ihr, ich hätte endlich abgenommen und hätte jetzt Traummaße!" Ich küsste die beiden.

„Das brauchen die gar nicht zu erzählen", erwiderte Franz trocken, „ich habe doch die Zeitschrift, da kann sich meine Mutter selbst von deinen neuen Qualitäten überzeugen!"

Franz gab Gas und fuhr mit quietschenden Reifen los.

Ich blieb verärgert zurück und winkte den Kindern nach, bis sie um die Ecke verschwunden waren.

Ich verbrachte die nächsten zwei Tage mit Vorbereitungen für meine große Reise. In Berlin hatte ich mir einen guten Reiseführer gekauft und einige Bände über das Leben des Dalai Lama und der Tibeter.

Abends machte ich es mir mit meinem Lieblingstee gemütlich und schmökerte bis tief in die Nacht.

Am Sonntag schien überraschend die Sonne und ich beschloss, das schöne Wetter für einen ausgiebigen Spaziergang zu nutzen.

Wie lange war es her, dass ich nicht mehr durch den Kastanienpark geschlendert war? Eine halbe Ewigkeit! Seit es vor fast einem Jahr mit Sandro in die Brüche gegangen war, hatten mich Erna und Berta nur drei- oder viermal überreden können einen Spaziergang zum Spielplatz zu unternehmen.

Heute war der Park trotz des schönen Herbstwetters fast menschenleer. Das lag wahrscheinlich an dem großen Zirkuszelt, das in der Stadt auf der Festwiese aufgebaut worden war und nun die Familien samt Kindern anlockte.

Ich lief in Richtung Flüsterbrücke und kam an der Stelle vorbei, wo Sandro und ich uns das erste Mal getroffen hatten, damals, als es mir nach der Flasche Whisky so schlecht ging. Die Bank stand noch immer am alten Platz und ich blieb stehen und starrte sie an. Dabei dachte ich wieder an Sandro.

Plötzlich wurde meine Aufmerksamkeit von einem großen Herz angezogen, das ich früher noch gar nicht entdeckt hatte. Neugierig trat ich näher und betrachtete das fein säuberlich eingeritzte Herz. „Clementine + Sandro" stand in dem Herz und ein Datum. Mir schlug das Herz bis zum Hals, als ich die Zahlen entzifferte: „31. Dezember". Das war lange, nachdem ich Schluss gemacht hatte! Ich rannte wie vom Teufel verfolgt los und hielt erst auf der Flüsterbrücke an.

Sandro musste noch einmal hier gewesen sein, bevor er ins Ausland gegangen war. Meine Gedanken drehten sich im Kreis. Wieso hatte er dann nie geschrieben und sich nicht mehr gemeldet? Hatte er vielleicht tagelang auf unserer Bank gesessen und auf mich gewartet?

Nee, isses möglich! Clementine, reiß dich zusammen! Kaum bist du im Park, schon drehst du durch! Denk an Rinaldo und schau nach vorn! Was vorbei ist, ist vorbei! Ich atmete ein paar Mal tief durch und beschleunigte dann meinen Schritt.

„Es hat doch wirklich keinen Sinn in alten Erinnerungen zu schwelgen, wenn man den Traummann schon an der Angel hat!" Angie schimpfte heftig.

„Nun trauerst du wieder um Sandro! Bei dir kennt man sich in deinem Gefühlsdurcheinander nicht mehr aus!"

Kein Durcheinander! Ich liebe Rinaldo, ich habe ihn schon immer geliebt und ich werde ihn ewig lieben!

„Abwarten!" Beelzebub grinste.

Und du musst natürlich wieder dazwischen funken! Ruhe da unten! Plötzlich stand ich vor Fräulein Haferstrohs Boutique. Nanu? Ich war so in Gedanken versunken gewesen, dass ich gar nicht gemerkt hatte, wohin ich gelaufen war.

Na ja, Zufall. Wenn ich nun schon mal hier bin, schaue ich mir eben die Auslage an. Da hingen wieder jede Menge Schlabberpullover in Übergrößen. Ich ging ein paar Schritte rückwärts auf die Straße.

„Clementine?" Angie schaute vorwurfsvoll.

„Ich will ja nur das Schaufenster von weitem betrachten!" log ich und schielte nach oben zu Sandros ehemaliger Wohnung. Doch hinter den Scheiben hingen lauter unbekannte, geschmacklose Gardinen. Ich seufzte. Wer weiß, wer jetzt hier wohnt und sich vor dem Kamin rekelt... Ärgerlich verscheuchte ich die letzten sentimentalen Gedanken und lief nach Hause.

Dort machte ich es mir mit einer Flasche Kokoslikör und Orangensaft gemütlich und träumte von Rinaldo.

Diese Woche musste es einfach klappen! Es war die vorletzte Drehwoche und dann würde ich erst einmal drei Wochen nach Tibet fliegen. Wer weiß, ob ich anschließend Rinaldo so schnell wiedersah. Und auf seine Yacht, nee, das konnte ich nun wirklich nicht machen! Schließlich hatte Trude die Kinder dann alles in allem sieben Wochen betreut! Nee, das war nich möglich! Mit einem fast buddhistischen Lächeln auf den Lippen schlief ich ein.

Doch in der darauf folgenden Woche kam ich wieder nicht zum Zuge. Rinaldo tauchte erst am Freitagmorgen auf und verkündete stolz, dass es seiner Mama wieder besser ginge.

Gott sei Dank! Ich war auch erleichtert.

Dann drehten wir den ganzen Tag ziemlich hektisch um etwas von der verlorenen Zeit herauszuholen und am Abend kamen Trude und Ottokar mit den Kindern.

Natürlich kümmerte ich mich das ganze Wochenende um die vier und außerdem wollten Berta und Erna bei mir im Zimmer schlafen. Arme verwaiste Kinder! Euer Vater ist auf und davon und eure Mutter denkt nur an Beischlaf mit einem schwer ins Bett zu kriegenden Serienhelden und würde euch am liebsten vor die Hotelzimmertür setzen.

Erna und Berta machten die Dreharbeiten viel Spaß und Rinaldo nahm sich ihrer besonders an, wofür ich ihn um so mehr liebte.

„Liebe Kinder zu Hause an den Fernsehschirmen..." begann Rinaldo seine kleinen Zuschauer zu begrüßen. Er saß mit einer Lesebrille auf der Nase in dem großen Ohrensessel vorm Kamin und hatte sieben Kinder zu seinen Füßen sitzen. Darunter auch Erna und Berta.

„Ich will bei Onkel Rinaldo auf den Schoß!" schrie Berta zornig in die Aufnahme.

Alle lachten. Nur ich wurde rot.

„Bertalein, alle Kinder sitzen am Boden. Sei also brav und halte die Klappe!"

„Aber Onkel Rinaldo ist auch nicht der Papa von den anderen Kindern!" erwiderte Berta trotzig und bestand auf einer Sonderbehandlung.

Alle lachten schallend und schauten mich an. Ich wurde so rot, dass ich glaubte, ich hätte soeben mit meinem Gesicht eine neue Farbe erfunden.

„Berta!" zischte ich. Herr Ringelstein ist auch nicht *dein* Papa!"

„Aber bald!" Berta stand auf und kletterte auf Rinaldos Schoß.

Der war so verdutzt, dass er Hilfe suchend die Hände hob. Ich sprang auf und zerrte die heulende Berta von Rinaldos Schoß.

„Lassen Sie sie doch, vielleicht eine ganz nette Idee!" rief Ernst Eierhuber und wischte sich die Tränen aus den Augen.

Berta schaute in die Runde und grinste siegessicher.

Rinaldo fing von vorne an. Er begrüßte seine Fernsehzuschauer und schlug dann das Bommelbuch auf.

Franz wird sich freuen, dachte ich. Erst ich halbnackt in einer Illustrierten mit Rinaldo und dann Berta im Fernsehen auf Rinaldos Schoß!

Das Wochenende wurde trotzdem noch sehr schön. Rinaldo gewann sogar durch seine vornehme Art das Vertrauen von Trude.

Aber als sich die vier am Sonntagabend verabschiedeten und nach Hause fuhren, war ich doch ganz glücklich. Noch drei Tage, dachte ich. In diesen drei Tagen musste ich mir etwas einfallen lassen, wie ich Rinaldo endlich rumkriegen konnte. Denn, dass er mich sehr gern hatte, stand felsenfest. Aber er war einfach *zu* anständig, um einfach so die Gelegenheit zu nutzen und über mich herzufallen. Irgend etwas Großes musste ich mir ausdenken. Etwas, das Rinaldo unweigerlich in die Venusfalle tappen ließ.

Ich lag die ganze Nacht wach und dachte über nichts anderes nach. Gegen vier Uhr setzte ich mich plötzlich kerzengerade im Bett auf. „Ich hab's!" rief ich laut und sprang aus dem Bett. Ich hüpfte auf einem Bein durchs Zimmer und lachte wie ein verliebter Teenager. Das tibetanische Liebesritual! Ich schlug mir mit der Hand an die Stirn. Dass ich darauf nicht früher gekommen war! Dieser Plan *musste* ganz einfach gelingen!

„Das finde ich aber nicht so gut!" meckerte Angie. „Denk daran, wie du reagiert hast, als du rausgefunden hast, dass Sandro dich damit verführt hat!" Das war was gaaanz anderes!

„Ich finde die Idee toll!" pflichtete mir Beelzi bei. „Schließlich kommt so endlich mal wieder Leben in die Bude, beziehungsweise in Clementines...!"

„Pfui, schäm dich!" Angie blickte verächtlich auf Beelzebub herab. Doch, ich werde es tun! Ich muss es tun! Schließlich heiligt der Zweck die Mittel!

„Hört, hört! Aber bei Sandro..." Angie wollte den Satz zu Ende sprechen, doch ich zischte sie an: „Wenn du jetzt nicht aufhörst, entlasse ich dich!"

Augenblicklich kehrte Ruhe ein.

Zufrieden kroch ich in mein Bett und schlief sofort fest ein.

Am Montag nach den Dreharbeiten fuhr ich in ein paar Geschäfte und kaufte alle Zutaten für mein Verführungsritual: Bandito de Coco – das Kokosparfüm, Räucherstäbchen und vier große Kerzenleuchter mit den dazu passenden Kerzen.

Am Abend lud mich Rinaldo in ein Tanzcafé ein. Nun war ich mir sicher: heute passiert's!

Er holte mich um neun Uhr ab und wir fuhren mit dem Taxi in dieses Lokal. Rinaldo hatte den Arm um mich gelegt und schnupperte an meinem Hals.

„Hm! Bandito de Coco, mein Lieblingsduft!" Rinaldo küsste mich zärtlich ins Genick, so dass mir beinahe alle Sinne vergingen.

Er mochte Kokosduft! Das war ein gutes Omen! Ich kuschelte mich noch fester an ihn und legte meine Hand siegessicher auf sein Knie.

Im Tanzlokal war es bereits proppenvoll.

Rinaldo fragte den Ober nach unserem reservierten Tisch und wir drängten uns durchs Gewühl.

„Heute feiern wir aber bis zum Umfallen!" sagte Rinaldo ausgelassen und bestellte schon wieder Champagner.

„Und anschließend gehen wir noch zu mir" flüsterte ich Rinaldo ins Ohr und machte ein viel versprechendes Gesicht. „Ich habe nämlich noch eine Überraschung!"

Rinaldo küsste mich aufs Ohr und hauchte: „Da bin ich aber gespannt, Kleines."

Das reichte bereits um mir vor Erregung alle Haare zu Berge stehen zu lassen. Ich kippte den Schampus hinunter, denn ich wollte mir auf jeden Fall Mut antrinken.

Plötzlich spielte die Kapelle einen Tango. Rinaldo riss mich hoch.

„Komm Clementine, jetzt legen wir einen aufs Parkett!"

„Aber ich kann doch gar keinen...!" protestierte ich, doch wir waren bereits auf der Tanzfläche und Rinaldo packte mich leidenschaftlich. Und dann gab's kein Halten mehr.

Rinaldo schleifte mich übers Parkett wie eine aufblasbare Gummipuppe, so dass meine Füße kaum mehr den Boden berührten. Die anderen Gäste hatten einen Kreis um uns gebildet und klatschten begeistert im Takt. Mir wurde ganz schwindelig und ich überließ mich hilflos Rinaldos Führung. Er schaute mir tief in die Augen mit einem verzehrenden, dämonischen Blick.

Ich weiß nicht mehr, ob ich wach war oder in Trance, aber ich ließ mich herumwirbeln und war völlig willenlos. Zum Schluss warf mich Rinaldo im hohen Bogen über sein Knie und fing mich wieder auf, bevor ich mit dem Kopf auf dem Parkett landete.

Tosender Beifall beendete den Tango und Rinaldo schleppte mich zurück zum Tisch.

„Und? Wie war's?" Rinaldo lächelte mich an.

„Teuflisch gut!" keuchte ich völlig außer Atem und stürzte das nächste Glas hinunter.

Rinaldo rutschte näher zu mir heran und schnupperte wieder an meinem Hals.

„Heute riechst du aber besonders verführerisch" kicherte er.

Ich kicherte auch, aber hinterhältig wie eine Sirene.

Wir tanzten die halbe Nacht und tranken drei Flaschen Champagner. Dann dachte ich, es wäre langsam an der Zeit ins Hotel zu fahren. Denn der viele Alkohol hatte Rinaldos Zunge schon schwer gemacht und ich wollte nicht, dass dasselbe mit seinem kleinen Rinaldo passierte.

„Sollen wir jetzt nicht lieber gehen?" fragte ich besorgt. „Schließlich habe ich noch eine Überraschung für dich!"

„Null Problemo!" lallte Rinaldo und bestellte die Rechnung.

Im Taxi stürzte ich mich auf ihn und küsste ihn leidenschaftlich. Rinaldo wehrte sich nicht und schnappte nur ab und zu nach Luft.

„Weißt du, dass ich dich liebe, und das schon seit vielen Jahren?" fragte ich ihn zwischen zwei Küssen.

„Ich weiß, Clementine, alle Frauen lieben mich", lallte er und zog mich fester an sich.

Vorm Hotel riss Rinaldo plötzlich aus und hüpfte über einen Papierkorb. „Fang mich doch, Clementine!" rief er vergnügt und kicherte wie ein Schulbub.

Dazu hatte ich aber gar keine Lust! Ich wollte mit ihm aufs Zimmer und zwar so schnell wie möglich! Aber Rinaldo bestand auf diesem Spiel und ich tat ihm den Gefallen.

Nachdem wir uns zehn Minuten gejagt hatten, konnte ich ihn endlich dazu bringen ins Hotel zu gehen.

An der Rezeption lallte er den Portier voll. „Bitte eine Flasche Schampus auf mein Zimmer, aber dalli, dalli!"

„Auf mein Zimmer!" verbesserte ich und schob Rinaldo in den Fahrstuhl.

„Weißt du, was ich jetzt mit dir vorhabe, du großer, schöner Mann?" Ich umarmte Rinaldo und zog sein Hemd aus der Hose.

„Aua, das kitzelt!" lachte Rinaldo und bekam einen Schluckauf.

Der Fahrstuhl hielt und ich zerrte mein Opfer den Gang entlang. Rinaldo steuerte auf seine Tür zu und lallte: „Gute Nacht, Clementine!"

„Nix da! Hier geblieben!" Ich schloss mein Zimmer auf und zog Rinaldo am Schlips hinein. „Heute Nacht kommst du mir nicht mehr aus!"

Rinaldo warf sich aufs Sofa und fing an zu schnarchen. Ach nö! Nicht schon wieder! Heute nicht! Da hilft nur noch eine Radikalkur! Ich zog den schlafenden Rinaldo bis auf die Unterhosen aus. Den Rest ersparte ich mir, schließlich wollte ich ja keine Enttäuschung erleben. Wie die Nase des Mannes...! Und Rinaldos Nase lag momentan platt gedrückt zwischen zwei Kissen...

Ich hiefte Rinaldo hoch und führte ihn ins Badezimmer. Dort lehnte ich ihn gegen die kalten Kacheln und drehte die Dusche auf. „So, mein Lieber, das nennt man Rosskur! Und nun zehn Minuten geduscht und dann sollst du mal sehen..."

„Du bringst den armen Mann ja um!" jammerte Angie.

Macht nichts, so nützt er mir sehr wenig. Dann schon besser tot!

Beelzi klatschte laut Beifall und amüsierte sich.

Ich schloss die Badezimmertür und holte tief Luft. So, und nun Beeilung! Schließlich musste ich jetzt in Windeseile mein Ritual vorbereiten, bevor Rinaldo wieder nüchtern war.

Ich stellte die vier Leuchter in die Ecken des Zimmers und brannte alle Kerzen an. Dann zündete ich sämtliche Räucherstäbchen, die die Packung hergab, an und schloss das Fenster. Hustend kroch ich auf dem Fußboden herum und suchte meine Handtasche.

Aha, da war sie ja! Ich holte die Flasche „Bandito de Coco" heraus und versprühte die Hälfte des Inhalts auf meinen Busen. Den Rest verstäubte ich in der Luft. Der Gestank war kaum zum Aushalten, aber ich dachte, viel hilft viel!

Dann knöpfte ich hastig meine Bluse auf, zog die Hosen aus und richtete die Strapse. Nun noch ein Blick in den Spiegel... Perfekt.

Der beißende Geruch des Weihrauchs brannte mir in den Augen, so dass mir die Tusche auslief. Aber egal, jetzt war keine Zeit zum Schminken, denn gleich würde es passieren...

Leise schloss ich die Tür auf und schaute durch das Schlüsselloch ins Bad. Rinaldo trocknete sich gerade ab und pfiff ein Liedchen. Und das klang recht nüchtern! Also würde es zu guter Letzt doch noch klappen...

Ich platzierte mich auf dem Sofa wie ein Vamp. Die Beine mit den Netzstrümpfen hatte ich kokett übereinander geschlagen und den Oberkörper lehnte ich weit zurück. In der einen Hand hielt ich eine lange, silberne Zigarettenspitze mit einem noch längeren Zigarillo und in der anderen Hand einen Sektkelch. Das Pfefferminzbonbon! Beinahe hätte ich es vergessen! Schnell wickelte ich ein Bonbon aus dem Papier und steckte es in den Mund.

Na, das hätte ja eine schöne Bescherung gegeben!

Es klopfte. Vor Schreck fiel mir die Zigarettenspitze aus der Hand. Rinaldo war schon fertig! Mein Herz raste wie Nickel Gauda auf dem Nürburgring.

„Herein!" rief ich in Richtung Badezimmertür und warf den Kopf noch weiter zurück.

Doch statt der erwarteten Tür öffnete sich die Tür des Hotelzimmers und der Portier betrat mit dem Champagner mein Zimmer.

„Huch!" schrie ich erschrocken und hielt mir ein Kissen vors Dekolleté.

„Verzeihung, ich bringe nur den bestellten Champagner", murmelte der dicke Portier und fing an zu husten.

„Stellen Sie ihn bitte auf den Tisch", stotterte ich verlegen und schämte mich.

Im selben Augenblick öffnete sich die Badezimmertür und Rinaldo betrat das Zimmer. Um die Hüften hatte er ein Badehandtuch drapiert, sonst war er nackt.

Der Portier starrte ihn erstaunt mit weit aufgerissenen Augen an. Rinaldo sog den beißenden Weihrauch tief ein und verdrehte ebenfalls die Augen. Dann schnaubte er mehrmals kräftig durch die Nüstern und ließ sein Handtuch fallen.

Der Portier stand immer noch wie angewurzelt und begaffte abwechselnd Rinaldo und dann wieder mich.

Plötzlich ging Rinaldo in die Hocke und stieß undefinierbare Brunft-schreie aus. Er schnaubte und brüllte wie ein Stier und schüttelte sich ab und zu.

Jetzt ließ der Portier das Tablett fallen und scharrte mit einem Huf auf dem Teppich herum.

Mir trat der Angstschweiß auf die Stirn. Irgendwie geriet die Situation außer Kontrolle! Der Portier hatte schließlich kein Pfefferminz-bonbon gegessen...

Gleich würden beide über mich herfallen!

„Wollen Sie nicht lieber gehen?" schrie ich den Portier an, dessen kupferrote Haare wie eine Bürste nach oben standen.

„Der bleibt!" schnaubte Rinaldo.

Entsetzt schaute ich ihn an und er begann immer heftiger zu atmen. „Der bleibt!" wiederholte er und schüttelte sich wieder. Rinaldo erhob sich und kam langsam auf mich zu. Er schaute mich aus blut-unterlaufenen Augen an, so dass mein Blut in den Adern erstarrte. Rinaldo blieb vor mir stehen und schnaufte heftig.

Ich bemühte mich nicht dahin zu schauen, wo sich seine Erregung am heftigsten zeigte. Am besten, ich schloss einfach die Augen und harrte der Dinge... Scheiß Portier!

Plötzlich riss mir jemand das Sektglas aus der Hand und ich öffnete erschrocken die Augen.

Rinaldo kippte den Inhalt auf einen Schluck hinunter und warf dann das Glas rückwärts an die Wand.

Ich schielte zum Portier hinüber, was der wohl...

Doch was war das!!! Der Portier zog sich gerade seine Unterhosen aus!!! Die anderen Klamotten lagen bereits verstreut im Zimmer!

„Rinaldo!" hauchte er und öffnete die Arme.

„Nein!" schrie ich verzweifelt.

„Doch!" schrie Rinaldo und stürzte sich auf den nackten Portier!

„Aber ich bin's doch! Clementine!" rief ich dem nackten Knäuel zu, das sich stöhnend am Boden wälzte.

Dann griff ich mir ein Handtuch und rannte schreiend aus dem Zim-mer.

Am nächsten Morgen ging ich nicht zu den Dreharbeiten. Die Situation war zu peinlich!

Aber am Abend fand die Abschlussfeier für alle Beteiligten statt. Da konnte ich mich nicht drücken.

Rinaldo erschien ziemlich spät und sprach mit keinem. Das Dilemma von letzter Nacht hatte sich bereits im ganzen Team rumgesprochen, denn der Portier hatte heute Morgen mit seiner neuen Eroberung angegeben.

Fräulein Mayer, die Maskenbildnerin nahm mich am Buffet beiseite. „Na, war wohl nicht so toll letzte Nacht?"

Mir stiegen die Tränen in die Augen und ich schüttelte beschämt den Kopf.

„Na, das war ja abzusehen!" Fräulein Mayer klopfte mir mitleidig auf die Schulter.

„Warum denn das?" fragte ich schluchzend.

„Aber Clementine! Der Ringelstein ist doch hochgradig schwul! Das weiß doch jeder hier!"

Mir fiel mein Teller mit den Schnittchen aus der Hand.

„Das habe ich nicht gewusst!" stotterte ich und fing an zu heulen.

„Na, lassen Sie's mal gut sein", sagte Fräulein Mayer. „Das wird schon wieder!"

„Aber er war doch so nett zu mir...!"

Fräulein Mayer seufzte. „Ja, ja, das ist der zu jeder Frau! Sein Image, wissen Sie?" Ich kochte vor Wut und Enttäuschung! Der hat mich die ganze Zeit nur benutzt! Für seine Fans! Na warte!

„Ich habe dir doch immer gesagt, dass mit dem was nicht stimmt!" knurrte Beelzebub.

Ich ging zurück in den Saal, wo Rinaldo sich mit Bert Buchinger unterhielt. Eine Weile beobachtete ich die beiden und dann griff ich mir die Schüssel eisgekühlten Kaviar. Langsam schritt ich auf Rinaldo zu, der mich nicht gleich bemerkte.

Plötzlich hielt er in seiner Unterhaltung inne und starrte mich an. „Clementine, äh, was ist denn?" stotterte er verlegen und blickte mich ängstlich an.

„Ich bringe dir nur eine Abkühlung!" sagte ich und stülpte ihm die ganze Schüssel Kaviar über den Kopf. „Falls du noch so erhitzt bist von heute Nacht!"

Betretenes Schweigen erfüllte den Saal.

Ernst Eierhuber rettete die Situation und fing als erster an zu lachen. Danach fielen alle mit ein und der ganze Raum dröhnte vor Gelächter und Lachsalven. Auch Rinaldo lachte laut auf und zuckte mit den Schultern.

Ich stand da mit meiner leeren Schüssel und kratzte die letzten Kaviarkrümel heraus. „Hm!" schmatzte ich. „Kaviar mit Rinaldo, der Gipfel der Genüsse!"

Dann fing auch ich an zu lachen und reichte Rinaldo die Hand.

„Auf eine lange Freundschaft!" sagte Rinaldo und wischte sich den schwarzen Brei vom Kopf. „Ich mag dich nämlich wirklich!"

„Auf eine lange Freundschaft!"

Trude half mir beim Koffer packen.

Ich erzählte ihr zum mindestens zwanzigsten Male die Geschichte vom Tibetanischen Liebesritual, erst die Version mit Sandro und dann die mit Rinaldo.

Sie lachte sich jedesmal krumm und buckelig. „Nein, Clementine! Da hast du aber dein Fett weggekriegt! Das war die Strafe für dein Verhalten Sandro gegenüber!"

Wir lachten beide und amüsierten uns über meine Naivität.

„Ich denke, ich bin durch diese Geschichte endlich erwachsen geworden", sagte ich zu Trude.

Die schmunzelte und nickte. „Ja, ja, Kindchen. So eine Schwärmerei für einen Schauspieler führt selten zu was. Und dabei hast du dir die wahre Liebe durch die Lappen gehen lassen!"

Traurig senkte ich den Kopf und dachte an Sandro.

„Nu lass mal!" Trude holte einen Stapel Pullover aus dem Schrank. „Jetzt machst du erst mal deine Reise und dann sieht die Welt wieder anders aus!"

Ich nahm Trude in den Arm.

Gerührt schniefte sie die Nase hoch.

„Trotzdem bin ich glücklich!" sagte ich und drückte Trude fest an mich. „Schließlich habe ich dich, meine zwei süßen Mädels und nun auch noch meine Traumreise!"

Trude nickte verständnisvoll.

„Und die Erinnerungen an Sandro..." fügte ich leise hinzu.

„Wird schon alles gut!" sagte Trude und gab mir einen dicken Kuss.

„Trude, was war denn das?" foppte ich sie und rieb mir die Wange.

„Du bist eben wie eine Tochter für mich", sagte Trude leise und blickte mich verstohlen von der Seite an. „Leider sind meine Söhne ja weit weg – in Amerika."

„Trude!" Wir umarmten uns liebevoll und weinten ein bisschen.

„Aber nun los!" Trude gewann als erste die Fassung zurück. „Die Kinder warten!"

Den letzten Abend vor meiner großen Reise gingen wir noch einmal alle zum Italiener Pizza essen. Sogar Ottokar hatte sich überreden lassen.

Ich genoss das Beisammensein mit meiner großen, lieben Familie und platzte fast vor Stolz. Endlich hatte ich die Geborgenheit gefunden, die ich immer gesucht hatte. Eigentlich fehlte mir nun fast nichts mehr zum Glück – fast nichts mehr!

Auf dem Flughafen herrschte in den frühen Morgenstunden schon reger Betrieb. Die Kinder hatten wir bei Trude zu Hause gelassen, denn schließlich war es noch fast Nacht und Erna musste heute wieder in die Schule. Ottokar hatte mich alleine zum Flughafen gefahren, schon wegen der tränenreichen Abschiedsszene mit Trude, wie er einleuchtend erklärt hatte.

Nachdem ich meine Koffer aufgegeben hatte, verabschiedeten wir uns. „Danke für alles!" sagte ich bewegt und drückte Ottokar an mein Herz.

„Schon gut, Clementine, ich habe dir zu danken!"

„Warum denn?" fragte ich neugierig.

„Du hast meiner Trude die Familie gegeben, nach der sie sich immer gesehnt hat!" Ottokar sprach sehr leise und mit gesenktem Blick.

„Aber Ottokar!" Ich war gerührt. So hatte ich es noch nie gesehen. Eigentlich war ich immer voller Schuldgefühle gewesen, wegen der vielen Arbeit, die ich den beiden so zugemutet hatte.

„Aber genug der Sentimentalitäten! Du musst los! Ich wünsche dir eine herrliche Reise mit vielen unvergesslichen Erlebnissen!" Ottokar schüttelte mir kräftig die Hand. Jetzt war er wieder der Alte.

„Und grüß Trude und die Kinder!" sagte ich und lachte.

Ich winkte ihm noch nach, bis er aus der Eingangshalle gegangen war. Dann checkte ich ein und machte es mir mit einer Zeitschrift in der Abflughalle bequem. Zwischendurch schaute ich mich immer wieder nach meinem Kamerateam um, doch ich konnte niemanden entdecken. Nach einer halben Stunde wurde mein Flug aufgerufen und ich reihte mich in die Warteschlange der Passagiere ein. Ein Bus brachte uns zum Flugzeug und ich fieberte vor Aufregung wie bei meinem ersten Flug vor ein paar Jahren nach Tunesien. Im Flugzeug nahm mich eine nette Stewardess in Empfang und zeigte mir meinen Platz. Gott sei Dank, ich saß am Fenster. Fliegen war immer noch eines der größten Erlebnisse für mich und ich freute mich darauf wie ein kleines Kind auf den Weihnachtsmann, vorausgesetzt, es war ein *richtiges* Flugzeug.

Der Platz neben mir war leer. Also breitete ich meine Utensilien aus und holte meinen Reiseführer aus der Tasche. Unterwegs wollte ich noch ein bisschen schmökern, um mich auf alle kulturellen Höhepunkte gut vorzubereiten.

Immer noch war von meinem Kamerateam nichts zu hören und zu sehen und ich machte mir langsam Sorgen, dass ich mutterseelenallein in diesem fremden Land umherirren würde. Ich winkte die Stewardess heran. „Entschuldigen Sie, eigentlich müsste ich in Begleitung eines Kamerateams fliegen, aber scheinbar hat man mich allein gelassen."

Die Stewardess lächelte: „Ach, Sie sind das! Keine Angst. Wir landen noch einmal in Berlin und da werden die Kameraleute zusteigen, soweit ich informiert bin."

Erlöst atmete ich auf. Mir fiel ein Stein vom Herzen. Aus den Lautsprechern ertönten die Signale zum Anschnallen und ehe ich mich versah, waren wir auch schon in der Luft. Nach zehn Minuten durften wir uns abschnallen und der Flugkapitän erklärte uns per Monitor die Flugroute.

„Entschuldigung, ist dieser Platz noch frei?"
Erschrocken raffte ich meine Sachen zusammen und schaute auf.
„Sandro!" Im Gang neben meiner Sitzreihe stand Sandro und lächelte mich an. Mir blieb die Spucke weg und ich war unfähig zu antworten.
„Also, darf ich?" fragte Sandro und zeigte auf den leeren Platz neben mir.
Ich nickte und starrte immer noch in sein braun gebranntes Gesicht.
„Was machst du denn hier!" stotterte ich und bekam einen roten Kopf.
Sandros Lachen klang wie ein silbriges, klares Bächlein. „Nun, ich würde sagen, ich sitze in der Maschine nach Katmandu – also fliege ich nach Katmandu!"
Das leuchtete sogar mir ein. „Was für ein Zufall!" sagte ich und gewann langsam meine Fassung zurück. Aber mein Herz sprang vor Freude im Dreieck.
„Nun, Zufall würde ich das nicht nennen." Sandro schaute spitzbübisch drein. Ich verstand kein Wort und zuckte nur mit den Schultern.
„Frau Kammer-Jäger, halten Sie sich gut fest! *Ich* bin ihr Reiseführer!" – „Waaas? Aber woher wusstest du und wieso hat die Bank gerade dich...?" Sandro beugte sich zu mir herüber und verschloss mir meinen Mund mit einem Kuss. Ich schloss die Augen und dachte, ich träumte das alles. „Ich denke, ich muss dir einiges erklären!" sagte Sandro und nahm meine Hand.
„Das denke ich auch! Wieso bist du denn damals einfach verschwunden? Und wieso..."
„Halt, halt, halt! Der Reihe nach, bevor du mich auffrisst!" Sandro lachte wieder, doch dann wurde er ganz ernst.
„Als du mir damals das Buch und die Abschiedskarte vor die Tür gelegt hast, war ich so verzweifelt, dass ich nicht weiterwusste."
Ich nickte. „Das hattest du auch verdient!"
„Clementine! Bitte! Es tut mir sehr Leid wegen der Geschichte mit dem Weihrauch und so, na, du weißt schon...!" Sandros Hand begann zu zittern. „Aber ich wusste mir keinen Rat, schließlich warst du ver-

heiratet und ich wollte dich..., na ja, sagen wir, ein bisschen verliebt machen." Ich drückte Sandros Hand ganz fest und dachte an die Nacht mit Rinaldo im Hotel.

„Ist schon gut", sagte ich leise. „Es war dumm von mir, so zu reagieren! Ich hätte es wissen müssen, dass du es ernst meinst! Aber warum hast du mir nie geschrieben?"

„Habe ich doch! Als Flora mir sagte, dass du mich nicht sehen wolltest, habe ich dir einen langen Brief geschrieben und ihn Flora gegeben, in der Hoffnung, dass du ihn liest!"

Wütend sprang ich auf. „Ich habe keinen Brief bekommen! Flora, diese falsche Schlange! Die wollte uns auseinander bringen!"

Sandro zog mich wieder herunter und küsste mich in den Nacken. „Ich weiß", hauchte er, „von Trude!"

„Jedenfalls fuhr ich dann völlig am Boden zerstört über Weihnachten zu meinen Eltern. Sie merkten natürlich, was mit mir los war und fragten mich danach. Dann kam mein Vater auf die Idee mit Singapur. Weißt du, dort haben wir gerade eine Zweigstelle unserer Bank eröffnet!"

„Bank? Welcher Bank?" Es wurde immer verstrickter.

„Na, die 'S&S-Bank'! 'Sack & Sack' heißt das – das sind mein Vater, meine zwei Brüder und ich!"

Jetzt schaute Sandro wie das erste Auto. „Hast du das denn nicht gewusst?" – „Nö!" Aber langsam wurde mir einiges klar.

„Warst du denn der Chef der Bank bei uns zu Hause?"

„Sozusagen. Erstmal für ein halbes Jahr, dann sollte ich wieder nach Passau zurück. Aber als mir mein Vater Weihnachten den Vorschlag mit Singapur machte, nahm ich an. Ich war zu verzweifelt!" Sandro wurde immer leiser. „Ich wollte so weit wie möglich weg von dir und den Erinnerungen an unsere schöne Zeit sein."

Sandro legte den Arm um mich und schaute zum Fenster hinaus. „Schau mal, Püppi, die Sonne geht auf!"

Die Sonne stieg glutrot aus ihrem Wolkenbett und schickte ihre ersten Strahlen zu uns in den Himmel.

„Nach Weihnachten kam ich aber noch einmal zurück. Ich wollte von Flora noch etwas über dich erfahren, bevor ich endgültig ins Ausland ging."

„Und, habt ihr euch getroffen?"

„Ja, Flora kam zu mir. Sie sagte mir, du hättest den Brief ungelesen zerrissen und wolltest nie wieder etwas mit mir zu tun haben!"

„Diese Verräterin!" Ich hatte eine Wut im Bauch, die war noch größer als die Wut, nachdem sie mit Franz durchgebrannt war.

„Ich habe ihr noch einen zweiten Brief dagelassen mit meiner Adresse und Telefonnummer in Singapur. Doch Flora hat gesagt, du hättest dich wieder mit deinem Mann ausgesöhnt und bereust den Fehltritt."

„Bereuen? Das war das Beste, was mir je passiert ist!" rief ich aufgebracht.

Sandro nahm mich in den Arm und küsste mich leidenschaftlich.

„Weißt du eigentlich", fragte ich Sandro, „weißt du, dass Flora mit meinem Mann durchgebrannt ist?" Triumphierend schaute ich Sandro an. Jetzt hatte ich mal eine Neuigkeit. Sandro nickte

„Was, das weißt du auch?"

Er lachte wieder wie ein Bächlein. „Von Trude!"

„Von Trude?"

„Stell dir vor, vor ein paar Monaten rief mich ein Mitarbeiter der Bank in Singapur an und fragte mich, ob ich eine Trude Grieshammer kenne. Ich kannte natürlich keine. Dann sagte er, in diesem Fall solle er mich fragen, ob ich eine Clementine kenne. Du kannst dir meine Freude und Überraschung vorstellen!"

„Diese Trude! Deshalb hat sie mich immer so über dich ausgefragt!" Ich gab Sandro einen Stups. „Ja, und weiter?"

„Trude hatte ihre Telefonnummer hinterlassen und ich rief sie natürlich sofort zurück. Sie erzählte mir alles, von deinem Mann, von deinem Buch und dass sie dich auf meine Bank geschickt hat!"

„Und dann habe ich die Reise gewonnen", sagte ich fröhlich. „Aber du konntest doch nicht wissen, dass gerade ich gewinnen würde?"

„Doch, das konnte ich!"

„Das konntest du? Das musst du mir erklären!" Ich stemmte die Fäuste in die Hüften und wartete gespannt auf *die* Antwort.

„Du Dummerle! Du warst doch die Einzige, die den Brief mit dem Gewinnspiel bekommen hat!" Sandro kniff mich in den Po.

Ich schnappte nach Luft und griff mir an den Kopf. Dann musste ich lachen. „Aber woher wusstest du, dass ich das Spiel überhaupt mitmachen würde? Hä?"

„Dafür hätte Trude schon gesorgt! Schließlich hat sie mir geholfen den Plan auszuhecken!" Sandro nahm zwei Tassen Kaffee von der Stewardess entgegen.

„Und was ist mit dem Kamerateam?"

„Das war auch geflunkert. Du fliegst nur mit deinem persönlichen Reiseführer!" Sandro holte eine Tüte aus seiner Reisetasche und hielt sie mir vor die Nase.

Hm! Es duftete nach frischen, ofenwarmen Schillerlocken!

„Eigentlich mache ich Diät!" sagte ich und griff in die Tüte.

„Das hört jetzt aber auf! Bist ja ganz dünn geworden." Sandro biss ebenfalls in eine Schillerlocke.

„Und wer hat die Reise bezahlt?" fragte ich Sandro, der genüsslich seine Sahnerolle kaute.

„Meine Eltern – als Verlobungsgeschenk, sozusagen!"

Mir blieb die Sahne im Halse stecken und ich verschluckte mich. Sandro klopfte mir zärtlich auf den Rücken und legte mir dann ein kleines Samtkästchen in den Schoß. Als ich neugierig den Deckel öffnete, blinkten mich zwei wunderschön geschliffene Ringe an.

„Sandro!" rief ich völlig sprachlos.

„Bitte, heirate mich!" sagte Sandro und kniete sich in den engen Raum zwischen unserem Platz und den Vordersitzen.

„Ich bin altmodisch, ich möchte, dass wir uns auf dieser Reise verloben. Bitte, bitte, heirate mich!"

„Aber ich bin noch verheiratet!" sagte ich, weil mir nichts Besseres einfiel.

„Egal wann! Hauptsache, du sagst 'Ja'!" Sandro schaute mir tief in die Augen.

„Ja! Ja, ich werde dich heiraten!" rief ich und zog ihn zu mir nach oben. Wir küssten uns lange und zärtlich, bis die Stewardess mit dem Frühstück kam.

Dankend lehnten wir ab, denn wir waren bereits satt.

Während die anderen Passagiere fröhlich plaudernd ihr Frühstück aßen, saßen Sandro und ich Hand in Hand, ganz eng aneinander gekuschelt da und schauten wortlos und lächelnd zum Fenster hinaus.

Am Horizont ging die Sonne auf. Golden stand sie am Himmel und wies uns den Weg in die Zukunft.